Stenger
Biblische Methodenlehre

Leitfaden Theologie 18

Werner Stenger

Biblische Methodenlehre

Patmos Verlag
Düsseldorf

In Erinnerung an
Heinrich Kahlefeld
1903–1980

CIP-Kurztitelaufnahme der Deutschen Bibliothek

Stenger, Werner:

Biblische Methodenlehre / Werner Stenger. –
1. Aufl. – Düsseldorf: Patmos Verl., 1987
(Leitfaden Theologie; 18)
ISBN 3-491-77681-3
NE: GT

1. Auflage 1987
Umschlaggestaltung: Ralf Rudolph
Gesamtherstellung: Clausen & Bosse, Leck
3-491-77681-3

Inhalt

Hermeneutische Vorbemerkungen

Methodische Gleichberechtigung aller Texte

Wir müssen dieses kleine Buch beginnen, indem wir sofort seinen Titel in Frage stellen. Denn eigentlich kann es eine »Biblische Methodenlehre« gar nicht geben. Wenigstens dann nicht, wenn dieser Titel besagen sollte, die Bibel sei ein Buch, das anders zu lesen und mit Hilfe anderer Methoden auszulegen sei als die unzähligen Bücher in der riesigen Bibliothek der Menschheit. Ernsthafte und nach der geistesgeschichtlichen Wasserscheide der Neuzeit ernstzunehmende Bibelauslegung steht und fällt nämlich mit dem Grundsatz der methodischen Gleichberechtigung der Bibel mit allen anderen Büchern. Johann Jakob Wettstein (1693–1754) etwa, der uns als einer der Begründer der modernen Textkritik gleich im ersten Kapitel wiederbegegnen wird, hat diesen Grundsatz in einem Anhang zu seiner Ausgabe des griechischen Neuen Testamentes folgendermaßen formuliert: »Wie wir mit denselben Augen die heiligen Bücher und die fürstlichen Gesetze sowie alle alten und neuen Bücher lesen, so sind auch bei der Auslegung jener Bücher dieselben Regeln anzuwenden, deren wir uns zum Verständnis dieser bedienen.«[1] Nicht durch ihre Methode, sondern nur durch ihren Gegenstand ist Exegese eine theologische Disziplin. Auch wenn der Theologe als Glaubender den Büchern der Bibel eine größere Autorität über sich einräumt als anderen Büchern, so darf doch diese Glaubensentscheidung nicht dazu führen, die biblischen Texte bei der Auslegung methodisch grundsätzlich anders zu behandeln als andere schriftliche Dokumente aus Vergangenheit und Gegenwart.

[1] *J. J. Wettstein*, »Über die Auslegung des Neuen Testamentes«, in: Novum Testamentum Graecum II, Amsterdam 1751/52, 875.

Die Kunst gut zu lesen

Daß Theologen in der Gefahr stehen, für ihre Auslegung der Bibel solche Privilegien zu beanspruchen, deckt Friedrich Nietzsche auf, wenn er in seinem »Antichrist« bemerkt: »Ein andres Abzeichen des Theologen ist sein Unvermögen zur Philologie. Unter Philologie soll hier, in einem sehr allgemeinen Sinne, die Kunst, gut zu lesen, verstanden werden, – Thatsachen ablesen können, ohne sie durch Interpretation zu fälschen, ohne im Verlangen nach Verständniss die Vorsicht, die Geduld, die Feinheit zu verlieren. Philologie als Ephexis [d. h. Anhalten] in der Interpretation: handle es sich nun um Bücher, um Zeitungs-Neuigkeiten, um Schicksale oder Wetter-Thatsachen, – nicht zu reden vom ›Heil der Seele‹... Die Art wie ein Theolog, gleichgültig ob in Berlin oder in Rom, ein ›Schriftwort‹ auslegt oder ein Erlebniss, [...] ist immer dergestalt kühn, dass ein Philolog dabei an allen Wänden emporläuft.«[2]

Die Bemerkungen Nietzsches bestreiten zu Recht die Legitimität eines theologischen Sonderzugangs zur Heiligen Schrift und laufen letztlich auf den allzu oft berechtigten Vorwurf gegenüber Theologen hinaus, sie gehörten zu jenen schlechten Lesern, die im Text nur das entdeckten, was sie eigentlich immer schon gewußt hätten. Ihnen schalle, sozusagen, aus den heiligen Schriften stets nur das heraus, was sie selbst zuvor in den Wald hineingerufen hätten. Will der Theologe vermeiden, in der Schrift letztlich nur sich selbst zu finden, muß er zum ›Philolog‹ im Sinne Nietzsches werden, will heißen: Er muß sich mit »Vorsicht, Geduld und Feinheit« in der »Kunst, gut zu lesen« üben.

Als Vorbedingung hierfür muß er die heiligen Texte aus der scheinbaren Vertrautheit in jene Fremdheit rücken, die es erst möglich macht, die Stimme der Bibel und nicht immer nur die eigene zu hören. Nur die Distanz zwischen Leser und Text erlaubt es, die bei der Lektüre von den eigenen Vorstellungen und Wünschen ausgelösten Sinn-Projektionen auszuschalten und die Ohren für die oft fremde Stimme des Textes zu öffnen.

[2] *F. Nietzsche*, Der Antichrist, § 52, in: Nietzsche. Sämtliche Werke. Kritische Studienausgabe, hrsg. v. G. Colli/M. Montinari, Bd. 6, München 1980, 233.

Die Distanzierung des Textes durch die Methoden

Instrumente dieser Distanzierung aber sind die Methoden. Sie legen sich als ein der Beobachtung und Beschreibung dienendes Koordinatennetz zwischen Leser und Text und verhindern dessen unmittelbare Aneignung durch jenen. Das mag derjenige schmerzlich empfinden, der mit der Erwartung an die Bibel herantritt, daß sie unmittelbar zu ihm spreche. Er wird die Methoden als lästige Hindernisse ansehen, die sich zwischen ihn und sein erstrebtes Ziel, die direkte Verständigung mit dem Wort Gottes, schieben. Doch ist die Vorstellung einer unvermittelten Begegnung zwischen Bibeltext und Leser für den Alltag des Umgangs mit der Bibel, insbesondere eines wissenschaftlich verantworteten und unter dem Gesichtspunkt einer intersubjektiven Verständigung relevanten Umgangs, unbrauchbar. Der erstrebte direkte Kontakt zwischen Text und Leser mag zwar der naiven Lektüre hier und da einmal so zufallen, daß der Text ausnahmsweise sein Eigenes noch sagen darf. Doch bewahren im Normalfall nur die distanzierenden Methoden den Text vor der Vergewaltigung durch ein Verstehen, das im Text, meist ohne diesen Vorgang zu durchschauen, nur die eigenen Lieblingsideen wiederfindet, weshalb denn auch, wie Nietzsche wußte, die Methoden das sind, »was am längsten die Gewohnheiten und Faulheiten gegen sich hat«.[3]

Gestalt, Entstehung und Wirkung von Texten als Gegenstand der Methoden

In den verschiedenen Wissenschaften, die sich mit der Auslegung von Texten befassen, tragen diese Methoden unterschiedliche Namen. Außerdem sind sie in ihrer konkreten Ausprägung der Eigenart der jeweiligen Texte instrumentell angepaßt. Daraus leitet sich im übrigen die relative Berechtigung unseres Buchtitels ab. Denn daß zur Auslegung der Bibel, die in manchen ihrer Teile Tausende von Jahren alt ist und sprachlich und gedanklich einer ganz anderen Welt entstammt, bestimmte spezielle Kenntnisse und Fertig-

[3] Ebd.

keiten nötig sind, dürfte sich von selbst verstehen. Doch sind auf einer grundsätzlichen Ebene trotz der unterschiedlichen Namen und Ausprägungen in den verschiedenen textauslegenden Wissenschaften die Methoden der Textauslegung ganz allgemein von drei grundlegenden Aspekten her zu erfassen. So suchen bestimmte Methoden die *sprachliche Gestalt* von Texten und die ihr zugrundeliegenden Strukturen zu beschreiben. Andere fragen nach dem *ursprünglichen Sinn* des Textes, nach seinen Entstehungsbedingungen und seinen ersten Adressaten. Schließlich gibt es Methoden, die die verschiedensten *Rezeptionen* untersuchen, die ein Text im Lauf seiner Wirkungsgeschichte erfahren hat bzw. heute erfährt. Sieht man im Hinblick auf die Bibel letzteres als Aufgabe aller theologischen Fächer bis hin zu den praktischen an, so hat man die biblische Exegese als in besonderer Weise der Beschreibung der sprachlichen Gestalt und der Erforschung der Entstehungsbedingungen verpflichtet zu verstehen. Sie verfolgt mithin in erster Linie ein »philologisches« und zugleich ein »historisches« Ziel und wird in dieser doppelten Aufgabenstellung »historisch-kritische Exegese« genannt.

Historisch-kritische Exegese und strukturale, soziologische und psychologische Methoden

»Historisch-kritische« Exegese in diesem Verständnis umfaßt auch methodische Aspekte, die heute gelegentlich verabsolutiert und als scheinbare Alternativen zu ihr geltend gemacht werden. So kann man einerseits strukturelle Methodenansätze, die sich der Linguistik und Semiotik verdanken, durchaus als Präzisierung, Korrektur und Erweiterung des »philologischen« Instrumentariums der historisch-kritischen Methode verstehen und, wie es hier geschieht, versuchen, sie diesem zu integrieren. Der »historische« Aspekt der historisch-kritischen Methode macht es auf der anderen Seite möglich, auch soziologische und/oder psychologische Methoden dem Inventar der Verfahrensweisen der »historischen Vernunft« einzuordnen. Sie werden künftig stärker noch als in der Vergangenheit das Bild der Methode nach außen bestimmen. Im Grunde sind sie aber schon mitgemeint in der Regel, die Johann

Jakob Wettstein für die neben die »philologische« tretende »historische« Auslegung der Bücher des Neuen Testamentes folgendermaßen formulierte: »Versetze dich in die Person derer, denen sie zuerst von den Aposteln zum Lesen gegeben worden sind. Versetze dich im Geiste in jene Zeit und jene Gegend, wo sie zuerst gelesen wurden. Sorge, soweit es möglich ist, dafür, daß du die Sitten, Gebräuche, Gewohnheiten, Meinungen, überkommenen Vorstellungen, Sprichwörter, Bildersprache, täglichen Ausdrucksweisen jener Männer erkennst und die Art und Weise, wie sie andere zu überzeugen versuchen oder Begründungen Glauben verschaffen.«[4]

Die Palette der historisch-kritischen Methode wird durch diese methodischen Aspekte gewiß reicher an Möglichkeiten, und die Ergebnisse gewinnen durch sie an Präzision und intersubjektiver Nachprüfbarkeit. Man kann sogar sagen, daß die eigentliche innere Systematik der historisch-kritischen Methode erst durch das Hinzutreten von aus der Linguistik stammenden Einsichten offen zutage tritt, so daß es gegenüber früher zu grundlegenden Korrekturen nicht zuletzt in ihrer geordneten Anwendung kommt. Doch bedeutet dies alles noch keinen wissenschaftlichen Paradigmenwechsel. Das Grundparadigma der historisch-kritischen Methode zeigt sich als fähig, die fortentwickelten oder neu entstandenen Einzelmethoden als integrale Elemente zu umfassen.

Vielzahl von Einzelmethoden

Wenn sich die Methoden im Fall der biblischen Exegese in eine für den Anfänger möglicherweise verwirrende Vielzahl von Einzelmethoden aufzusplittern scheinen, die dadurch noch verwirrender wird, daß es bisher trotz der Methodenreflexion der letzten zwanzig Jahre noch nicht zu einer einheitlichen definitorischen Abgrenzung und Benennung der Methoden gekommen ist, tut man gut daran, sich dieser einfachen, aber grundlegenden Aufgliederung des exegetischen Instrumentars in Methoden, die die sprachliche Gestalt der Texte beschreiben (»philologische«), und Methoden,

[4] *J. J. Wettstein*, a. a. O.

die die Entstehungsbedingungen derselben untersuchen (»historische«), gegenwärtig zu halten. Unter Aufnahme linguistischer Terminologie, die das damit Gemeinte noch präziser erfaßt (»Synchronie/Diachronie«), gehen auch die folgenden Ausführungen in einem ersten theoretischen Teil von dieser einfachen Unterscheidung aus, versuchen aber unter definitorischer Klärung und terminologischer Festlegung den vielfältigen methodischen Schritten im einzelnen ihren Platz in einem System der Methoden so anzuweisen, daß ihre gegenseitige Zuordnung, aber auch ihre jeweils eigenen Funktionen zutage treten. In einem ausführlichen Beispielteil sollen dann die einzelnen Methoden an ausgewählten Texten eingeübt werden. Dabei geht wiederum jeweils ein »philologischer«, der sprachlichen Gestalt des Textes zugewandter, Abschnitt einem »historischen«, die Entstehungsbedingungen des Textes und seinen ursprünglichen Sinn rekonstruierenden, Teil voraus.

Die »theologische« Problematik der historisch-kritischen Methode

Stärker als beim theoretischen Teil mag dem Leser bei der Durcharbeitung des Beispielteils die distanzierende Wirkung der historisch-kritischen Methoden bewußt werden. Zwar dürften ihm die Ergebnisse deutlich machen, daß der methodische Aufwand kein sich selbst genügendes Glasperlenspiel ist, sondern der notwendig mühsame Weg zum Verstehen einer Welt, die nicht einfach das Spiegelbild seiner eigenen ist. Aber gerade die durch die Methoden bewußtgemachte historische Distanz, welche die Texte von der Leserwillkür befreit und ihnen ihre eigene Stimme erlaubt, kann sie unter Umständen ihrer Möglichkeit berauben, für den Leser von heute relevant zu sein. Zu Gegenständen der Vergangenheit geworden, reden sie nur noch zu dieser und verstummen gegenüber den heutigen Fragen.
In den Anfangszeiten der historisch-kritischen Methode konnte man der optimistischen Auffassung sein, der »philologischen« Erfassung der Sprachgestalt eines Textes und seiner »historischen« Einordnung in seine Entstehungssituation folge unmittelbar und beinahe wie von selbst die Lösung der »theologischen« Frage, was

der Text uns heute zu sagen habe. So meinte es jedenfalls Johann Salomo Semler (1725–1791), einer der Väter der historisch-kritischen Exegese, sehen zu können:

»Das wichtigste komt, kurz, in der hermeneutischen Fertigkeit darauf an, daß einer sowol den *Sprachgebrauch* der Bibel recht gewis und genau kennet, als auch die *historischen Umstände* einer biblischen Rede genau unterscheidet und sich vorstellen kan; *und nun auch im Stande ist von diesen Gegenständen auf eine solche Weise ietzt zu reden, als es die veränderte Zeit und andere Umstände der Menschen neben uns erfordern.*«[5]

Doch übersieht dieser Optimismus des »Entdeckers« die Problematik, die durch die Anwendung einer Methode, deren Ziel es ist, den Text um der Authentizität seiner Aussage willen zu distanzieren, zwar nicht erst entsteht, aber doch offenbar gemacht wird. Denn der Text wird jetzt zwar zum Partner, erweist sich jetzt als jemand, der mit eigener Stimme reden darf, weil ihm der historisch-kritische Leser nicht vorschreibt, was er sagen soll. Doch zeigt sich als unbeabsichtigte, aber unvermeidliche Folge sein Wort so sehr auf die andersartige Situation des Damals seiner Entstehung bezogen, daß er sich als möglicher Gesprächspartner des Lesers von heute in vielen Fällen zu verabschieden scheint.

Albert Schweitzer (1875–1965) hat das darin liegende Dilemma auf klassische Weise mit Bezug auf die Leben-Jesu-Forschung so charakterisiert:

»Es ist der Leben-Jesu-Forschung merkwürdig ergangen. Sie zog aus, um den historischen Jesus zu finden, und meinte, sie könnte ihn dann wie er ist, als Lehrer und Heiland in unsere Zeit hineinstellen. Sie löste die Bande, mit denen er seit Jahrhunderten an den Felsen der Kirchenlehre gefesselt war, und freute sich, als wieder Leben und Bewegung in die Gestalt kam und sie den historischen Menschen Jesus auf sich zukommen sah. Aber er blieb nicht stehen, sondern ging an unserer Zeit vorüber und kehrte in die seinige

[5] *J. S. Semler*, Vorbereitung zur theologischen Hermeneutik, zur weiteren Beförderung des Fleißes angehender Gottesgelehrter nebst Antwort auf die Tübingische Vertheidigung der Apocalypsis, Halle 1760, 162.

zurück... mit derselben Notwendigkeit, mit der das befreite Pendel in seine ursprüngliche Lage zurückkehrt...«[6]

Es kann gewiß nicht die Aufgabe einer »Biblischen Methodenlehre« sein, das Problem zu lösen, wie durch das Historische der biblischen Texte hindurch sich der qualitative Überschritt zu heute relevanten theologischen Aussagen zu vollziehen habe. An dieser harten Nuß beißt sich nicht nur die Exegese in der »Biblischen Theologie«, sondern in den Überlegungen, Untersuchungen und Entwürfen ihrer historischen, systematischen und praktischen Disziplinen, so sie ehrlich sind, im Grunde die gesamte Theologie, immer wieder die Zähne aus.[7] Eine »Biblische Methodenlehre« genügt ihrer Pflicht, wenn sie neben der Darstellung und Einübung der Methoden auf die Grenzen historisch-kritischen Denkens aufmerksam macht, jenseits derer das eigentlich theologische Geschäft erst beginnt. Doch darf dieses die ihm vorausgehende Arbeit der historisch-kritischen Exegese nicht zu überspringen suchen, wenn denn theologisches Reden nicht in pneumatischer Himmelfahrt vom Boden des Tatsächlichen abheben soll.

[6] *A. Schweitzer*, Von Reimarus zu Wrede. Eine Geschichte der Leben-Jesu-Forschung, Tübingen 1906, 399.

[7] Vgl. dazu *W. Stenger*, Text oder Geschichte als Wahrheitsnorm? – Oder ist der Exeget Theologe?, in: K. Kodalle (Hrsg.), Gegenwart des Absoluten. Philosophisch-theologische Diskurse zur Christologie, Gütersloh 1984, 163–169.

Erster Teil: Grundlegung

1 Das Problem des Urtextes

1.1 Zur Methode der Textkritik

Wenn wir die Bibel lesen, lesen wir nicht den Urtext, sondern Übersetzungen des hebräischen, in gewissen Textpartien auch aramäischen und des griechischen Bibeltextes.[1]
Aber auch wer die Bibel in Griechisch und Hebräisch lesen kann, hat es nicht mit dem Urtext selbst, sondern nur mit einem wissenschaftlich begründeten Annäherungsversuch an diesen zu tun. Den Urtext selbst besitzen wir nicht. Wir haben nur Abschriften und wiederum Abschriften davon usw., die sogenannten Handschriften. In der Antike wurde das Abschreiben von Sklaven oder lohnabhängigen, professionellen Abschreibern besorgt, im Mittelalter von Mönchen. Es war ein mühsames Geschäft. Wir wissen dies aus Stoßseufzern, die sich bisweilen in Randnotizen Luft verschafften: »Das Schreiben beugt den Rücken, bohrt einem die Rippen in den Magen und verursacht eine allgemeine körperliche Erschöpfung«, klagt einer dieser Abschreiber. Und ein anderer atmet auf: »Wie Reisende sich freuen, ihre Heimat zu erblicken, so geht es denen, die sich mit dem Schreiben abmühen, am Ende eines Buches.«[2]
Trotz und wegen dieser Mühen schleichen sich beim Abschreiben Fehler ein. Irren ist menschlich. Schlimmer kann es noch werden, wenn der Abschreiber mitgedacht und bewußt verändert hat. Die Abschriften wurden zwar von darauf spezialisierten Korrektoren überprüft, und doch zählen wir allein bei der handschriftlichen

[1] Man sieht: Wir denken bei dieser ›Methodenlehre‹ auch an die zunehmende Zahl der professionellen Bibelbenutzer, die der biblischen Sprachen nicht mächtig sind, gleichwohl aber einen verantwortbaren Umgang mit dem Text suchen.

[2] Die Beispiele übernehme ich aus dem sehr gut lesbaren Buch: *B. M. Metzger,* Der Text des Neuen Testaments. Eine Einführung in die neutestamentliche Textkritik, Stuttgart/Berlin/Köln/Mainz 1966.
Ein weiteres wichtiges Buch zur Textkritik ist: *K. und B. Aland,* Der Text des Neuen Testaments. Eine Einführung in die wissenschaftlichen Ausgaben sowie in Theorie und Praxis der modernen Textkritik, Stuttgart 1982.

Überlieferung des Neuen Testaments ca. 250000 Stellen, wo die Handschriften voneinander abweichen, d. h. sogenannte Textvarianten oder Lesarten. *Die Methode der ›Textkritik‹ versucht zu klären, welche dieser Textvarianten im Urtext stand.* Als wissenschaftliche Methode darf sie nicht willkürlich entscheiden. Sie muß vielmehr Gründe, Kriterien für ihre Wahl nennen. Nur mit Gründen darf sie behaupten, die Lesart der Handschrift X sei dem Urtext näher als die Lesart der Handschrift Y. Solche Kriterien können z. B. sein: *Anzahl* und *Alter* der Handschriften oder die *geographische Verbreitung* der Lesart. Je älter eine Handschrift ist, je mehr Handschriften eine Lesart bezeugen, so läßt sich in der Regel sagen, desto wahrscheinlicher stoßen wir auf den Urtext. Findet man z. B. eine Lesart in Handschriften aus Ägypten, Nordafrika, Kleinasien und Gallien, verdient sie den Vorrang vor der Variante, die nur von einer Handschrift aus sagen wir Gallien bezeugt wird.

Aber die Textkritik zählt nicht nur Alter und Anzahl der Handschriften und die geographische Verbreitung der Lesarten mechanisch ab. Denn neben den *äußeren* Gründen sind auch solche im Spiel, die ins *Innere* des Textes reichen, d. h. seine Bedeutung betreffen.

1.2 Kleine Buchstaben – große Wirkung

Wir machen uns dies an drei Beispielen klar:

1.2.1 Jakobusklauseln oder Dekalog in Kurzform

Wenn wir den Bericht der Apostelgeschichte über den sogenannten Apostelkonvent (Apg 15) lesen, bei dem es um die damals sehr umstrittene und für die Zukunft des Christentums als einer sich vom Judentum unterscheidenden Weltreligion bedeutende Frage ging, ob man Heiden bei ihrer Aufnahme in die christliche Gemeinde auf jüdische Weise beschneiden solle oder nicht, stoßen wir auf die sog. Jakobusklauseln: Jakobus, der Herrenbruder, rät der Versammlung, den Heiden bei ihrer Aufnahme die Beschneidung nicht aufzuerlegen. Enthalten sollten sie sich jedoch

> »der Götzenopfer und des Blutes und der Erstickten (Tiere) und der Unzucht« (Apg 15,29; Lesart X).

Lukas, der Verfasser der Apostelgeschichte, will durch diese Auflage ehemalige Heiden dazu anhalten, aus Rücksicht auf ihre aus dem Judentum stammenden Glaubensgenossen, beim Zusammenleben in einer Gemeinde auf gewisse Dinge zu verzichten, die für einen ehemaligen Juden aufgrund seiner religiösen und kulturellen Sozialisation ekelerregend, auch unfromm und religiös anstößig wirken mußten, nämlich auf das Essen von aus den heidnischen Opfern stammendem Fleisch (= »Götzenopfer«) auch von nicht rituell geschächteten Tieren (= »Blut« und »Ersticktes«) sowie auf Ehen in einem bei Juden nicht üblichen Verwandtschaftsgrad (= »Unzucht«). In einer aus ehemaligen Juden und Heiden gemischten, christlichen Gemeinde hatten diese Regeln den Sinn, die (eucharistische) Tischgemeinschaft von Juden- und Heidenchristen so zu ermöglichen, daß dem ehemaligen Juden kein Ekel oder Anstoß bereitet wurde.

In einer im römischen Westen entstandenen Handschrift aus dem 6. Jahrhundert (Codex D) lauten die Jakobusklauseln jedoch anders. Jakobus fordert hier, die Heiden, die Christen werden wollten, sollten sich enthalten

> »der Götzenopfer und des Blutes und der Unzucht, und was sie nicht wollten, daß es ihnen geschehe, sollten sie auch anderen nicht tun« (Lesart Y).

Einerseits sagt diese Lesart Y mehr, andererseits weniger als die oben angeführte Lesart X. Sie läßt das »Erstickte« weg, fügt aber die sogenannte »Goldene Regel« hinzu, eine klassische Formulierung des Liebesgebotes (»was sie nicht wollten...« usw., vgl. Mt 7,12).

Der *Textkritiker* sieht sich vor der Frage, ob Lesart X oder Y die ursprünglichere sei. Als äußere Kriterien wird er anführen können:

- Die *Mehrheit* der Handschriften bietet die Lesart X.
- Codex D hingegen ist der einzige Zeuge für die Lesart Y.
- Für die Lesart X treten viele *alte* Handschriften ein.
- Die Lesart Y dagegen findet sich nur in dem relativ *jungen* Codex D. Dieser stammt aus dem 6. Jahrhundert n. Chr., die

ältesten Papyri, die wir haben, dagegen aus dem 2. Jahrhundert n. Chr.
- Der Codex D ist nur im *Westen* der Kirche verbreitet gewesen, die Lesart Y aber findet sich in Handschriften aus den verschiedensten Gegenden.

Außer auf diese *äußeren* kann der Textkritiker auch auf *innere* Kriterien verweisen. Denn durch Weglassung und Hinzufügung hat sich der Sinn des Ganzen geändert. Der Abschreiber hat mitgedacht und bewußt geändert. Wie insbesondere die Hinzufügung des Liebesgebotes in Form der »Goldenen Regel« zeigt, geht es in Lesart Y nicht mehr um Regeln, die das Zusammenleben von ehemaligen Juden und Heiden in einer christlichen Gemeinde ermöglichen sollen, sondern um moralische Forderungen: »Götzenopfer« meint jetzt nicht mehr das Verbot des Essens von aus den heidnischen Opfern stammendem Fleisch, sondern das Verbot der Verehrung der heidnischen Götter. »Unzucht« zielt jetzt nicht mehr darauf, ehemalige Heiden von Ehen mit nach jüdischer Ansicht allzu nahen Verwandten abzuhalten, sondern verbietet, die Ehe zu brechen. »Blut« bedeutet jetzt das Verbot des Mordes und nicht mehr die Auflage, abgewürgte, nicht entblutete Tiere nicht zu verzehren. Weil der Begriff »Ersticktes« sich mit dieser neuen Bedeutung nicht mehr verträgt, hat der Abschreiber ihn kurzerhand weggelassen und konnte so mit dem Verbot von *Götzendienst, Ehebruch* und *Mord* die wichtigsten der Zehn Gebote, des sogenannten Dekalogs, geltend machen, Regeln der gegenseitigen Rücksichtnahme also in moralische Forderungen umwandeln. Der *Textkritiker* wird abschließend *textgeschichtlich* darauf verweisen, daß diese Textform die historische Situation einer Kirche zeige, die dem Problem des Zusammenlebens von ehemaligen Juden und Heiden in einer christlichen Gemeinde schon entwachsen sei, hingegen in einer missionarischen Situation gegenüber der heidnischen Umwelt das christliche Ethos mit seinen Grundforderungen von Dekalog und Liebesgebot zu Geltung zu bringen suche. »Ergo«, so lautet die Schlußfolgerung der *Textkritik,* »die Lesart X ist die ursprünglichere!«

Darum lesen wir sie auch in unseren Übersetzungen.

1.2.2 Leiblicher Vater Jesu oder Verlobter Marias

Unser zweites Beispiel nehmen wir aus der handschriftlichen Überlieferung des Textes des *Matthäus-Evangeliums.*

Wir gehen dabei am besten von Mt 1,16 aus, wie es sich als Übersetzung des wahrscheinlich ursprünglichen Textes etwa in der Zürcher Bibel findet: »Jakob zeugte den Joseph, den Mann der Maria, *aus der Jesus gezeugt wurde,* der der Christus genannt wird.«

In einer altsyrischen Übersetzung findet sich dagegen folgende Variante: »Jakob zeugte den Joseph. Joseph, dem verlobt war Maria, die Jungfrau, *zeugte den Jesus,* der der Christus genannt wird.« In textkritischer Hinsicht ergibt sich hier kaum ein Problem. Die Übersetzung der Zürcher Bibel basiert nämlich auf einer Lesart, die, was Alter und Qualität, Anzahl und geographische Streuung der sie stützenden Handschriften betrifft, unbedingt den Vorrang vor der zweiten verdient, die nur eine – wenn auch relativ alte – Handschrift, zudem nur in einer syrischen Übersetzung für sich hat.

Neben diesen *äußeren* Gründen sprechen auch *innere* für die größere Ursprünglichkeit der zuerst zitierten Lesart. In ihr begegnet Joseph als der »Mann« Mariens. Wenn die zweite Lesart dagegen Maria dem Joseph »verlobt« sein läßt, so darf man darin angleichende Rücksichtnahme des Abschreibers auf den umgebenden Kontext sehen; denn im Vers 18 heißt es: »Als seine Mutter Maria mit Joseph *verlobt* war...« Angleichung an den Kontext ist es wohl auch, wenn die Lesart Maria eigens als *»Jungfrau«* kennzeichnet, denn bei dieser ›Hinzufügung‹ dachte der Abschreiber bzw. der Übersetzer ins Syrische vermutlich daran, daß es einige Verse später heißt: »Siehe, die *Jungfrau* wird schwanger werden...« (Mt 1,23).

Wenn die Lesart *Joseph zum leiblichen Vater Jesu* macht (»Joseph... *zeugte* den Jesus, der der Christus genannt wird«), läßt sich dies textkritisch entweder als »mechanische Imitation des vorangehenden Musters in der Genealogie«[3] verstehen: »Da jeder Name

[3] *B. M. Metzger,* A Textual Commentary on the Greek New Testament, London/New York 1971, 7.

in der Genealogie bis hin zu Joseph zweimal nacheinander geschrieben ist, kann es sein, daß der Abschreiber (der syrischen Übersetzung) dem stereotypisierten Muster unaufmerksam folgte und so, nachdem er in V 16 den Anfangsfehler gemacht hatte, das Wort ›Joseph‹ zu wiederholen, fortfuhr, die besagte Lesart zu produzieren.«[4] Zum anderen ist sie aber auch zu erklären durch den Blick in die *Textgeschichte,* d. h. in die wechselnden Situationen und Bedingungen, die bei der Entstehung der verschiedenen Abschriften wirksam gewesen sind. Der Grund für die Verdrängung der passivischen Wendung »aus der gezeugt wurde Jesus« und ihre Ersetzung durch die leibliche Vaterschaft des Joseph wäre dann in außertextlichen, dogmatischen Entscheidungen zu suchen. Denn wer bewußt Joseph zum leiblichen Vater Jesu macht, gibt zu erkennen, daß die Vorstellung einer »Jungfrauengeburt« nicht zu dem eigenen Glaubensbekenntnis gehört. Theologiegeschichtlich ist uns bekannt, daß bestimmte christliche Kreise ihren Glauben an Jesus den Christus artikulierten, ohne sich der theologischen Vorstellung der »Jungfrauengeburt« zu bedienen. Vom späteren Bekenntnisstandpunkt der Großkirche aus wurden diese dann als »häretisch« angesehen. Daß ausgerechnet eine recht frühe (4. Jahrhundert) altsyrische Übersetzung die Vorstellung von der »Jungfrauengeburt« Jesu tilgt und durch die Vorstellung einer leiblichen Vaterschaft Josephs ersetzt, legt zu vermuten nahe, daß die Übersetzung in nestorianischen Kreisen beheimatet war, zu einer Zeit, in der das Thema »Jungfrauengeburt« von seiten der Großkirche aus schon zu einem Unterscheidungskriterium gemacht worden war. Denn erst dann, wenn das Thema problematisiert worden war, konnte für manche Christen die Notwendigkeit entstehen, den neutestamentlichen Text abzuändern, um zu betonen, daß man selbst an die »Jungfrauengeburt« nicht glaube, und daß dies biblisch begründet sei.

1.2.3 Absicht oder Versehen

Das dritte Beispiel führt uns in die neutestamentliche Briefliteratur

[4] Ebd.

und erweitert ebenfalls die *textkritische* Betrachtung zu einer *textgeschichtlichen.*

In 1 Tim 3,16 stoßen wir auf einen kurzen Christushymnus. Er stammt vermutlich nicht vom Verfasser des pseudonymen 1. Timotheusbriefs, sondern wird von ihm zitiert, wie die Zitationsformel, die den Hymnus einleitet und in den Zusammenhang seiner textlichen Umgebung bindet, noch erkennen läßt:

Zitationsformel:

»Und bekanntermaßen groß ist das Geheimnis unserer Religion:

Christushymnus:

1. *Der* ist offenbart worden im Fleisch
2. ist gerechtfertigt worden im Geist
3. ist erschienen den Engeln
4. ist verkündet worden in den Völkern
5. ist geglaubt worden in der Welt
6. ist hinaufgenommen worden in die Herrlichkeit.«

Der im griechischen Original kunstvolle Hymnus spricht von Inkarnation und Erhöhung Jesu (1. und 2. Zeile) und von seiner himmlischen und irdischen Kundgabe (3. und 4. Zeile) sowie von der irdischen und himmlischen Annahme dieser Kundgabe (5. und 6. Zeile). In der Textüberlieferung fraglich ist nur das erste Wort des Hymnus. Die Handschriften kennen drei verschiedene Lesarten:

1. »*der* ist offenbart worden im Fleisch« (gr.: OC)
2. »*Gott* ist offenbart worden im Fleisch« (gr.: $\overline{\Theta C}$)
3. »*das* ist offenbart worden im Fleisch« (gr.: O).

Die *äußeren Gründe,* Anzahl und Alter der Handschriften sowie ihre geographische Verbreitung, sprechen eindeutig für die Ursprünglichkeit von Lesart 1: »*der* ist offenbart worden im Fleisch«.

Auch von den *inneren Gründen* her muß man dieser Lesart den Vorzug geben. Denn Lesart 3 »*das* ist offenbart worden im Fleisch« ist deutlich als Rücksichtnahme eines Abschreibers auf die vorangehende Zitationsformel erkennbar. Das Relativpronomen »*das*« läßt sich als Neutrum nämlich gut an das Neutrum »das Geheimnis unserer Religion« anschließen. Bei Lesart 1 hingegen ergibt sich durch das maskuline Pronomen »*der*« eine grammatikalische

Härte im Anschluß des Hymnus an die Zitationsformel. Ebenso läßt sich leichter als der umgekehrte Vorgang erklären, daß sich im Laufe der Abschreibgeschichte aus einem ursprünglichen »*der*« durch Überlegungen oder Versehen eines Abschreibers ein »*Gott* ist im Fleisch offenbart worden« bildete. Ein Versehen ist bei der Ähnlichkeit von »der« (OC) und »Gott« ($\overline{\Theta C}$) im handschriftlichen Griechisch leicht vorstellbar, zumal man sich außerdem sehr gut denken kann, daß ein Abschreiber biblischer Texte die darin häufig begegnende Abkürzung für »Gott« ($\overline{\Theta C}$) rein gewohnheitsmäßig anstelle des ähnlich aussehenden Pronomens »der« (OC) schrieb. Auch eine bewußte Veränderung ist vorstellbar. Denn das Pronomen »der« läßt eigentlich im Unklaren, *wer* denn da »ist offenbart worden im Fleisch«. So besehen läßt sich die Lesart »*Gott* ist offenbart worden im Fleisch« als der Versuch eines Abschreibers verstehen, eine unklare Stelle des Textes zu vereindeutigen und dadurch verständlich zu machen. Sei es nun Versehen oder Absicht, man darf dessen ungeachtet feststellen: Äußere und innere Gründe sprechen für die Lesart 1 »*der* ist offenbart worden im Fleisch« als den ursprünglichen Text. Soweit die *Textkritik*.

Für die Methode der *Textgeschichte,* die zu klären sucht, wann und wie die einzelnen Handschriften und Lesarten entstanden sind, ist unsere Stelle geradezu ein Paradebeispiel. Gerade weil es zeigt, wie an einzelnen Buchstaben mitunter das Lebensschicksal von Menschen hängen kann, sei es hier kurz gestreift.[5] Zum Verständnis sei vorausgeschickt, daß sich im Raum der byzantinischen Kirche im 6. Jahrhundert die Lesart durchgesetzt hatte: »*der* ist offenbart worden im Fleisch«.

Nun lesen wir in einer Kirchengeschichte aus dieser Zeit: »Man sagt Makedonios, der Bischof von Konstantinopel (495–511), sei von Kaiser Anastasios verbannt worden, weil er die Evangelien gefälscht habe, insbesondere jenes Wort des Apostels: ›Der ist offenbart worden im Fleisch, ist gerechtfertigt worden im Geist.‹« Dort in 1 Tim 3,16 habe er nämlich durch die Veränderung nur

[5] Vgl. hierzu ausführlicher: *W. Stenger,* Textkritik als Schicksal, in: Bibl. Zeitschr. 19 (1975) 240–247.
Ders., Kleine Buchstaben, große Wirkung. Beschreibung der Fälle X und Y nebst Nachspiel als Parabel zum Fall K, in: Imprimatur 13 (1980) 8–11.

eines Buchstabens des griechischen Alphabetes, im Grunde nur durch einen Strich quer durch ein Omikron (O), dieses zum Theta (Θ) und damit ein »der« (OC) zu einem »Gott« ($\overline{\Theta C}$) gemacht, mit der Absicht, »Gott« im »Fleisch« nur »erscheinen«, d. h. aber nicht wirklich Fleisch werden zu lassen. Letzteres aber warf man dem Mönch Nestorius als häretische Lehre vor. Nach Meinung vieler vertrat er nämlich die Meinung, die Inkarnation sei nur eine Art Einwohnung des Gott-Logos im Menschen Jesus Christus gewesen, ohne daß es zu einer wirklichen Wesenseinheit gekommen sei. Daß Makedonios in seiner Bibel »Gott ist offenbart worden im Fleisch« las, war Anlaß genug, ihn in die Nähe jenes »Häretikers« zu rücken, auch wenn in Wahrheit an seiner Orthodoxie nicht zu zweifeln war und für seine Verbannung und Ermordung im Auftrag des Kaisers politische Gründe die eigentliche Ursache waren. Von der griechisch-orthodoxen Kirche wird er jedenfalls heute als Heiliger verehrt.

Rund 1000 Jahre später hatte sich im Raum der westlichen Kirche, näherhin in der auf einen Freund Calvins zurückgehenden und in der protestantischen Kirche gebräuchlichen Textform des sogenannten »textus receptus« eben die Lesart durchgesetzt, die den Anlaß geboten hatte, Makedonios seinerzeit als nestorianischen Irrlehrer zu verurteilen: »Gott ist im Fleisch offenbart worden.« Die Ironie der Geschichte wollte es, daß Johann Jakob Wettstein (1693–1754), einer der Väter der modernen textkritischen Wissenschaften, damals Pfarrer in Basel mit Lehrverpflichtungen an der dortigen Universität, gerade diese Lesart unter Hinweis auf den Text des Codex Alexandrinus, den er anläßlich einer Reise nach London hatte einsehen können, bestritt. Dort meinte er nämlich, »*der* ist offenbart worden im Fleisch« lesen zu müssen. Jetzt wird, was zu des Makedonios Zeiten als orthodox galt, Anlaß dafür, Wettstein den Vorwurf zu machen, er habe die Gottheit Christi aus den Schriften getilgt. Als Häretiker gebrandmarkt muß er Universität und Stadt Basel verlassen und nach Holland gehen.

Nicht nur haben, wie es das Sprichwort sagt, Bücher ihre Schicksale, auch Buchstaben können bisweilen Geschichten machen, die den darin Verwickelten gefährlich werden. Dies ist nicht nur Vergangenheit.

1.3 Zur Praxis

Die drei Beispiele haben uns einen Blick werfen lassen in Methoden und Arbeitsweisen der Textkritik. Keineswegs konnte damit die Absicht verbunden sein, diese Methode dadurch so einzuüben, daß wir nach Lektüre dieses Kapitels von uns behaupten könnten, wir seien jetzt ausgebildete Textkritiker. Wie wir wohl aufgrund der Ausführungen ahnen konnten, hat der Textkritiker zur Ausübung seines Handwerks wesentlich mehr Fertigkeiten heranzuziehen als die genaue Kenntnis der biblischen Sprachen. Es läßt sich sogar sagen, daß die Textkritik, obwohl theoretisch insofern zur Exegese gehörig, als sie die Voraussetzung der Auslegung, den Text, allererst bereitstellt, praktisch eine Wissenschaft für sich geworden ist. Der Normal-Exeget von heute dürfte zwar fähig sein, einen textkritischen Argumentationsgang nachzuvollziehen und dessen Ergebnisse kritisch zu sichten bis hin zu dem Punkt, daß er aufgrund des von der textkritischen Forschung erarbeiteten Materials zu einem eigenen Urteil kommt, doch wird er nur in den seltensten Fällen textkritischer Spezialist genug sein, um das textkritische Geschäft von der Pike an, d. h. von den hebräischen bzw. griechischen Originalhandschriften an, betreiben zu können. Allerdings sind dem Exegeten die Ergebnisse der textkritischen Bemühungen in den kritischen Textausgaben zugänglich, deren wichtigste wir hier nennen wollen:

AT:
1. Biblia Hebraica, hrsg. von R. Kittel, Stuttgart ^{3}1937
2. Biblia Hebraica Stuttgartensia, hrsg. von K. Elliger, W. Rudolph, Stuttgart 1968ff
3. Septuaginta I/II, hrsg. von A. Rahlfs, Stuttgart ^{8}1965 (griech. Text)
4. Biblia Sacra iuxta Vulgatam versionem I/II, hrsg. von B. Fischer u. a., Stuttgart 1969 (lat. Text)

NT:
1. Novum Testamentum Graece, nach E. und E. Nestle gemeinsam hrsg. von K. Aland, M. Black, C. M. Martini, B. M. Metzger, A. Wikgren, Stuttgart ^{26}1979
2. The Greek New Testament, hrsg. von K. Aland, M. Black, B. M. Metzger, A. Wikgren, Stuttgart ^{3}1975.

Diese Ausgaben stellen das Ergebnis textkritischer Auseinandersetzungen mit den verschiedenen Handschriften dar und notieren darum im sogenannten ›kritischen Apparat‹ der unterhalb des eigentlichen durch den Textkritiker rekonstruierten Textes abgedruckt ist, wichtige Varianten aus den Handschriften mit Angabe der Handschrift durch spezielle Abkürzungen. Der Fachexeget gewinnt anhand dieses Apparats Einblick in die Gründe, die den Textkritiker dazu geführt haben, sich für die in seinem Text gebotene Fassung zu entscheiden, und kann im Apparat Variantenmaterial einsehen, das es ihm bisweilen erlaubt, anderer Meinung zu sein als der Herausgeber.
Solche gelegentlich abweichenden Urteile finden dann ihren Niederschlag in den wissenschaftlichen Kommentaren. Wer diese benutzt, sollte darum mindestens einen Einblick in Verfahrensweisen der textkritischen Methode haben, auch wenn er diese nicht selbst anwenden kann, sondern nur »Kommentarfähigkeit«, d. h. die Fähigkeit, exegetische Sekundärliteratur einzusehen und zu verstehen, besitzt, zu der dieses Kapitel den Anstoß geben wollte. Zugleich aber ist darin hoffentlich deutlich geworden, daß wir es schon auf der Ebene der bloßen Textüberlieferung immer schon mit *Auslegung* zu tun haben. Zur Bedeutung des Bibeltextes und seiner theologischen Aussage gibt es nämlich im Normalfall keinen direkten Zugang, sondern *sachgemäß* nur einen von den exegetischen Methoden eröffneten.

2 *Das Problem der Übersetzung*

Die Übersetzung des Bibeltextes, mit der wir es, wenn wir die biblischen Sprachen nicht beherrschen, zu tun haben, ist eine weitere Form von *Auslegung*. Denn Übersetzungen sind keine sozusagen digitalen Reproduktionen des »Urtextes«, sondern Zeugnisse eines bestimmten Verständnisses des Bibeltextes durch den oder die Übersetzer, stehen also eigentlich am Ende des interpretatorischen Prozesses. Für uns sind sie jedoch notwendigerweise der Ausgangspunkt unserer Textarbeit. Auch hier sind wir also auf die Vor-Arbeit anderer, auf die Bemühungen der exegetischen Fachleute angewiesen und haben ohne Sprachkenntnisse nur eine geringe Möglichkeit der Kontrolle, etwa durch den Vergleich verschiedener Übersetzungen miteinander. Um so wichtiger ist es, sich wenigstens kurz klarzumachen, was bei dem Prozeß des Übersetzens geschieht.

Das deutsche Wort ›übersetzen‹ ist näher besehen eine Metapher, ein Wort also, das man üblicherweise nicht in eigentlicher, sondern in übertragener Bedeutung verwendet. Der eigentlichen Bedeutung näher steht jene Gebrauchsweise, in der das Wort den Vorgang bezeichnet, in dem etwas von dem einen Ufer des Flusses zu seinem anderen durch eine Fähre ›übergesetzt‹ wird. Von diesem Gebrauch des Wortes haben sich in seiner metaphorischen Verwendung Bedeutungselemente erhalten. Denn auch beim Übersetzen einer sprachlichen Äußerung von einer Sprache in die andere gibt es sozusagen zwei Ufer, die *Ausgangssprache,* aus der, und die *Zielsprache,* in die hinein übersetzt wird. Doch hören damit die Gemeinsamkeiten zwischen eigentlichem und übertragenem Gebrauch des Wortes auf. Denn während Frachtgut z. B. den Vorgang seines Übergesetztwerdens von einem Ufer zum anderen, in der Regel wenigstens, unverändert übersteht, erfährt eine sprachliche Äußerung bei ihrer Übersetzung von der Ausgangssprache in die Zielsprache geradezu mit Notwendigkeit Veränderungen mannigfaltiger Art. Dabei mag es am ehesten noch gelingen, die pure Bedeutung einer sprachlichen Äußerung von einer Sprache in die andere zu transportieren. Ganz unmöglich hingegen erscheint die völlige Übertragung der lautlichen und grammatikalisch-syntaktischen Sprachgestalt. Hier kommt es allenfalls zu Annäherungen. Doch auch dann wird man noch fragen müssen, ob die beabsichtigte praktische Wirkung einer sprachlichen Äußerung im Kontext der Zielsprache ebenso zustande kommt wie in dem der Ausgangssprache.

Mit den Worten *»traduttore traditore!«* versucht z. B. ein italienisches Sprichwort die Zwangsläufigkeit dieses Sachverhaltes zu erfassen, indem es die lautliche Gleichheit und die gleichzeitige Verschiedenheit von zwei Wörtern ein und derselben Sprache benützt, um die unvermeidliche Unähnlichkeit bei aller Ähnlichkeit einer sprachlichen Äußerung zu ihrer Übersetzung anzudeuten, ohne sich dabei einer Fremdsprache zu bedienen. Wenn wir dieses geschliffene italienische Sprichwort ins Deutsche übersetzen, bestätigen wir, ob wir wollen oder nicht, seine Richtigkeit. Denn mit der Formulierung »Der Übersetzer ist ein Verräter!« mögen wir zwar auf der *Ebene der inhaltlichen Bedeutung* (Semantik) das italienische Original im Deutschen zutreffend wiedergegeben haben, doch ist diese *semantisch* korrekte Wiedergabe um den Preis einer Veränderung auf der lautlichen, d. h. *phonologischen* und auf der *grammatisch-syntaktischen* Ebene der Sprache erkauft, die zugleich ein Verlust an sprachlicher Wirkung bedeutet. Wenn nämlich, anders als das italienische Original, die deutsche Übersetzung des Sprichworts auf der *syntaktischen* Ebene des Hilfszeitworts »sein« nicht entraten kann, schwächt sie (durch den zusätzlichen Gebrauch des Verbums) auf der Ebene der Wirkung, d. h. der *Pragmatik*, den Eindruck von Zwangsläufigkeit ab, den das italienische Original durch die prädikatlos-unvermittelte Aufeinanderfolge zweier Substantive beim Leser/Hörer erzeugt. Auch die Veränderung auf der phonologischen Ebene hat Konsequenzen für die Ebene der Pragmatik: Die Ersetzung von zwei allitterierenden, sich sogar reimenden und sich doch phonologisch auch unterscheidenden Wörtern des italienischen Originals durch zwei voneinander lautlich völlig verschiedene im zielsprachlichen Deutsch hat nämlich einen Verlust an pragmatischem Effekt zur Folge. Auf dem lautlichen Gleichklang, und zugleich auf der lautlichen Differenz der beiden Wörter im Italienischen, beruht pragmatisch, d. h. was die intendierte Wirkung angeht, der beabsichtigte Eindruck beim Leser, das eine sei die möglichst treffende Übersetzung des anderen und doch zugleich sein »Verrat«. In der deutschen Übersetzung geht dies sprachliche Spiel mit Phonologie, Syntax und Pragmatik verloren, auch wenn die pure Bedeutung von einer Sprache in die andere transportiert worden sein sollte.

Meist bedeuten darum die Veränderungen, die sich mit einer sprachlichen Äußerung bei ihrer Übersetzung vollziehen, einen Verlust an sprachlichen Möglichkeiten auf den verschiedenen Ebenen der Sprache. Nur in ganz seltenen Fällen kann die Veränderung auch einen Gewinn bedeuten. Doch selbst dann behielte das italienische Sprichwort sein Recht. Denn auch dann wäre schließlich die Übersetzung keine »getreue« Wiedergabe des Originals und müßte streng genommen sein »Verräter« genannt werden.

Eine Übersetzung begeht sozusagen notwendigerweise Verrat, entweder an der Ausgangssprache oder an der Zielsprache. Denn einerseits muß sie sich um möglichst große strukturelle Übereinstimmung beider Sprachen auf phonologischer, syntaktischer, semantischer und pragmatischer Ebene bemühen. Andererseits lassen es die Verschiedenheit von Ausgangs- und Zielsprache und die Vielzahl der sprachlichen Ebenen, die alle zugleich in strukturelle Äquivalenz zu versetzen nahezu unmöglich sein dürfte, immer nur zu, dies angestrebte Ziel allenfalls annäherungsweise zu erreichen. Im Bestreben, durch die Übersetzung das Original vollkommen zu ersetzen, ist das Beste, was der Übersetzer liefern kann, doch nur Ersatz des Originals. Dabei bleibt ihm nur die Wahl zwischen zwei grundsätzlichen Typen von Möglichkeiten, die beide gegenüber dem eigentlich angestrebten Ideal der größtmöglichen Gleichheit von Ausgangssprache und Zielsprache Abstriche machen müssen. Der eine Übersetzungstyp, von der Übersetzungstheorie[1] der *»for-*

[1] *E. A. Nida,* Toward a Science of Translating, Leiden 1964; vgl. auch noch: *J. Gnilka/ H. P. Rüger* (Hrsg.), Die Übersetzung der Bibel – Aufgabe der Theologie, Bielefeld 1985.

mal-äquivalente« genannt, orientiert sich stärker an der sprachlichen Gestalt des ausgangssprachlichen Originals und sucht diese in Wortfolge, Syntax und, so es möglich ist, auch in Lautung und Phonologie in der Zielsprache nachzuahmen. Der andere Übersetzungstyp, der *»dynamisch-äquivalente«* bzw. *»funktional-äquivalente«*[2] achtet dagegen schwerpunktmäßig auf die pragmatische Wirkung, die eine sprachliche Äußerung in der Ausgangssprache bei ihren Hörern/Lesern/Empfängern intendiert und bemüht sich, in erster Linie diese auch mit den Mitteln der Zielsprache zu erreichen. Versteht man die zwei möglichen Typen von Übersetzungen als einander entgegengesetzte Pole einer Skala, lassen sich die vorhandenen Übersetzungen auf dieser Skala je nach ihrer Entfernung bzw. Nähe zu den beiden Polen verorten, ohne daß damit eine »Wertung« der Übersetzungen verbunden wäre.

Erklärtermaßen das Ziel einer »dynamisch-äquivalenten« Übersetzung verfolgt z. B. *»Die Gute Nachricht«*, eine Übersetzung des NT, die sich an eine amerikanische Übersetzung anlehnt, aber von einem deutschen Theologenteam unter Zugrundelegung des griechischen Textes überarbeitet wurde.[3] Auch die »Übertragung« des NT von *Jörg Zink* gehört hierher. Denn der Übersetzer geht von der Auffassung aus, »daß die Zeit vorbei zu sein scheint, in der ein wörtlich übersetztes Neues Testament noch allgemein verständlich sein konnte«,[4] und schließt deshalb in seiner Übertragung »den alten Text mit Hilfe freier Wendungen auf, umschreibt schwierige Wörter, für die es im Deutschen keine Entsprechung gibt, durch ganze Sätze, lockert dichte Formulierungen auf«.[5]

Am anderen Ende der Skala rangieren Übersetzungen wie die der *»Patmos-Synopse«*, die sich »die getreue Anlehnung an den griechischen Text« zum Programm gemacht hat und darum dem »formal-äquivalenten« Übersetzungstyp zuzurechnen ist: »Gleiche Worte des Originals werden stets mit dem gleichen deutschen Ausdruck wiedergegeben. Vor allem lehnt sich die Satzstellung eng an

[2] *K. Reiß,* Was heißt Übersetzen? in: J. Gnilka/H. P. Rüger (Hrsg.), 46.
[3] Die Gute Nachricht. Das Neue Testament in heutigem Deutsch, hrsg. v. d. Bibelgesellschaften und Bibelwerken im deutschsprachigen Raum, Stuttgart [4]1976.
[4] Das Neue Testament, Übertragen von Jörg Zink, Stuttgart 1978, 5.
[5] Ebd.

den griechischen Satzbau an. Dadurch entstehen oftmals Wendungen, die unserem Sprachgefühl fremd erscheinen.«[6]
Auf der Skala zwischen den beiden Polen »formal-äquivalente« und »funktional-äquivalente« Übersetzung sind fast alle anderen gängigen Übersetzungen, sei es die revidierte *Lutherbibel*, die *Zürcher Bibel*, die *Herder-* oder die *Pattloch-Bibel* oder auch die *Einheitsübersetzung*, anzusiedeln. Sie alle schwanken zwischen der Intention, dem Urtext formal-äquivalent gerecht zu werden und ihn dennoch funktional-äquivalent für den Hörer/Leser zu ersetzen. Die Vorzüge und Nachteile der einzelnen Übersetzungen können hier nicht im Detail besprochen werden, weil damit ein allzu komplexer Problemkreis angesprochen wäre. Bei aller Vielfalt der Kriterien, die bei der »Bewertung« einer Übersetzung Beachtung verdienen, ist aber sicher die Frage nach der Verwendungssituation, für die eine Übersetzung bestimmt ist, die entscheidende. Denn schließlich besteht ein gewaltiger Unterschied z. B. zwischen der Situation privater Bibellektüre, liturgischem Gebrauch und dem Einsatz der Bibel in Schule und Katechese. In unserem Zusammenhang – Einführung in die exegetischen Methoden ohne Kenntnis der biblischen Sprachen – sind darum in erster Linie Übersetzungen brauchbar, die dem Typ der »formal-äquivalenten« nahekommen, denn diese »wollen dem Leser, der die griechische (und hebräische) Sprache nicht beherrscht, einen Ersatz für den griechischen (und hebräischen) Text bieten, der annähernd die gleichen methodischen Operationen erlaubt, die dem Bibelwissenschaftler mit Hilfe des Grundtextes möglich sind«.[7] Kommen so für unsere exegetische Arbeit an den Evangelien in erster Linie die »Patmos-Synopse« und das »Synoptische Arbeitsbuch zu den

[6] *W. Trutwin,* Die literarische und theologische Eigenart der synoptischen Evangelien, in: F. J. Schierse, Patmos-Synopse, Düsseldorf [19]1987, 16. Hier ist ebenfalls zu nennen *R. Pesch* (*u. a.*), Synoptisches Arbeitsbuch zu den Evangelien: Die vollständigen Synopsen nach Markus, nach Matthäus, nach Lukas mit den Parallelen aus dem Johannes-Evangelium und den nicht-kanonischen Vergleichstexten sowie einer Auswahlkonkordanz, Zürich/Köln/Gütersloh 1980. Vgl. auch: Das Neue Testament, Interlinear-Übersetzung Griechisch–Deutsch, übers. v. *E. Dietzfelbinger*, Stuttgart 1986.

[7] *P. Betz,* Übersetzungsprobleme bei neutestamentlichen Texten und ihre didaktische Relevanz, Staatsarbeit für das Lehramt Sek. I, (Masch.) Köln 1981, 100.

Evangelien« als Textgrundlage in Frage, so empfiehlt es sich, für die übrigen Teile der Bibel die Übersetzungen zu wählen, die die wissenschaftlichen Kommentare bieten, weil im allgemeinen die Kommentare darauf zielen, dem Urtext und den ursprünglichen Absichten der biblischen Schriftsteller zu dienen, also im wesentlichen auf eine »formal-äquivalente« Übersetzung hin orientiert sind.

3 *Die exegetischen Methoden*

3.1 Text, Kohärenz, Struktur, Bedeutung und Funktion

3.1.1 Was ist ein »Text«?

Schon in den bisherigen Überlegungen kamen wir nicht ganz ohne Fachsprache aus, denn die biblische Exegese hat, wie jede Wissenschaft, ihre Fachterminologie. Zum Teil hat sie diese mit verwandten Wissenschaften gemeinsam. Manche Fachbegriffe dürften uns darum schon aus der Beschäftigung mit den sprach- und literaturwissenschaftlichen Fächern und ihrer Fachsprache in der Schule bekannt sein.[1]

Fachsprachen sind in der Wissenschaft notwendig, weil sie auf Eindeutigkeit der Begriffe zielen und es erlauben, sich über Sachverhalte in Abkürzung zu verständigen. Darum muß ich im Rahmen einer Methodeneinführung noch auf einige weitere grundlegende, ordnungstiftende Definitionen und Unterscheidungen eingehen, will es jedoch vermeiden, allzu tief in das terminologische Gestrüpp eines wissenschaftlichen Fachchinesischs einzudringen. Doch leichter gesagt, als getan! Denn schon, wenn wir mit dem Wort ›*Text*‹ den aller Exegese zugrundeliegenden Gegenstand bezeichnen, verbindet wohl jeder Leser damit den ungefähren Begriff, es handle sich dabei um etwas Schriftliches. Was allerdings ein ›Text‹ eigentlich ist, ist dadurch aber mit wünschenswerter wissenschaftlicher Genauigkeit weder von mir gesagt, noch von meinem Leser verstanden worden.

[1] Die »*Textkritik*« z. B. ist eine Methode, die nicht nur in der biblischen Exegese Anwendung findet. Vor dem Problem eines authentischen Urtexts nämlich stehen alle Literaturwissenschaften, denen darum der Begriff »Textkritik« wohlvertraut ist. Wenn andererseits bei den Überlegungen zum Problem der Übersetzung die Begriffe »*Syntax*«, »*Semantik*« und »*Pragmatik*« benutzt wurden, so sind dies Ausdrücke der linguistischen, sprachwissenschaftlichen Fachterminologie.

Ein Blick in ein Fachlexikon belehrt überdies, daß, was ein ›Text‹ sei, auch im Streit der Fachgelehrten nicht entschieden ist:
»In der Linguistik liegen verschiedene Definitionen von ›Text‹ vor, je nachdem, ob ein ontologisch-wesenhafter, ein funktional-intentionaler, ein textimmanenter, ein kommunikationsanalytischer oder handlungstheoretisch-sprechaktorientierter Ansatz zugrunde liegt.«[2] ›Der Dschungel ruft!‹ muß der Anfänger denken.

Es bleibt mir also nichts anderes übrig, als durch den Versuch einer Definition eine Schneise in den Urwald zu hauen, auf die Gefahr hin, daß, was ich für didaktische Rodung halte, auch als wissenschaftlicher Kahlschlag empfunden werden kann: Ich verstehe also unter ›*Text*‹ (lat. textus = Gewebe, vgl. Textilien) *eine zusammenhängende, strukturierte sprachliche Äußerung, die, wenigstens relativ in sich abgeschlossen, eine bestimmte Wirkung intendiert.*
Überprüfen wir, ob nach dieser ›Definition‹ das folgende Beispiel ein ›Text‹ ist!

»Abs.: Werner Stenger«

So schreibe ich bei meinen Briefen hinten auf den Umschlag und füge auch Straße, Postleitzahl und Wohnort hinzu. (Der Übersichtlichkeit halber lasse ich das bei unserem Beispiel aber weg.)

3.1.2 »Zusammenhängend und strukturiert«

Ich erkenne in einem ersten Schritt, daß die sprachliche Äußerung aus drei Teilen besteht. Dazu muß ich noch nichts von ihrer Bedeutung verstehen. Um die Teile zu erkennen, genügt es, auf die Großbuchstaben, mit denen die einzelnen Wörter beginnen, auf die Satzzeichen und auf die Wortzwischenräume, also auf rein formale Kennzeichen, zu achten. Diese lassen mich außerdem sehen, daß die *Zäsur* zwischen »Abs.:« und »Werner Stenger« stärker betont ist, als die zwischen »Werner« und »Stenger«. Denn hier zeigt mir nur ein Wortzwischenraum und der Großbuchstabe »S«, mit dem »Stenger« beginnt, den Einschnitt an. Zwischen »Abs.:« und »Werner« dagegen kommen zu Wortzwischenraum und Großbuchstaben am Anfang des nächsten Wortes noch ein Punkt und ein

[2] *P. G. Müller,* Art.: Text, in: Ders., Lexikon exegetischer Fachbegriffe, Stuttgart/Kevelaer 1985, 242.

Doppelpunkt als *Trenner* hinzu. »Abs.:« ist demnach innerhalb des Ganzen stärker eine Einheit für sich als jeweils »Werner« oder »Stenger«.
Ich zerteile also nicht willkürlich, sondern habe bei meiner Zerlegung des Textes in Teile oder *Segmente* (Segmentierung) Kriterien, Unterscheidungsmerkmale bzw. *Gliederungssignale,* an denen ich mich orientiere und die mich erste Zusammenhänge zwischen den Teilen sowie ihre gegenseitigen Über- und Unterordnungen erkennen lassen. Auf der Ebene der Bedeutungen, d. i. auf der semantischen Ebene, bestätigt sich dies.
Semantisch betrachtet, d. h. bedeutungsmäßig, hängt nämlich das Wort »Werner« mit dem Wort »Stenger« zusammen und umgekehrt: Der *Vorname* »Werner« trifft eine Auswahl unter den Trägern des *Familiennamens* »Stenger« und dieser umgekehrt unter den vielen, die den Vornamen »Werner« tragen. Der eine Teil definiert den anderen jeweils genauer, indem er seine Bedeutung einschränkt. Die Teile haben *Kohärenz,* hängen wie die Glieder einer Kette eines am anderen. Ebenfalls auf der semantischen Ebene ist neben der Kohärenz von Teilen auch ihre *Über-* und *Unterordnung*, d. h. ihre (semantische) *Struktur*, zu erkennen.

Die Abkürzung »Abs.:« z. B. ist als Absenderangabe ein beiden übergeordnetes Element. Sie bezieht sich auf die durch den Vornamen und Namen bezeichnete Person, als stünde sie sozusagen wie bei einer mathematischen Formel vor der Klammer, die die beiden anderen Teile zu einer Einheit verbindet: »Abs (Werner Stenger)«.

Die Teile sind also nicht nur ineinander gehängt wie die Glieder einer Kette, sondern bilden ein mehr oder weniger kompliziertes Gefüge mit Überordnung und Unterordnung, sind zu einem Netz oder einem »Gewebe« (Text) von Beziehungen untereinander verknüpft, d. h., sie bilden eine *Struktur.* Durch diese Struktur erst wird aus Wörtern und Sätzen ein einheitliches Ganzes mit einer Gesamtbedeutung.

3.1.3 »Wenigstens relativ in sich abgeschlossen, eine bestimmte Wirkung intendierend«

Man bedient sich der Sprache nicht, um sozusagen Worte zu machen. Man will, wenn man spricht oder schreibt, damit bei dem Zuhörer oder Leser etwas erreichen. So habe ich die besagte sprachliche Äußerung hinten auf den Briefumschlag geschrieben, damit der Empfänger weiß, von wem der Brief ist, und mir eventuell zurückschreibt. Dazu muß er den Text in seiner Bedeutung verstehen (Semantik), aber auch erkennen, welche Wirkung beim Empfänger ich damit erreichen will (Pragmatik). Erst wenn *Bedeutung* und *Funktion*, d. h. der Text in seiner Semantik und Pragmatik, erfaßt werden, läßt sich beurteilen, ob die sprachliche Äußerung »in sich abgeschlossen« ist bzw. »relativ in sich abgeschlossen«, wie unser Beispieltext. Dieser ist nämlich *eingebettet* in das Ganze eines größeren Textes, bildet erst mit der Briefadresse zusammen die übliche Beschriftung eines Briefumschlags.

Und doch ist er ein »relativ in sich abgeschlossenes« Ganzes, denn er hat als Absenderangabe eine eigene, von der Adressatenangabe unterscheidbare, pragmatische Funktion. Man kann ihn darum von seiner Umgebung abgrenzen, d. h. bestimmen, wo er anfängt und wo er aufhört. Nach unserer Definition ist unser Beispiel ein »Text«.

Wenn er auch wegen der Einbettung genauer gesagt nur ein »Teil-Text« ist, so verhindert die ihm eigene pragmatische Funktion – den Briefempfänger wissen zu lassen, von wem er den Brief erhielt, damit er eventuell seinerseits schreibe –, daß er ein »Textteil« ist, wie es als Bestandteil unseres Beispieltextes z. B. »Abs.:« für sich genommen ist, oder wie es »Werner« und »Stenger« sind, jeweils für sich genommen oder zusammen. Diese *Textteile* oder *Segmente* haben im Rahmen unseres Beispieltextes keine eigene pragmatische Funktion, sondern dienen nur dazu, mit anderen zusammen in syntaktischer und semantischer Hinsicht das Ganze des *Textes* zu bilden.

3.1.4 Zusammenfassung

Im wesentlichen habe ich methodisch bis jetzt drei verschiedene Prozeduren durchgeführt. Ich habe einen gegebenen Text in seine Teile *zerlegt* und dann die Teile wieder *zusammengesetzt,* um zu sehen, wie sie auf der Ebene der Syntax und Semantik in ihrem Nacheinander als *kohärente* Teile einer *Struktur* zusammenspielen.

Ich bin analytisch und synthetisch vorgegangen. Schließlich habe ich auf der Ebene der Pragmatik die *Funktion* des Textes zu bestimmen gesucht. Graphisch dargestellt sieht sich das etwa so an:

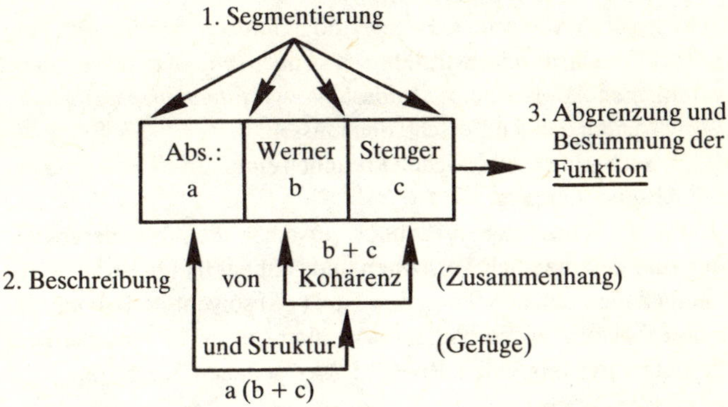

3.2 Synchronie und Diachronie

Doch machen wir mit unserem Beispieltext ein kleines Gedankenexperiment und stellen uns vor, er stünde vorne auf dem Briefumschlag an der Stelle, wo normalerweise die Adresse steht!
Von der neuen Situation des Textes würde unsere Segmentierung nicht betroffen. Syntaktisch gesehen wäre »Abs.:« auch weiterhin ein den beiden anderen übergeordneter Textteil. In syntaktischer und semantischer Hinsicht bliebe auch die Kohärenz von »Werner« und »Stenger« wie oben beschrieben erhalten.
Indessen hätte sich die Bedeutung von »Abs.:« verdunkelt, weil sie nicht mehr zu der neuen Funktion paßt, die der Text jetzt dadurch gewonnen hat, daß er nicht wie zuvor als Absender, sondern als Anschrift fungiert.
Mit einer rein deskriptiven, d. h. was vorhanden ist beschreibenden Erfassung der Textteile in ihrer Kohärenz und Struktur wie bisher kämen wir hier ans Ende unseres Lateins oder allenfalls zu dem Urteil, es handle sich um einen sinnlosen bzw. unverständlichen Text.
Und doch hat ihn die Post offensichtlich in seiner Bedeutung und

Funktion verstanden. Vor einiger Zeit nämlich hat sie mir einen Brief von französischen Freunden zugestellt, bei dem *als Anschrift vorne* auf dem Briefumschlag zu lesen war:

»Abs.: Werner Stenger«

Man muß kein Sherlock Holmes oder findiger Postler sein, um Schritt für Schritt rekonstruieren zu können, wie es zu dieser ungewöhnlichen Adresse kam. Mindestens *zwei Situationen nacheinander* wird man dabei unterscheiden müssen:

(1) Ich schreibe französischen Freunden einen Brief mit der besagten Absenderangabe.

(2) Meine französischen Freunde verstehen die Absenderangabe nur zum Teil, nämlich Vornamen und Namen, halten »Abs.:« womöglich für einen akademischen Titel (»Absolvent« z. B.) oder für einen abgekürzten Vornamen (»Absalom« etwa) und schicken mir deshalb ihrerseits einen Brief mit der genauen Kopie der alten Absenderangabe als Adresse.

Mit der *Erklärung, wie der mir als Adresse vorliegende Text »geschichtlich« entstanden ist*, hat sich das semantische Dunkel um die Bedeutung des »Abs.:« gelichtet. Es steht da als nunmehr unverstandenes oder doch mißverstandenes Überbleibsel einer vorausgegangenen Verwendungssituation des Textes. Es ist übriggeblieben aufgrund eines Mißverständnisses. Diese ›geschichtliche‹ Erklärung hat dem Textteil »Abs.:« in seinem jetzigen Kontext (Adresse) zwar keine neue Bedeutung abgewinnen können, hat aber sein Vorhandensein darin plausibel genug erklärt.

Bei der Textanalyse hat man also eine Betrachtungsweise, deren Ziel es ist, einen Text in einem bestimmten Ist-Zustand im Hinblick auf Kohärenz, Struktur und Funktion, d. h. im Hinblick auf seine *Form* zu beschreiben – zu *unterscheiden* von einem Erklärungsversuch, der den gegenwärtigen Zustand als Endzustand eines auf ihn hinführenden geschichtlichen Prozesses zu begreifen und darzustellen sucht. Mit der auf den Genfer Linguisten Ferdinand de Saussure (1857–1913) zurückgehenden Terminologie kann man die erste einen gegenwärtigen Zustand beschreibende Betrachtungsweise *synchronisch* (Synchronie = Gleichzeitigkeit, von gr. syn = zugleich; chronos = Zeit) nennen, während sich die Bezeichnung *diachronisch* (Diachronie, von gr. dia = durch; chro-

nos = Zeit) für die historisch-genetische Erklärung eines gegenwärtigen Zustands nahelegt.
Ansatzpunkt für diachronische Erklärungsversuche ist dabei immer ein Tatbestand, der sich synchronisch nicht erklären läßt. Die Reihenfolge von synchronischer und diachronischer Betrachtungsweise ist dabei nicht beliebig. *Vor* der Frage nämlich, wie etwas *geworden* ist (diachronisch), steht die Frage, wie beschaffen etwas *ist* (synchronisch). Mit Synchronie und Diachronie sind zwei grundlegende Begriffe, auch für das System der exegetischen Methoden, gewonnen. Wie bei unserem Beispiel haben wir auch in der Exegese zwischen *deskriptiv-synchronischen* Methoden und *genetisch-erklärenden,* diachronischen zu unterscheiden. Die synchronischen Schritte gehen dabei den diachronischen voraus.[3]
Diese setzen mit ihren *Erklärungs*versuchen erst da ein, wo die synchronische *Beschreibung* zur Erklärung eines Textbefunds nicht mehr genügt.[4]

3.3 Synchronische Methode: Formkritik

3.3.1 Text, Teil-Text, Textteil

Der Formkritik geht es darum, das individuelle, persönliche Gesicht eines bestimmten Textes zu erfassen. Sie ist synchronisch eingestellt.

[3] Ist es bloß Zufall, daß in der Geschichte der Naturwissenschaften der Schwede Carl von Linné (1707–1778) das »*System* der Natur« in Beschreibung und Klassifizierung von Tieren und Pflanzen erfaßte, hundert Jahre *bevor* der Schotte Charles Darwin (1809–1882) es unternehmen konnte, die »*Entstehung* der Arten« als Ergebnis eines evolutiven naturgeschichtlichen Prozesses darzustellen? Auch wissenschaftsgeschichtlich scheint die Synchronie *vor* der Diachronie zu rangieren.

[4] So kann man die Methode der Formkritik als synchronische Methode sehen. Diachronisch bestimmt sind hingegen die *Literarkritik* und, auf ihr aufbauend, die *Überlieferungs- und Quellenkritik* einerseits und die *Redaktions- und Kompositionskritik* andererseits. Die *Traditionskritik,* die geprägtes Gut bestimmt und untersucht, und die *Gattungskritik,* die sich mit geprägten Strukturen befaßt, sind ebenfalls diachronisch eingestellte Methoden.
So kann man auch von Überlieferungs-, Redaktions-, Traditions- und Gattungs*geschichte* sprechen, sollte jedoch den früher gebräuchlichen Begriff *Formgeschichte* vermeiden, da er Gattung und Form ebenso wenig unterscheidet wie Synchronie und Diachronie.

Gegenstand einer formkritischen, synchronischen Beschreibung ist ein gegebener Text, d. h. ein in sich abgeschlossener Text mit eigener Funktion, also z. B. ein Evangelium, oder ein in einen Text eingebetteter, in sich relativ abgeschlossener Teil-Text mit eigener, unterscheidbarer Funktion, wie z. B. eine Wundergeschichte. Im folgenden verwenden wir im allgemeinen für beides den Begriff »Text«. Dabei geht es in einem ersten Schritt um die Segmentierung des Textes oder Teil-Textes, also darum, ihn nach bestimmten Kriterien in seine Elemente oder Textteile zu zerlegen. Bei Teil-Texten erfolgt dabei eine vorläufige Abgrenzung des Textabschnittes nach oben und unten.

In einem zweiten Schritt werden Kohärenz und Struktur von Text oder Teil-Text beschrieben, d. h. die Elemente, aus denen ein Text sich zusammensetzt, die sogenannten Textteile werden daraufhin überprüft, wie sie syntaktisch und semantisch in ihrem Nacheinander zusammenhängen (Kohärenz) und in ihrem Gefüge sich aufeinander beziehen (Struktur) und so die Bedeutung (Semantik) und Wirkung (Pragmatik) des Textes möglich machen.[5]

Wenn man will, kann man den ersten Schritt, die Segmentierung des Textes, einen analytischen nennen, weil ein gegebenes Ganzes dadurch in seine Teile zerlegt wird. Der zweite Schritt hätte dann als synthetischer zu gelten. Die Teile des Ganzen werden auf ihr Zusammenspiel hin betrachtet.

3.3.2 Vorbereitung der Segmentierung eines Textes

Wie bei unserem bisher benutzten Textbeispiel auch, bedürfen wir zur Segmentierung von biblischen Texten oder Teil-Texten bestimmter Kriterien. Kapitel- und Versangaben, die scheinbar sol-

[5] Insofern dabei unter Umständen auch Brüche der Kohärenz, d. h. Störungen des textlichen Zusammenhangs beobachtet werden, kündigt sich hier bereits die Grundlage der diachronischen Verfahrensweise an: die *Literarkritik*. Doch ist sie in diesem Stadium der Untersuchung noch auszuschalten. In der Formkritik geht es darum, möglichst lange dem Text den Vertrauensvorschuß entgegen zu bringen, er sei kohärent oder konsistent, d. h. lesbar. Grundsätzliches Mißtrauen ist nämlich auch hier ein schlechter Ratgeber, zumal es nicht durch ein ebenso schädliches, naives Vertrauen ersetzt werden soll. Denn die Literarkritik ist nur aufgeschoben, keinesfalls aber aufgehoben.

che Gliederungsaufgaben erfüllen, sind dazu nicht geeignet. Denn sie sind bekanntlich später hinzugefügt worden und gliedern meist nur sehr willkürlich. Sie sind nichts weiter als ein Koordinatennetz, das, selbst nicht zum Text gehörig, im Lauf der textlichen Überlieferung recht mechanisch über den Text gelegt worden ist. Es kann unserer exegetischen Arbeit gute Dienste leisten, aber nimmt uns nicht die Arbeit ab, den Text zusätzlich in einer Weise zu gliedern, daß sein Zusammenhang und seine Struktur bzw. seine Strukturen auf den verschiedenen Ebenen der Sprache deutlich werden. Das gegebene Koordinatennetz von Kapitel- und Versangaben macht oft willkürlich Einschnitte in den Text und ist zudem viel zu weitmaschig, als daß ein genaues Arbeiten möglich würde. Um das Netz sinnvoll zu benutzen, empfiehlt es sich, es noch vor der eigentlichen Segmentierung des Textes der Natur des Gegenstandes gemäßer und außerdem enger zu knüpfen, dadurch, daß man den Text *eigenhändig noch einmal abschreibt, und zwar so ähnlich, wie man ein Gedicht mit Zeilenbruch zu schreiben pflegt.*

Dabei sollte der ›Zeilenbruch‹ nicht nur hinter jedem Satz erfolgen, sondern auch hinter jedem Nebensatz. Dabei gilt die Regel, daß auf einen Satz oder Nebensatz nur *ein* Verbum kommt. Auch Äußerungseinheiten, die eine in sich abgerundete Funktion erfüllen, wie Vokative, Interjektionen oder einzelne Elemente bei Aufzählungen, es sei denn, sie wären mit anderen zu einem Paar oder zu einer Trias usw. verbunden, sind als Zeilen jeweils für sich zu schreiben. Nicht abzutrennen hingegen sind untergeordnete Infinitivkonstruktionen, weil sie keine solchen relativ für sich bestehenden Äußerungseinheiten sind. Praktisch ist dann so zu verfahren, daß unter Beibehaltung der Verszählung diese Sätze, Nebensätze und Äußerungseinheiten voneinander abgetrennt und wie die Zeilen eines Gedichts untereinander geschrieben werden, wobei jede Zeile fortlaufend bis zum Versende gezählt und mit a, b, c usw. bezeichnet wird. Wo es zu Einbettungen kommt, d. h., wo ein Satz oder eine Äußerungseinheit durch eine andere unterbrochen wird, um danach wieder aufgenommen zu werden, kann durch zusätzliche Numerierung des Kleinbuchstabens (a_1, a_2, a_3 usw.) die Einbettung als solche deutlich gemacht werden.

Wir machen es uns an folgendem Textbeispiel[6] deutlich:

[6] Das Beispiel ist von *H. Schweizer,* Wovon reden die Exegeten? Zum Verständnis der Exegese als verstehender und deskriptiver Wissenschaft, in: Theol. Quartalschrift 164 (1984) 3ff., angeregt. Ich bin mir dabei bewußt, daß sich die dort für die Ursprache gemachten Vorschläge nicht ohne Abänderungen auf den Text einer deutschen

Lk 18,9–14

9a »Er sprach aber zu einigen sich selbst vertrauenden,
a_1 daß sie gerecht seien,
a und die übrigen verachtenden dieses Gleichnis:
10a Zwei Männer gingen hinauf zum Tempel, um zu beten.
b Der eine war ein Pharisäer,
c und der andere war ein Zöllner.
11a Der Pharisäer für sich stehend betete folgendes:
b ›O, Gott!
c ich danke dir,
d daß ich nicht bin wie die übrigen Menschen
e Räuber,
f Betrüger,
g Ehebrecher,
h oder auch wie dieser Zöllner.
12a Ich faste zweimal die Woche,
b ich verzehnte alles,
c was ich erwerbe.‹
13a Der Zöllner, weit zurückstehend, wollte nicht einmal die Augen zum Himmel erheben
b sondern schlug an seine Brust, sagend:
c ›O, Gott,
d sei gnädig mir, dem Sünder!‹
14a Ich sage Euch,
b dieser ging gerechtfertigt nach Hause im Gegensatz zu jenem.
c Denn jeder sich selbst erhöhende wird erniedrigt,
d aber der sich selbst erniedrigende wird erhöht werden.«

Übersetzung übertragen lassen. So finden sich in deutschen Übersetzungen z. B. die nach H. Schweizer nicht abzutrennenden Partizipien und Infinitivkonstruktionen häufig in aufgelöster Form als Haupt- und Nebensätze und werden deshalb als eigene Zeilen abgetrennt. Auch hier zeigt sich, daß eine Übersetzung nur ein Notbehelf ist.

3.3.3 Segmentierung des Textes

Der Text ist jetzt so eingerichtet, daß er abgegrenzt und segmentiert werden kann. Die Segmentierung kann aber nicht willkürlich erfolgen, sondern hat sich an Kriterien zu halten, an Anzeichen im Text, sogenannte Texttrenner, die zeigen, daß hier eine Zäsur zu machen ist, dort hingegen nicht. Diese Texttrenner oder textgliedernden Signale müssen, weil wir mit einer Übersetzung arbeiten, translinguistisch sein, d. h., sie dürfen nicht nur Geltung für den Bereich einer Einzelsprache haben, sondern müssen über die Ursprache des Textes hinaus auch auf seine deutsche Übersetzung anwendbar sein.

Ohne daß Vollständigkeit angezielt wird, seien im folgenden verschiedene dieser Texttrenner bzw. Gliederungsmerkmale angeführt.

Texttrenner in narrativen Texten

Je nach Textsorte können solche Texttrenner sehr verschieden sein, auch wenn einige in allen Textsorten begegnen. Bei *narrativen Texten,* zu denen das vorige Textbeispiel zu rechnen ist, sind von besonderer Bedeutung Merkmale der *Zeitgliederung,* der *Raumdarstellung* und der *Figurenkonstellation,* der *Sprecherwechsel,* sowie Fortschritte auf der Achse der *erzählten Ereignisse* selbst.

Zeit- und Ortsangaben kommt dabei besondere Bedeutung für die Gliederung des Textes zu, weil »bei Erzähltexten der dargestellte Bereich der Gegenstände und Sachverhalte dadurch charakterisiert (ist), daß er auf Raum und Zeit bezogen ist... Wichtig ist vor allem der zeitliche Ablauf; Ortsveränderungen spielen meist nur im Zusammenhang mit dem zeitlichen Ablauf eine Rolle.«[7] Dabei lassen sich bei den *Zeitangaben* »Episodenmerkmale«, durch »die Handlungsabläufe als einmalig... dargestellt werden«, von »Itera-

[7] *E. Gülich,* Ansätze zu einer kommunikationsorientierten Erzähltextanalyse (am Beispiel mündlicher und schriftlicher Erzähltexte), in: Zeitschrift für Literaturwissenschaft und Linguistik, Beihefte 4, Erzählforschung 1, hrsg. von W. Haubrichs, Göttingen 1976, 242.

tionsmerkmalen, die die Wiederholung von Handlungsabläufen kennzeichnen«[8] unterscheiden. Die Episodenmerkmale »lassen sich weiter unterscheiden in Ausgangs- und Nachfolgemerkmale, je nachdem, ob das Episodenmerkmal den Ausgangspunkt für einen Handlungsablauf setzt oder sich auf den durch das Ausgangsmerkmal bezeichneten Zeitraum bezieht«.[9]

Entsprechend lassen sich auch die *Ortsangaben* differenzieren. So gibt es umfassende Ortsangaben, in die detailliertere Lokalitäten eingetragen werden, und Orte, die Ausgangspunkt oder Ziel einer Bewegung sein können.

Auch Veränderungen in der *Konstellation der Handlungsträger oder Figuren* haben Gliederungsfunktion für den Text und gehören damit zu den Texttrennern oder Gliederungsmerkmalen: »Dieses Merkmal liegt dann vor, wenn z. B. eine neue Person auftritt, oder wenn eine Person in einem Teiltext nicht an der Handlung beteiligt ist, oder auch wenn die Handlung in den einzelnen Teiltexten von verschiedenen Personen ausgeht.«[10]

Andere Signale kommen hinzu.

Anfang und Ende unseres Beispieltextes sind z. B. durch *Redeeinleitungen* markiert. Zu Beginn führt der Erzähler Jesus als Erzähler eines Gleichnisses ein, übrigens ohne daß Jesus mit Namen genannt wird, d. h. ohne *Nominalisierung*, ein Anzeichen dafür, daß kein absoluter Texteinsatz vorliegt, an dem der Erzähler seine Handlungsträger vorzustellen hätte, sondern nur der relative Texteinsatz eines Teil-Textes. Am Ende wird durch eine *neue Redeeinleitung* (V 14a) durch den Sprecher Jesus selbst das Ende der *Erzählung* (V 14b) und ihr *Kommentar* durch Jesus (V 14c + d) von der eigentlichen Erzählung (VV 10–13) des Gleichnisses abgesetzt. Bezüglich der Binnengliederung dieses Gleichnisses fällt auf, daß Merkmale der Zeitgliederung völlig fehlen. Die Erzählung ist als Gleichnis gewissermaßen von zeitloser Gültigkeit.

[8] Ebd. 243.
[9] Ebd.
[10] Ebd.

Texttrenner in argumentativen, rhetorischen und poetischen Texten

Damit ist das Reservoir der textgliedernden Signale für unser Gleichnis aber noch lange nicht erschöpft. Doch liegen die bisher übersehenen innerhalb eines Textteils, der zwar eingebettet in den umgebenden narrativen Text des Gleichnisses ist, selbst jedoch schon einer anderen Textsorte zuzurechnen ist.

Der abschließende Text-Teil unseres Beispieltextes gliedert sich beispielsweise in eine *Redeeinleitung,* mit der der Sprecher Jesus den Abschlußteil seiner Rede besonders unterstreicht: »Ich sage euch...« *und* in den dadurch hervorgehobenen *narrativen* Schlußteil der Gleichniserzählung: »Dieser ging gerechtfertigt nach Hause im Gegensatz zu jenem« *sowie* in die abschließende *kommentierende* Schlußbemerkung zum ganzen Gleichnis: »Denn jeder sich selbst erhöhende wird erniedrigt, aber der sich selbst erniedrigende wird erhöht werden.« Diese Schlußbemerkung setzt sich durch ihre aufs Ganze der Erzählung bezogene kommentierende Funktion von der Erzählung ab. Es kommt hinzu, daß sie auch durch ihre Struktur als *antithetischer Parallelismus* eine gewisse Selbständigkeit als ein eigenes Textsegment erhält.

Damit sind weitere Kriterien einer Textgliederung angesprochen, wie sie vor allem bei poetischen Texten wirksam sind: die Parallelismen der verschiedensten Art. Wie in der Poesie unseres Kulturraums zumindest in der Vergangenheit die klangliche Parallelität am Zeilenende, der sogenannte Reim, hervorragendes Kennzeichen von ›Gedichten‹ und neben strophischer Einteilung und dem Metrum das wichtigste Gliederungsmerkmal poetischer Texte war, so verfügt die hebräische Poesie und auch das von einem semitischen Sprachhintergrund bestimmte Griechisch des NT über das Mittel des sogenannten »parallelismus membrorum« (deutsch: Parallelismus der Glieder) auf der syntaktischen und semantischen Ebene, d.h. einer Art von Gedanken- bzw. Bilderreim, in dem in zwei oder mehreren aufeinanderfolgenden Zeilen *Gleiches* (Synonymes) oder *Ergänzendes* (Synthetisches) oder *Gegensätzliches* (Antithetisches) in syntaktischer oder semantischer Parallelität, sozusagen in Stereo, ausgedrückt wird. Diese sprachliche Technik macht es möglich, eine Sache durch Wiederholung von verschiedensten Aspekten her auszusagen, wie es orientalischer Mentalität entspricht. Die das Gedanken- oder Bildmaterial parallelistisch anordnende poetische Sprache wirkt aber durch die Verwendung von Parallelismen und Bildern in besonderer Weise textgliedernd.

Die verschiedenen Arten des Parallelismus lassen sich ebenso wie die Verwendung von Bildern in ihrer textgliedernden Wirkung im Blick z. B. auf Ps 1 erkennen.

Der Psalm beginnt mit einer Seligpreisung, einem sogenannten *Makarismus*:

1a »Selig der Mann, der...«

Der Seliggepriesene wird sodann näher definiert und zwar zunächst negativ, in drei einander parallelen Aussagen, die alle seine Zugehörigkeit zur Gruppe der Sünder negieren, also in gewisser Weise das Gleiche sagen und darum als *synonyme Parallelismen* anzusprechen sind. Die Dreizahl als Zahl der Vollständigkeit unterstreicht das vollständige Geschiedensein des Seliggepriesenen von jener Gruppe. Ob eine Steigerung von Aussage zu Aussage, eine sogenannte *Klimax* vorliegt, ist fraglich.

Der dreifache Parallelismus würde in diesem Fall als klimaktischer die Aussage noch stärker intensivieren:

b »der nicht im Rat der Gottlosen wandelt,
c sich nicht auf den Pfad der Sünder stellt,
d noch im Kreise der Lästerer sitzt...«

Dem entgegengesetzt folgt der positive Teil der Definition des Seliggepriesenen, diesmal in zwei ebenfalls parallelen Aussagen nahezu gleicher Bedeutung, d. h. in einem *synonymen Parallelismus:*

2a »vielmehr am Gesetz des Herrn seine Freude hat,
b ja, sein Gesetz betrachtet bei Tag und Nacht«.

Es folgt ein *bildhafter,* d. h. metaphorischer Vergleich des Seliggepriesenen mit einem Baum:

3a »Er gleicht dem Baum gepflanzt am strömenden Wasser.«

Das Bild wird präzisiert, indem einzelne Bildzüge ins Detail vertieft werden:

b »der seine Früchte trägt zur rechten Zeit,
c und dessen Laub nicht welkt«.

Zwei Einzelzüge werden herausgegriffen. Vergleichspunkte mit dem Seliggepriesenen sind der ›Erfolg‹ (Früchte) und die ›Dauerhaftigkeit‹ (immergrünes Laub); die beiden Aussagen sind wieder parallel, wobei die eine diesen Aspekt (›Erfolg‹), die andere jenen (›Dauerhaftigkeit‹) vorträgt. Man spricht darum von einem *synthetischen Parallelismus.*
Dasselbe wird dann noch einmal unbildlich gesagt, wobei freilich von den zwei Aspekten der bildlichen Aussage (›Erfolg‹ und ›Dauerhaftigkeit‹) nur einer zur Sprache kommt:

d »Was immer er beginnt,
e vollführt er glücklich.«

Stand bisher der Gerechte im Blick, so folgt jetzt die Gegenaussage über die Frevler. Auffällig ist, daß sie im Gegensatz zu dem Seliggepriesenen (Singular) als mehrere im Plural begegnen, wobei sich in unserem Zusammenhang lernen läßt, daß auch die Verwendung des *Numerus* textgliedernde Funktion haben kann. Die Frevler läßt der Psalm nur als Gruppe auftreten. Sie sind gewissermaßen der Normalfall, während der Gerechte, der ganz und gar (V 1) ihre Gemeinschaft meidet, als der Einzelne die Ausnahme von der Regel ist und darum auch seliggepriesen wird:

4a »Nicht so die Frevler!«

Ohne Parallelismus beschreibt auch die »Frevler« eine metaphorische Aussage, die semantisch zwei Aspekte anspricht, die im Gegensatz zu den in der bildlichen Beschreibung des Gerechten berührten Aspekten stehen: ›Erfolglosigkeit‹ und ›Flüchtigkeit‹:

b »Wie Spreu sind sie,
c die der Wind zerstreut.«

Ohne Bild sagt das Gleiche der sich anschließende *synonyme Parallelismus*:

5a »Darum bestehen Gottlose nicht im Gericht,
b noch die Sünder in der Gemeinde der Gerechten.«

Der Psalm schließt metaphorisch mit einem *antithetischen Parallelismus,* d. h. zwei Aussagen, die einander darin parallel sind, daß beide etwas gemeinsam haben – sie reden hier vom Lebensweg des Menschen –, aber auch im Gegensatz zueinander stehen: Es sind die Lebenswege zweier gegensätzlicher Gruppen, die hinsichtlich ihrer unterschiedlichen Ziele im antithetischen Parallelismus beschrieben werden:

6a »Denn der Herr weiß um *den Weg der Gerechten,*
b doch *der Gottlosen Weg* führt ins Verderben.«[11]

Weitere Texttrenner

Über die Gliederungskriterien von *Zeit, Raum, Handlungsträger, Thema oder Handlung, Redeeinleitung, Parallelismus und metaphorische Rede* hinaus stellen poetische Texte die Mittel zur Erfassung ihres Zusammenhangs und ihrer Struktur sozusagen selbst zur Verfügung. Denn dichter als in der Alltagssprache, aber auch in narrativer oder argumentativer Prosa, sind in der poetischen Sprache die verschiedenen Sprachebenen wie Klang, Metrum,

[11] Es muß, nebenbei bemerkt, im Hinblick auf die Sache auffallen, daß der Psalm nur die Alternative ›gottlos‹ oder ›gerecht‹ kennt und keinen neutralen Bereich zwischen den beiden Größen, so daß es nur zwei Wege gibt, zwischen denen der Mensch zu wählen hat. Aus dem Gegensatzpaar »Herr vs Verderben« geht der eigentliche Grund dieses Entweder-Oder hervor: Angesichts des einen lebendigen Gottes gibt es für die menschliche Existenz als Alternative zum »Herrn« als Lebenserfüllung nur die Sinnlosigkeit des nichtenden »Verderbens«. Somit ist der ethische Dualismus des Psalms eigentlich ein teleologischer, d. h. von seinem Ziel her bestimmter, eine Haltung, die entsprechend den zwei möglichen Zielen menschlicher Existenz die Lebensführung des Menschen vor der Wahl des bösen oder guten Weges sieht. Das aber ist ein der Sache entsprechendes literarisches Bild, das nicht nur in Ps 1, sondern auch anderswo, insbesondere in Texten mit ethisch-paränetischen (d. h. ermahnenden) Inhalten und Funktionen in der Gestalt des sogenannten »Zwei-Wege-Schemas« begegnet.
Es macht übrigens Sinn, diesen ethischen Dualismus von einem grundsätzlichen, seinsmäßigen oder ontologischen zu unterscheiden, der die Welt unabhängig von der ethischen Entscheidung des Menschen und ihr vorgängig, seit der Schöpfung, einem guten und einem bösen Prinzip unterworfen sieht, die miteinander im Kampf stehen.

Rhythmus, Lautung, Wortwahl und -anordnung sowie Syntax und Semantik auf Wort und Satzebene aufeinander bezogen und miteinander abgestimmt. Poetische Sprache wird so fähig, ihr eigenes System zu bilden, das auf weite Strecken von den allgemeinen Sprachgesetzen dispensiert ist und sich seine eigenen Regeln und Gesetze aufstellt, die die sorgfältige und wiederholte Lektüre zu entdecken hat, denn die Entdeckung von Unähnlichem und die Wiederentdeckung von Gleichartigem steht am Anfang jeglicher Wissenschaft.

Wenn in poetischen Texten (aber auch in narrativen und in argumentativen) im Grunde jedes sprachliche Mittel zum Kriterium für Gliederung und Strukturierung werden kann, ist es eigentlich ein von Anfang an zum Scheitern verurteiltes Unterfangen, wollte man den Versuch machen, sie ohne Lektüre der konkreten Texte, sozusagen im vorhinein, vollständig zu erfassen. Dennoch hat es Sinn, neben den schon genannten weitere sprachliche Mittel zu nennen, die häufiger als andere und unabhängig von der betreffenden Textsorte zur Gliederung und Strukturierung der Texte eingesetzt werden.

Mit Sicherheit muß man hier auf die Textelemente hinweisen, mit denen der Verfasser selbst auf die Textgliederung abhebt, sei es, daß er selbst schon einzelne Abschnitte durch *Zwischenüberschriften* kenntlich gemacht hat, wie das Paulus in 1 Kor mehrfach tut, sei es, daß er durch eine *Zusammenfassung* das Ende eines Abschnitts andeutet.[12]

Eine ähnliche Funktion erfüllen Sätze oder Textteile, die Bezug nehmen auf das Ganze eines Textes als solchen, sei es, daß in einem argumentativen Text der Autor dadurch seine Leser auf die Absicht verweist, die er mit dem Schreiben verbindet, wie z. B. in 1 Tim 3,15: »Das schreibe ich Dir, damit Du weißt...«, sei es, daß in einem narrativen Text der Verfasser oder auch ein späterer Überarbeiter in Kommentierung seiner Erzählung den Leser anweisen will, wie ein bestimmter Einzelzug der Erzählung zu verstehen sei, wie es z. B. in Joh 21,23 geschieht: »Da verbreitete sich

[12] Damit sind nicht die Zwischenüberschriften gemeint, die der Übersetzer als Lesehilfe bereitstellt. Diese gehören selbstverständlich nicht zu dem zu interpretierenden Text.

unter den Brüdern das Wort, daß jener Jünger nicht sterbe. Jesus aber hatte zu ihm nicht gesagt, daß er nicht sterbe, sondern: ›Wenn ich will, daß er bleibe, was geht es dich an? Du folge mir!‹«

Solche Sätze sind nicht selbst Teil der Argumentation oder Erzählung des jeweiligen Textes, sondern kommen im Verhältnis zu den Texten, in denen sie begegnen, gewissermaßen auf einer Metaebene zu stehen, machen den Text, in dem sie vorkommen, gewissermaßen selbst zum Thema, so daß man sie *metanarrative* oder *metaargumentative* Sätze nennen kann. Zu solchen Sätzen kann man auch die sogenannten *Zitationsformeln* zählen, die ein Zitat oder eine Tradition einleiten und auf dessen Zitatcharakter verweisen. Auch sie können, wie die zitierte Tradition selbst, auf eine strukturell bedeutsame Übergangsstelle aufmerksam machen. So steht z. B. die Zitationsformel: »Bekanntermaßen groß ist das Geheimnis unserer Religion!« von 1 Tim 3,16, die den folgenden Christushymnus als traditionelles Bekenntnis einleitet, ebenso wie der zitierte Hymnus selbst, an einer für die Erfassung der Struktur des brieflichen Rahmens höchst bedeutsamen brieflichen Schaltstelle.

Zwischenüberschriften, Zusammenfassungen, Zitationsformeln und metanarrative bzw. metaargumentative Sätze haben gemeinsam, daß sie gewissermaßen Elemente der Bühne sind, auf der das Spiel des eigentlichen Textes abrollt. Damit verwandt ist die Funktion von Stellen, an denen sich ein *Perspektivenwechsel* vollzieht. So macht z. B. die Beobachtung, daß Paulus am Anfang seiner Briefe in einem Danksagungsteil zunächst die Briefempfänger in den Lichtkegel der Aufmerksamkeit der Leser versetzt und dann, nach einem *Perspektivenwechsel,* den Blick des Lesers auf sich selbst als den Briefschreiber zieht, es erst möglich, nicht nur zu bestimmen, wo der Danksagungsteil der Briefe abzugrenzen ist, sondern genau anzugeben, wo jeweils der Hauptteil des Briefes, das sogenannte Briefcorpus, beginnt, nämlich erst nach dieser ›brieflichen Selbstempfehlung‹.

Vergleichbar sind Textstellen, an denen sich ohne eigene Zwischenüberschrift ein *Themenwechsel* vollzieht. Bei der Auswertung eines Themenwechsels als Anhaltspunkt für die Gliederung wird man sich jedoch, wie immer bei der Auswertung inhaltlicher

Elemente, vor subjektiver Wertung und Interpretation in acht zu nehmen haben. Zur Absicherung vor möglichen falschen inhaltlichen Vorentscheidungen wird man hier Ausschau danach halten, wie ein inhaltlicher Themenwechsel sich auf den sogenannten ›formalen‹ Sprachebenen bemerkbar macht. Perspektiven- und Themenwechsel gehören zu den Elementen, die das Spiel des Textes möglich machen. Wie die Bühne oder das Bühnenbild lenken sie den Blick des Lesers in eine bestimmte Anschauung des Geschehens oder gliedern wie Szenenwechsel dessen Abfolge.

Textgliedernd wirken sich aber auch Textelemente aus, die zwar selbst zur Erzählung oder Argumentation gehören, zugleich aber auch eine sich aufs Ganze der jeweiligen Narration bzw. Argumentation beziehende Funktion haben. Die *Inklusionstechnik*, wie Mt sie liebt, indem er durch Wort- oder Satzwiederholung zu Beginn und Ende einen Abschnitt rahmt oder einschließt wie z. B. die ersten acht Seligpreisungen durch die Wiederholung des Wortes »Himmelreich« in der ersten (Mt 5,3) und achten (5,10), gehört ebenso zu diesen für die Erfassung der Gliederung wichtigen sprachlichen Mitteln, wie die *Sandwich- oder Butterbrottechnik,* die Mk in Gestalt konzentrischer Anordnungen der einzelnen Teil-Texte bevorzugt, z. B. wenn er die Erzählung von der Heilung der blutflüssigen Frau (Mk 5,25–34) durch Anfang (Mk 5,21–24) und Ende (Mk 5,35–43) der Geschichte von der Auferweckung der Tochter der Jairus einrahmt. Auch die verschiedenen Parallelismen müssen hier nochmals genannt werden, die sich mit *chiastischer* Anordnung auf Wort-, Satz- und Textteilebene verbinden können, wobei die chiastische Überkreuzanordnung der Elemente, wie schon die alte Rhetorik wußte, ihre Zusammengehörigkeit als Abschnitt zusätzlich betont.

Zäsuren im Text lassen sich auch an den verschiedensten *Pronomina* erkennen, sei es, daß sie anaphorisch, nach oben, auf Textelemente verweisen, die in der Textabfolge vorausgingen, sei es, daß sie kataphorisch, nach unten, sich auf Textelemente beziehen, die erst nachfolgen werden. An ihre Stelle können aber auch sogenannte *Nominalisierungen* treten, d. h. Handlungsträger begegnen mit ihrem Namen bzw. werden durch die Anrede mit Namen oder anderen Formen des Vokativs in direkter Rede angesprochen.

Abschließend seien *Konjunktionen* und *Partikel* genannt, die nicht nur *satz*verbindende Funktion haben, sondern denen auch auf der *Text*ebene gliedernde und strukturierende Aufgaben zukommen können. Als verbindende Elemente haben sie zugleich texttrennende Funktion. Denn auch für sie gilt, was man über die genannten Kriterien hinaus in allgemeiner Erweiterung sagen darf: Alles Verbindende trennt, und alles, was trennt, verbindet auch.

3.3.4 Strukturbeschreibung

Die Segmentierung des Textes hat uns Teile desselben erkennen lassen, die zusammenhängen und aufeinanderfolgen und bei der Lektüre einer nach dem anderen in zeitlicher Aufeinanderfolge rezipiert werden. Dabei erbrachte die Beachtung der verschiedenen Texttrenner und Gliederungssignale schon ein erstes Verständnis für die gegenseitige Unter- und Überordnung von Textteilen.
Wenn nämlich z. B. in narrativen Texten bestimmte Zeitangaben einen größeren Zeitraum umfassen, der in sich nochmals durch detailliertere Zeitangaben gegliedert wird, dann ergibt sich ein ähnliches Bild der Über- und Unterordnung von Textteilen wie da, wo in umfassendere Ortsangaben detailliertere Lokalitäten eingetragen werden oder wo kleinere Handlungsfortschritte innerhalb eines größeren Handlungsschrittes begegnen und von ihm ähnlich zu unterscheiden sind wie Einzelzüge eines Bildes von dem verwendeten Gesamtbild usw. Doch gehen diese schon bei der Segmentierung erkennbaren Beziehungen von Textteilen untereinander wenigstens, was das Ganze des jeweiligen Textes anlangt, grundsätzlich noch nicht über das Nacheinander, die Sukzession, der Textteile hinaus. Der segmentierte Text vermittelt letztlich doch nur das Bild einer Kette, bei der ein Kettenglied am anderen hängt, auch wenn die einzelnen Glieder der Kette in sich eine Binnengliederung aufweisen mögen. Doch wird ein Text nicht nur durch den linearen Zusammenhang und das zeitliche Nacheinander von sprachlichen Zeichen oder Textteilen konstituiert, sondern ebenso durch die die Sukzession übergreifenden, gewissermaßen räumlichen Beziehungen dieser Zeichen und Textteile untereinander. Ein narrativer Text z. B. entsteht nicht schon dadurch, daß

einzelne Episoden rein additiv hintereinander gereiht werden, so wie Kinder beim Erzählen durch wiederholtes »und dann« Ereignisse parataktisch miteinander verbinden. Vielmehr müssen die im Nacheinander erzählten Ereignisse ›etwas miteinander zu tun haben‹, einen gemeinsamen roten Faden aufweisen, gewissermaßen in einer Syntax der Erzählung aufeinander bezogen, d. h. einander über- und untergeordnet sein, kurz: im Ganzen der Erzählung zu einer Struktur gefügt sein, wie es in bezug auf die *Handlung* am einfachsten da der Fall ist, wo ein Anfangszustand A durch die Erzählung über einen Wendepunkt X in einen Endzustand B überführt wird. Dabei kann der Anfangszustand A ein positiver Zustand sein, der sich zu einem negativen Endzustand B wendet, oder umgekehrt. Ein erzähltes Geschehen mit negativem Ende nach positivem Anfang kann man mit Aristoteles als tragisch, die umgekehrt verlaufende Geschichte als komisch bezeichnen, so daß sich das Gesagte folgendermaßen graphisch darstellen läßt:

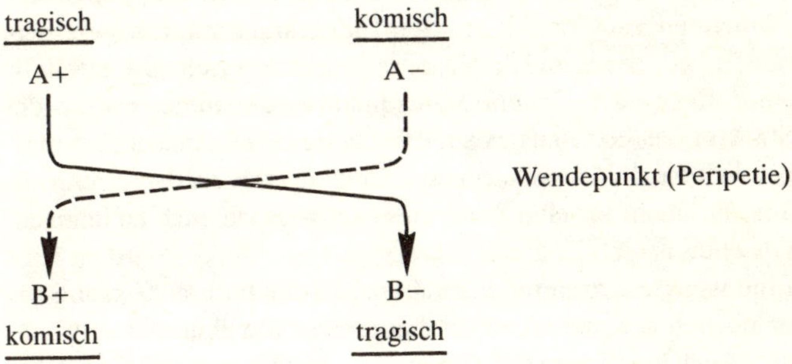

Auf jeden Fall stehen sich Anfangs- und Endzustand oppositionell gegenüber und lassen sich meist mit zwei oppositionellen Begriffen erfassen. Man vergleiche nur den Romantitel »Krieg und Frieden«. In Abkürzung kann man die beiden Bezugspunkte einer solchen oppositionellen Beziehung folgendermaßen notieren: »Krieg« *vs* »Frieden«, wobei die Abkürzung *vs* für das lateinische ›versus‹ (= dt. ›gegenüber‹) steht.

Bei einer neutestamentlichen Wundergeschichte z. B. verläuft der Bogen des Geschehens von der am Anfang geschilderten Notlage als Ausgangssituation über die Bitte um Heilung und die Gewährung der Bitte durch Wort oder Tat (oder beides) des Wundertäters als Wendepunkt bis hin zur Schilderung oder Behebung der Notlage als Endsituation (»Notlage« vs »Behebung der Notlage«). Damit ist zugleich eine Veränderung in der Struktur der Figurenkonstellation verbunden. Das will heißen: Die Handlungsträger bzw. Figuren des Geschehens stehen am Ende anders untereinander in Beziehung als zu Anfang.

Oppositionalität auf der Ebene der Handlungsträger bestimmt auch die Struktur des Textes des oben angeführten Gleichnisses. ›Pharisäer‹ und ›Zöllner‹ stehen nämlich in Opposition zueinander, weil der eine im allgemeinen Urteil als »Gerechter«, der andere als »Sünder« gilt. Das Gleichnis enthüllt jedoch, daß bei bleibender Oppositionalität zwischen den beiden »vor Gott« die Dinge sich anders erweisen als allgemein angenommen: »Dieser ging gerechtfertigt nach Hause im Gegensatz zu jenem.« Wenn man so will, macht der Pharisäer im Lauf des Gleichnisses eine »tragische«, der Zöllner hingegen eine »komische« Entwicklung mit. Ihre gegenseitige Entsprechung und ihr Gegensatz, die die einzelnen Textteile in *Äquivalenz* oder *Opposition* aufeinander beziehen, machen die Struktur des Gleichnisses aus oder besser *eine* seiner Strukturen, nämlich die der Handlungs- und Handlungsträgerebene, denn ein Text hat mehr als eine Strukturebene, wie sich auch an unserem Gleichnis zeigt.

Eine weitere strukturell bedeutsame Ebene unseres Gleichnisses nämlich ist z. B. die *Ebene der Figurenrede* von Pharisäer und Zöllner. Auch hier finden sich Gleichheit (Äquivalenz) und Gegensatz (Opposition), durch die die Reden der beiden in Beziehung zueinander stehen, d. h. eine Struktur bilden: Die Reden von Pharisäer und Zöllner sind dadurch einander äquivalent, daß in jeder die Anrede ›O, Gott!‹ deutlich macht, daß es sich um ein Gebet handelt. In Opposition aber stehen die ›Reden‹ zueinander schon auf der rein *quantitativen* Ebene durch den Wortreichtum der Rede des Pharisäers und die Kürze der Rede des Zöllners. Die sich darin andeutende gegensätzliche Wertung der Figuren bestätigt sich auch auf der *inhaltlichen* Ebene des Gebets: Das auf sich selbst stolze und auf andere verachtungsvoll herabschauende »Gebet«

des einen steht der demütigen Vergebungsbitte des anderen oppositionell gegenüber.
Von den verschiedenen Strukturebenen eines Textes ist häufig eine die bestimmende oder hierarchisch den Ton angebende. Bei narrativen Texten ist dies meist die Ebene der Handlung und der Handlungsträger. So unterstützt in unserem Gleichnis die Struktur auf der Ebene der *Raumangaben* nur die grundlegende Opposition auf der Ebene der *Handlungsträger*: Während der Pharisäer lokal hervorgehoben wird und »für sich stehend« betet, steht der Zöllner »weit zurück« und wagt es noch nicht einmal, »die Augen zum Himmel zu erheben«. Damit wird zugleich die zunächst gegebene Einheit des *Ortes*, auf den die beiden Figuren sich hinbewegen, der ›Tempel‹ aufgehoben. Auffallend ist, daß Zeitangaben völlig fehlen und die *Zeitstruktur* für den Text gar keine Rolle spielt. Dies paßt dazu, daß die Erzählung als Gleichnis etwas vor Augen führt, was sozusagen von zeitloser Gültigkeit ist, d. h., sie betrifft auch diejenigen in der Lebenswelt, die wie die Handlungsträger in der erzählten Welt des Gleichnisses auf sich selbst vertrauen, ›daß sie gerecht seien und die übrigen verachten‹. Damit sind wir auf eine *weitere Strukturebene* unseres Textes gestoßen, auf der man die *erzählte Welt des Gleichnisses* und die *Lebenswelt der Zuhörer* miteinander in Beziehung setzen muß. Die »Lebenswelt« der Zuhörer wird in den die »erzählte Welt« des Gleichnisses rahmenden VV 9 und 14 angesprochen. Sie wird als mit der erzählten Welt des Gleichnisses äquivalente vorgestellt, so daß Jesu Urteil über die Handlungsträger des Gleichnisses: »Dieser ging gerechtfertigt nach Hause im Gegensatz zu jenem«, zugleich das Urteil über seine Zuhörer darstellt.
Wir sind jetzt in der Lage, den zunächst durch die Verfeinerung des mit Kapitel- und Versangaben gegebenen Koordinatensystems für die Beschreibung vorbereiteten Text mit Einrahmungen und Buchstabenbezeichnungen zu versehen und damit seine *Segmentierung* in einzelne aufeinander folgende Text-Teile wie auch seine Strukturierung in übergeordnete *Sequenzen* (in sich selbständige Handlungsmomente) und untergeordnete *Segmente* (szenische Bausteine) deutlich zu machen.

Lk 18, 9–14

A	9 a Er sprach aber zu einigen sich selbst vertrauenden, a_1 daß sie gerecht seien, a und die übrigen verachtenden dieses Gleichnis:	(Redeeinleitung des Evangelisten für das Gleichnis)
I	10 a Zwei Männer gingen hinauf zum Tempel, um zu beten. b Der eine war ein Pharisäer, c und der andere war ein Zöllner.	(Exposition der Erzählung)
II	11 a Der Pharisäer für sich stehend betete folgendes:	(Redeeinleitung der Figurenrede I)
	b ›O, Gott! c ich danke dir, d daß ich nicht bin wie die übrigen Menschen, e Räuber, f Betrüger, g Ehebrecher, h oder auch wie dieser Zöllner. 12 a Ich faste zweimal die Woche, b ich verzehnte alles, c was ich erwerbe.‹	(Figurenrede I)
III	13 a Der Zöllner, weit zurückstehend, wollte nicht einmal die Augen zum Himmel erheben, b sondern schlug an seine Brust, sagend:	(Redeeinleitung der Figurenrede II)
	c ›O, Gott! d sei gnädig mir Sünder!‹	(Figurenrede II)
	14 a Ich sage euch:	(Redeeinleitung für den Autorenkommentar I)
	b Dieser ging gerechtfertigt nach Hause im Gegensatz zu jenem.	(Autorenkommentar I) (Jesus)
A^1	c Denn jeder sich selbst Erhöhende wird erniedrigt, d aber der sich selbst Erniedrigende wird erhöht werden.	(Autorenkommentar II) (Evangelist)

Zur Struktur nicht-narrativer Texte

Wenn bei narrativen Texten die hierarchisch bestimmende Struktur meist auf der Ebene der Handlungsträger und der Handlungen aufzufinden ist, so muß sie bei anderen Texten häufig erst durch wiederholte Lektüre nach mehreren versuchsweisen Anläufen entdeckt werden. Bei unserem zweiten Textparadigma, d. h. bei Ps 1, stehen wir z. B. vor der Wahl, ob die *Parallelismusstruktur* oder die *Bildstruktur* oder die *Struktur* auf der Ebene *der Handlungsträger* die bestimmende, d. h. geeignet ist, den ganzen Text struktural zu erfassen. Die Überprüfung durch Ausprobieren ergibt, daß die *Struktur der Handlungsträger,* in der *der* Gerechte (Singular) und *die* Frevler (Plural) im Hinblick auf den Ausgang ihrer beider Wege, d. h. letztlich im Hinblick auf den »Herrn« und sein Handeln an beiden einander oppositionell gegenübergestellt werden, die bestimmende Grundstruktur ist, der die Strukturen auf der Ebene der Parallelismen und der Ebene des Bildes dienend unterstellt sind. Von der Struktur der *Handlungsträger* her gliedert sich der Psalm makrostrukturell in drei Sequenzen:

A	(VV 1–3)	Handlungsträger: Der Gerechte	} Opposition
B	(VV 4–5)	Handlungsträger: Die Frevler	
C	(V 6)	Handlungsträger: Der HERR	

Diese gliedern sich durch die untergeordneten *Strukturen der Parallelismen und Bildkreise* mikrostrukturell wie folgt in kleinere Segmente:

A	I	Makarismus (V 1a) des Gerechten mit dreifachem synonymem Parallelismus (V 1b, c, d) und zweifachem synonymem Parallelismus (2a–b)
	II	Bildliche Aussage mit synthetischem Parallelismus (V 3a–c) und unbildlicher Anwendung (V 3d–e)
B	I	Gegenaussage über die Frevler mit bildlichem Vergleich (V 4a, b, c)
	II	Schlußfolgerung in synonymem Parallelismus (V 5a, b)
C		Abschließender antithetischer Parallelismus (V 6a, b)

Auch hier können wir wieder durch Buchstaben, Numerierung und verschiedenartige Einrahmung das Gesagte auf den Text übertragen:

A	I	1 a Selig der Mann,	
		b der nicht im Rat der Gottlosen wandelt, c sich nicht auf den Pfad der Sünder stellt, d noch im Kreis der Lästerer sitzt;	
		2 a vielmehr am Gesetz des Herrn seine Freude hat, b ja sein Gesetz betrachtet bei Tag und Nacht.	
	II	3 a Er gleicht dem Baum gepflanzt am strömenden Wasser, b der seine Früchte trägt zur rechten Zeit, c und dessen Laub nicht welkt.	
		d Was immer er beginnt, e vollführt er glücklich.	
B	I	4 a Nicht so die Frevler! b Wie Spreu sind sie, c die der Wind zerstreut.	
	II	5 a Darum bestehen Gottlose nicht im Gericht, b noch die Sünder in der Gemeinde der Gerechten.	
C		6 a Denn der Herr weiß um den Weg der Gerechten,	A
		b doch der Gottlosen Weg führt ins Verderben.	B

Struktur(en) und Form

Bei einem Text sind also *verschiedene Ebenen voneinander zu unterscheiden,* deren Elemente durch Gleichheit und Gegensatz, Äquivalenz und Opposition in Beziehung zueinander stehen, d. h. in einer Struktur angeordnet sind, die in der Analyse zu beschreiben ist, wobei es darauf ankommt, bei der Beschreibung auf der einmal gewählten Ebene zu bleiben und die Ebenen nicht miteinander zu vermischen. Diese strukturierten Ebenen liegen übereinander wie verschiedene Schnittmuster, die einander deckungsgleich sein können, aber auch einander überlagern und überlappen und sich so gegenseitig strukturell variieren, aber auch unterstützen und verstärken. Jede dieser Ebenen leistet so einen bestimmten Beitrag zu dem bei aller Kompliziertheit einheitlichen Muster, das sie alle zusammengenommen bilden.[13] Man kann zum Vergleich auf den menschlichen Leib verweisen. Auch er setzt sich aus verschiedenen »Ebenen« zusammen, die jeweils für sich eine Struktur bilden. Das Knochengerüst z. B. ist eine solche strukturale Ebene, eine zweite ist das System der Arterien und Venen, eine dritte das System der Lymphbahnen, eine vierte das der Nerven usw. Diese verschiedenen strukturierten Systeme sind nicht in jeder Hinsicht einander deckungsgleich oder strukturidentisch, doch wirken sie »übereinander gelegt« zusammen und bilden in diesem komplexen Zusammenspiel den Leib des Menschen, so wie die verschiedenen strukturierten Ebenen eines Textes den Text*leib* konstituieren.

Je nach Textsorte ist die Anzahl dieser strukturalen Ebenen mehr oder weniger hoch. Bei dichterisch gebildeten Texten kommen, zu den Ebenen der Alltagssprache weitere strukturierte Ebenen, z. B. die des *Reims*, die des *Metrums*, die der *Parallelismen* usw. hinzu. Umgekehrt fallen beim analytischen Umgang mit übersetzten Texten bestimmte sprachliche Ebenen für die Analyse aus. So hat es z. B. wenig Wert, bei einer Übersetzung das System der Tempora der Verben in die Analyse einzubeziehen, weil man nicht weiß, ob der Übersetzer hier konsequent übersetzt hat; dagegen bleibt eine *Anrede* oder die Struktur der *Figurenkonstellation*, der *Raum- und Zeitangaben* usw. auch in der Übersetzung weitgehend erhalten, so daß man strukturanalytisch auch anhand einer Übersetzung noch arbeiten kann, zumal die Strukturmuster der einen Ebene häufig auf einer anderen wiederkehren, und so die Information durch Redundanz absichern. Wichtiger, als alle Ebenen der Sprache vollständig strukturanalytisch zu erfassen, ist die Konsequenz der Analyse, die darin besteht, zunächst auf der einmal gewählten Ebene zu bleiben und in ihre Beschreibung nicht Beobachtungen einfließen zu lassen, die auf einer anderen strukturalen Ebene ge-

[13] Vgl. etwa *R. Posner,* Strukturalismus in der Gedichtsinterpretation, Textdeskription und Rezeptionsanalyse, am Beispiel von Baudelaires »Les Chats«, in: J. Ihwe (Hrsg.), Literaturwissenschaft und Linguistik. Ergebnisse und Perspektiven, Bd. II, 1, Zur linguistischen Basis der Literaturwissenschaften I, Frankfurt a. M. 1971, 246.

macht worden sind. Erst wenn die verschiedenen strukturierten Ebenen jeweils für sich beschrieben sind, kann man daran denken, sie in ihrem Zusammenspiel zu erfassen. Dieses Zusammenspiel der einzelnen strukturalen Ebenen von den noch inhaltsfernen der Sprache wie z. B. der lautlichen bis hin zu den semantisch-inhaltlichen und pragmatisch-funktionalen im Raum eines konkreten Einzeltextes macht das Eigengesicht eines Textes aus und konstituiert das, was man die *Form* eines Textes nennt, deren Beschreibung die Formkritik anzielt. Der Begriff *Form* unterscheidet sich also von dem Begriff Struktur dadurch, daß er das Ergebnis des Zusammenwirkens aller strukturalen Ebenen eines Textes bezeichnet, während *Struktur* die textliche Fügung von Einzelelementen eines bestimmten Textes in gegenseitiger Unter- und Überordnung nur auf jeweils *einer* der zahlreichen Ebenen der Sprache meint.
Mit dieser Unterscheidung wird zugleich die häufig vorgenommene Unterscheidung der Begriffe *»Form«* und *»Inhalt«* präzisiert. Was man nämlich gemeinhin »Inhalt« eines Textes nennt, ist nicht etwas, was man wie eine Flüssigkeit in die »Form«, wie in eine Flasche, abfüllt, sondern nur eine jener strukturellen Ebenen der Sprache, deren Struktur die Analyse zu erfassen hat und die im Zusammenspiel mit den strukturellen Ebenen der nichtinhaltlichen Ausdrucksseite der Sprache die jeweilige *»Form«* eines Textes konstituieren. »Form« und »Inhalt« sind also nicht die gleichberechtigten Seiten ein und derselben Münze. Vielmehr ist »Inhalt«, weil nur auf einen Teil der strukturellen Ebenen, die zusammengenommen die »Form« ausmachen, bezogen, der untergeordnete Begriff.
Ebenso hat man anders als die »ältere Formgeschichte« den Begriff *»Form«* von dem der *»Gattung«* streng zu unterscheiden. »Form« bezieht sich nämlich auf einen Einzeltext, »Gattung« dagegen auf einen Texttypus, der aus dem Vergleich mehrerer Einzeltexte mit Blick auf ihre strukturellen Übereinstimmungen auf den verschiedenen Ebenen gewonnen wird. Konsequenterweise sollte man auch die Methoden der *Formkritik* und der *Gattungskritik* streng auseinanderhalten. Während jene synchronisch eingestellt ist, gehört diese zu den diachronischen Methoden, die im folgenden dargestellt werden sollen.

3.4 *Diachronische Methoden*

3.4.1 *Literarkritik*

Die Texte, die wir bisher als Beispieltexte benutzt haben, haben sich uns als Texte dargestellt, die in sich einheitlich, in Form und Aufbau dicht gefügt sind. Sie sind sozusagen aus einem Guß und darum ohne Stocken zu lesen. Dies ist nicht mit allen Texten der Bibel so; denn – so läßt sich in Vereinfachung sagen – viele »Autoren« haben daran »mitgeschrieben«.

Die Texte wurden zunächst von Generation zu Generation meist mündlich überliefert und dabei von jeder auf die jeweils eigene Situation angewandt. So wurden sie umgeformt und »passend« gemacht, aber auch mit neuen Erfahrungen angereichert. Schließlich haben auch diejenigen, die die einzelnen Überlieferungen sammelten und in schriftlicher Form zu einem größeren Ganzen, etwa zu einem Evangelium zusammenstellten, ihre Überlieferungen überarbeitet und Zusätze gemacht. Deshalb gibt es in vielen Texten der Bibel *Wiederholungen* oder auch *Spannungen*, wo das eine nicht ganz zu dem anderen paßt. Die Methode der *Literarkritik* achtet auf solche Spannungen, um im Einzelfall zu entscheiden, ob es sich um einen ursprünglich *einheitlichen, kohärenten bzw. konsistenten oder um einen zusammengesetzten inkohärenten bzw. inkonsistenten Text handelt.*[14]

Mit G. Strecker lassen sich als weitere Kriterien zur Feststellung der Einheitlichkeit eines Textes nennen:

a) störende Doppelungen und Wiederholungen,

b) unverkennbare Spannungen und Widersprüche,

[14] Das hier vorgetragene Verständnis der Methode der Literarkritik ist keineswegs so selbstverständlich, wie es scheinen könnte. Wird einerseits der Begriff Literarkritik weiter verstanden und mit der Quellenkritik identifiziert (so etwa noch in der neueren Methodeneinführung von *G. Strecker / U. Schnelle*, Einführung in die neutestamentliche Exegese (UTB 1253), Göttingen 1983, 44–67), so wird andererseits, selbst da, wo man präzisierend die Aufgabe der Literarkritik auf die Konsistenzüberprüfung beschränkt, nicht beachtet, daß die Literarkritik, als im Ansatz diachronische Methode, erst *nach* der synchronischen Strukturbeschreibung zu erfolgen hat. So bei *W. Richter*, Exegese als Literaturwissenschaft. Entwurf einer alttestamentlichen Literaturtheorie und Methodologie, Göttingen 1971, 49–72, und bei *G. Fohrer u. a.*, Exegese des Alten Testaments. Einführung in die Methodik (UTB 267), Heidelberg ²1976, 44 ff.

c) Risse und Brüche im Satzbau und Handlungsablauf,
d) gegensätzliche Angaben,
e) unterschiedlicher Stil- und Sprachgebrauch,
f) gattungs-atypische Elemente,
g) auffällige inhaltliche Widersprüche.[15]

Von ›Literarkritik‹ spricht man deshalb, weil man bei einem zusammengesetzten Text verschiedene *literarische* (d. h. auf verschiedene Zeiten bzw. Verfasser zurückgehende) Schichten *unterscheiden* (gr. = krinein, davon das Adjektiv ›kritisch‹) muß. Wiederum wollen wir uns dies an einem Textbeispiel in Kürze deutlich machen.

Mk 2,1–12

1	a	Und er ging wieder nach Kapharnaum hinein.
	b	Einige Tage darauf hörte man,
	c	daß er im Hause sei.
2	a	Und es versammelten sich so viele,
	b	daß kein Platz mehr war, nicht einmal vor der Tür,
	c	und er redete zu ihnen das Wort.
3	a	Und sie kommen,
	b	tragen zu ihm einen Gelähmten,
	c	gehoben von vieren.
4	a	Und da sie ihn wegen der Volksmenge nicht zu ihm hineinbringen konnten,
	b	deckten sie das Dach ab,
	c	wo er war.
	d	Und sie durchbohrten es
	e	und ließen hinab das Bett,
	f	worauf der Gelähmte lag.
5	a	Als Jesus ihren Glauben sieht,
	b	sagt er zu dem Gelähmten:
	c	»Kind!
	d	*Nachgelassen sind deine Sünden!«*
6	a	*Es saßen einige von den Schriftgelehrten dort*
	b	*und überlegten in ihren Herzen:*
7	a	*»Was dieser so redet!*
	b	*Er lästert!*
	c	*Wer kann Sünden nachlassen außer einem einzigen: ›Gott‹?«*

[15] *G. Strecker / U. Schnelle*, a. a. O., 41.

8	a b c	*Und gleich erkannte Jesus in seinem Geist,* *daß sie so bei sich selbst überlegten,* *und sagt ihnen:*
9	a	*»Was überlegt ihr dies in den Herzen?*
	b	*Was ist leichter zu sagen dem Gelähmten:*
10	a b c d	*›Nachgelassen sind deine Sünden.‹* *oder zu sagen:* *›Steh auf und nimm dein Bett* *und geh umher!‹*
	e f g	*Damit ihr aber wißt,* *daß Vollmacht hat der Menschensohn nachzulassen Sünden auf der Erde . . .:«* *sagt er zu dem Gelähmten:*
11	a b c d	»Dir sage ich, steh auf, nimm dein Bett und geh nach Hause!«
12	a b c	Und er stand auf, nahm sein Bett und ging hinaus vor allen,
	d e f	so daß alle außer sich gerieten und Gott priesen sagend: »So etwas haben wir noch nie gesehen.«

Wenn wir den Text aufmerksam gelesen haben, sollte uns aufgefallen sein, daß in Vers 10 Jesus seine Rede an die Schriftgelehrten unterbricht, ohne den Satz zu Ende zu führen. In Vers 11 hat er sich wieder dem Gelähmten zugewandt und spricht ihm das Heilungswort zu. Die *Literarkritik* sieht darin eine Spannung bzw. eine Stelle, wo zwei verschiedene Textschichten aufeinander stoßen, und kommt (auch aufgrund von weiteren Beobachtungen, die auszuführen hier zu weit führen würde) zu dem Urteil: Dieser Text ist nicht einheitlich, sondern zusammengesetzt. Mit dem Urteil über Einheitlichkeit (Kohärenz) oder Uneinheitlichkeit eines Textes hat die Literarkritik ihre Aufgabe erfüllt.

3.4.2 Überlieferungs- und Quellenkritik

Kommt die Literarkritik zu dem Urteil, der Text sei aus verschiedenen Schichten zusammengesetzt, hat die Überlieferungs- bzw. Quellenkritik zu folgen. Man kann sich dies in etwa am Beispiel einer Zeitung klarmachen. Auch sie wird zusammengesetzt von einem oder mehreren Redakteuren. Der Redakt*eur* redigiert (lat.: redigere = in einen bestimmten Zustand bringen, in etwas aufnehmen) die Artikel der Journalisten bzw. die Agenturmeldungen, d. h., er überarbeitet sie, streicht hier etwas und fügt dort etwas hinzu und bestimmt die Stelle, an die die überarbeiteten Artikel in der fertigen Zeitungsausgabe zu stehen kommen sollen.[15a] Ähnlich wurden auch die mündlichen Überlieferungen bei ihrer Verschriftlichung überarbeitet, gekürzt oder erweitert und im jeweiligen Ganzen einer biblischen Schrift an eine bestimmte Stelle gesetzt. Die Überarbeiter der mündlichen Überlieferung nennt die Exegese Redakt*o*ren. Es ist letztlich ihr Werk, was wir heute als biblischen Text vor uns haben. Die Evangelisten Markus, Matthäus und Lukas z. B. sind solche Redaktoren, die ihre Überlieferungen und Quellen in jeweils einem Buch vereinigt haben. Und doch gelingt es bisweilen, anhand der erwähnten Spannungen usw. im heutigen Text durch die redaktionelle Überarbeitung hindurch wenigstens die Umrisse der alten Überlieferung wahrzunehmen. Darum bemüht sich die *Überlieferungskritik*. Überlieferungskritisch könnte man z. B. im Hinblick auf unseren obigen Text vermuten, die ursprüngliche Überlieferung sei eine Geschichte gewesen, die nur von der Heilung eines Gelähmten, nicht hingegen von der Sündenvergebung durch Jesus erzählte, also so ungefähr wie die Geschichte sich uns in den normal, d. h. drucktechnisch gesprochen ›gerade‹ gedruckten Textteilen vorstellt. Lesen Sie die Geschichte einmal in dieser Form, also unter Weglassung der Verse 6–10! Der Text zeigt sich dann als eine Wundergeschichte, die Jesu Macht über die Krankheit zeigen will.[16]

[15a] Dies gibt mir Gelegenheit, mich bei Wolfgang Bergrath und Dr. Karl Pichler, Patmos Verlag, für die mühevolle Arbeit zu bedanken, die sie mit meinem Manuskript hatten.

[16] Der Gelähmte kann sich durch das Heilungswort Jesu wieder selbst bewegen. Von der Gattung her (s. o.) betrachtet, ist diese alte Überlieferung eine Heilungswun-

Die Überlieferungskritik geht also »hinter die vorliegende endgültige schriftliche Fassung einer Einheit soweit wie möglich zurück, im günstigsten Falle bis zu ihrer Entstehung. Es geht dabei vor allem darum, die Wandlungen zu erfassen, denen der Text während der Überlieferung von seiner Entstehung bis zu seiner endgültigen schriftlichen Niederlegung unterworfen war.«[17] Wenn also, z. B. ausgehend von der redaktionellen Endgestalt, die die »Seligpreisungen« in der »Bergpredigt« des Mt und der »Feldrede« des Lk gefunden haben, zurückgefragt wird über ihre Gestalt, die sie vorher in der Logienquelle, die von Mt und Lk benützt worden ist, hatten, bis hin zu ihrer Form als Worte des historischen Jesus (s. u.), wird überlieferungskritisch gefragt. Dabei ist in diesem Fall die überlieferungskritische Frage verbunden mit einer *quellenkritischen*. Denn die »Seligpreisungen« waren, wie der synoptische Vergleich zwischen Mt und Lk zeigt, auf die beiden Evangelisten als Endredaktoren nicht als isolierte, *kleine Überlieferungseinheit*, wie sie Gegenstand der Überlieferungskritik ist, gekommen, sie waren vielmehr schon Teil einer größeren, zusammenhängenden, vermutlich auch schon schriftlichen *Quelle*, die ebenso wie das Mk-Evangelium von Mt und Lk bei der Abfassung ihrer Evangelien benutzt worden ist. Die *Quellenkritik* erschließt diese Quelle anhand der Übereinstimmungen bei Mt und Lk, wo sie nicht von Mk abhängig sind, gemäß der sogenannten *Zweiquellentheorie* als sogenannte *Logien*- oder *Reden*- bzw. *Spruchquelle*. Diese *Logienquelle* hat ihren Namen davon, daß in ihr vor allem Spruch- und Redeüberlieferungen Jesu gesammelt sind. Die Erzähltraditionen *über* Jesus dagegen treten in ihr, verglichen mit Mk, zurück.

Aus den Übereinstimmungen und Unterschieden von Mt und Lk läßt sich durch synoptischen Vergleich verhältnismäßig leicht noch auf diese Quelle zurückschließen. Schwieriger wird das quellenkri-

dergeschichte, wie es ähnlich noch andere gibt. Ihre Eigenart (Form!) im Vergleich zu der Gattung wird man in der Entschlossenheit der Menschen sehen müssen, die sich durch nichts abhalten lassen, zu Jesus zu gelangen. Wo die Menschenmenge sie hindert, mit dem Kranken zu Jesus zu kommen, steigen sie Jesus buchstäblich aufs Dach und scheuen sich nicht, dieses noch zu durchbrechen. Die alte Überlieferung nennt diese Entschlossenheit übrigens »Glauben«: »Als nun Jesus ihren Glauben sah...« (2,5).

[17] *G. Fohrer u. a.*, a. a. O., 119.

tische Geschäft da, wo nur *ein* Text der Ausgangspunkt der Quellenscheidung ist. Dennoch können literarkritisch beobachtete Spannungen, Doppelungen, Wiederholungen, Ungereimtheiten etc. auf der sprachlichen und auf der sachlichen Ebene dazu verhelfen, etwa beim *Johannesevangelium* eine vom Endredaktor benutzte sogenannte *Sēmeia-* oder *Zeichenquelle* zu rekonstruieren. Auch für *Mk* nimmt man an, daß er nicht nur einzelne Überlieferungen benutzt hat, sondern gelegentlich auch, wie z. B. bei der Passionsgeschichte, auf größere schon verschriftlichte Stoffzusammenhänge, also Quellen, zurückgegriffen hat. Wissenschaftliche Tradition hat die Quellenkritik insbesondere bei der Erforschung des Pentateuch, d. h. der sogenannten fünf Bücher Mose, wo man neben der *Priesterschrift* bekanntlich den oder die *Jahwisten* und den *Elohisten* als Quellenschriften vermutet. Dabei geht die Benennung der zuletzt genannten Quellen auf die verschiedene Bezeichnung Gottes als »Jahwe« bzw. als »Elohim« zurück, ohne daß die Verwendung der unterschiedlichen Gottesnamen das einzige oder wichtigste Kriterium für die Unterscheidung der beiden Quellenschichten wäre.

Stärker als bei der Formkritik ist der Anfänger bei der Überlieferungs- und Quellenkritik auf die Vorarbeit in der exegetischen Literatur angewiesen.[18] Relative Sicherheit in der Anwendung der Methoden gewinnt man nämlich nur nach langjähriger Übung, und die unterschiedlichen Ergebnisse der Arbeit der exegetischen Fachleute zeigen, auf welch dünnem Eis in Fragen der Überlieferungs- und Quellenkritik gegangen werden muß und wie hypothetisch die Antworten bleiben.

3.4.3 Redaktions- und Kompositionskritik

Im Hinblick auf die Überlieferungskritik ist die *Redaktionskritik* sozusagen die andere Seite ein und derselben Münze, bemüht sie sich doch darum, zu beschreiben, was am Text auf den Redaktor zurückgeht, also auf denjenigen, der die Überlieferung bzw. Quelle aufgenommen und redaktionell überarbeitet hat. Hatte

[18] So unterrichte man sich z. B. über die wichtigsten quellenkritischen Hypothesen genauer, als es in diesem Rahmen möglich ist, in den atl. und ntl. Einleitungswerken und in den Kommentaren zu den einzelnen Schriften.

man früher den Anteil der Redaktoren am fertigen Text eher als unbedeutend eingeschätzt und ihn vor allem auf konservierende und tradierende Tätigkeit beschränkt angesehen, so hat die redaktionskritische Forschung gelehrt, die Redaktoren der biblischen Bücher als eigenständige Schriftsteller und Theologen zu sehen, die durch die Anordnung und redaktionelle Überarbeitung der überlieferten Stoffe die Überlieferung nicht nur tradierten, sondern sie als eigenständige theologische Autoren jeweils in ihre eigene Situation hinein als biblisches Wort neu sagten und ausrichteten. Ähnlich wie die Überlieferungskritik knüpft auch die Redaktionskritik an die Beobachtungen der Literarkritik an, d. h., sie achtet wie die Überlieferungskritik auf Spannungen usw. im Text, die vermuten lassen, daß hier verschiedene literarische Schichten aufeinanderstoßen und Brüche verursachen, die es erlauben, die Redaktion von der Überlieferung zu unterscheiden.

Kriterien hierfür sind unter anderem: der Sprachgebrauch und Stil einer Redaktion (soweit er in einer Übersetzung erkennbar ist), aber auch theologische Vorzugsthemen des Redaktors und seine Kompositionstechnik.[19]

[19] Für diese Arbeitsschritte ist eine *Konkordanz* ein unentbehrliches Instrument. Eine Konkordanz schlüsselt den biblischen Text insofern auf, als sie das Vorkommen der einzelnen Wörter in der Bibel mit Stellenangaben belegt. Vorzugswörter, aber auch Vorzugsthemen und -vorstellungen einer bestimmten Überlieferungs- oder Redaktionsschicht können so durch wägenden Vergleich dieser Stellen erkannt werden. Wegen der verschiedenen Übersetzungsmöglichkeiten ergibt sich jedoch hier für den der biblischen Sprache Unkundigen wieder das Übersetzungsproblem. Am besten bedient man sich darum jeweils einer an einer bestimmten Übersetzung orientierten Konkordanz. So liegt die Übersetzung der »Zürcher Bibel« der »*Zürcher Bibel-Konkordanz*«, Vollständiges Wort-, Namen- und Zahlen-Verzeichnis zur Zürcher Bibelübersetzung, mit Einschluß der Apokryphen, bearbeitet von *K. Huber* und *H. H. Schmid*, (2 Bde.) Zürich 1969, zugrunde, während die Patmos-Konkordanz am Text der Einheitsübersetzung erarbeitet ist (»Konkordanz zur Einheitsübersetzung der Bibel«, erarbeitet von *F. J. Schierse*, Düsseldorf/Stuttgart 1985). Zur Arbeit mit den *Begriffslexika* zur Bibel, die ebenfalls die Stellen nennen, an denen die einzelnen Wörter in der Bibel begegnen, darüber hinaus aber auch ihre Begriffsgeschichte erklären und darstellen, empfiehlt es sich, wenigstens das griechische und hebräische Alphabet zu erlernen. Mit Hilfe spezieller Register dieser Begriffslexiken läßt sich dann ausgehend von einem deutschen Begriff das entsprechende griechische oder hebräische Stichwort aufsuchen. Die wichtigsten Begriffslexika sind: *ThWNT* = Theologisches Wörterbuch zum Neuen Testament, hrsg. v. G. Kittel, Stuttgart 1933–1979. *ThWAT* = Theologisches Wörterbuch zum Alten Testament, hrsg. v. G. J. Botterweck, H. Ringgren, Stuttgart 1970ff. Die Kenntnis

Im Hinblick auf unser Textbeispiel läßt sich z. B. redaktionskritisch vermuten, daß der Redaktor das Thema der *Sündenvergebung durch Jesus* eingeführt hat (die fettgedruckten Verse). Dies führte zu der erwähnten Spannung, daß Jesus seine Rede an die Schriftgelehrten mitten im Satz abbricht. Der Redaktor wollte nämlich auch noch der alten Überlieferung das Wort geben. Sachlich kam es dem Redaktor, d. h. hier dem Evangelisten Markus darauf an, *mit seiner Überlieferung* aufzuzeigen, daß in Jesus die Heilungsmacht Gottes in unsere Welt hereinbricht. *Über seine Überlieferung hinaus* will er sagen, daß diese Heilungsmacht Gottes in Jesus die Menschen befreien möchte von allem, was sie lähmt, und sie nicht zuletzt von dem, was sie zutiefst lähmt, durch die Sündenvergebung losreißen will, nämlich los von der Gottverlassenheit der Sünde. Das Leben soll ihnen voll erschlossen werden.

Wie wir sahen, hat der Redaktor über die Möglichkeit des verändernden Eingriffs in den Text der Überlieferung hinaus die weitere Möglichkeit, seiner Überlieferung eine bestimmte Stelle im größeren Ganzen seiner Schrift zuzuweisen. Es gilt also auch die Zusammenfügung der Texte, d. h. ihre Komposition (lat.: compositio = Zusammenstellung) zu beachten. Dies tut die Methode der *Kompositionskritik*. »Eine Komposition liegt vor, wenn ein Bearbeiter aus mindestens zwei Einheiten ein größeres Werk hergestellt hat und wenn er sie sinnvoll und gezielt zusammengefügt, gegebenenfalls in vorliegende Überlieferungen in stärkerem Maße eingegriffen oder eigene Abschnitte an geeigneter Stelle eingefügt hat.«[20] Achtet man z. B. auf die Nachbarschaft, d. h. den Kontext unseres Beispieltextes über die Heilung des Gelähmten, kann einem auffallen, daß Markus damit eine Reihe von fünf Texten eröffnet, die

mindestens der griechischen und hebräischen Schrift ist auch Voraussetzung der Lektüre der sonstigen fachexegetischen Literatur, weil man so erst die dort in Zitaten verwendeten griechischen und hebräischen Ausdrücke in den *Sprachlexiken* nachschlagen kann. Die wichtigsten sind: *W. Gesenius / F. Buhl*, Hebräisches und Aramäisches Handwörterbuch über das Alte Testament, Berlin/Göttingen/Heidelberg [17]1962. *W. Bauer*, Griechisch-Deutsches Wörterbuch zu den Schriften des Neuen Testaments und der übrigen urchristlichen Literatur, Berlin/New York 1971.

[20] *G. Fohrer u. a.*, a. a. O., 136.

darin einander ähnlich sind, daß immer wieder *Gegner* Jesu an seinem oder seiner Jünger Verhalten Anstoß nehmen und Jesus jeweils in seiner Antwort die Gegner ins Unrecht setzt. Wenn die Reihe dieser Texte in Mk 3,6 durch den Satz abgeschlossen wird: »Und es gingen die Pharisäer hinaus und hielten Rat mit den Herodianern gegen Jesus, wie sie ihn vernichten könnten«, wird uns klar, daß diese Zusammenstellung der Texte, ihre Komposition, in der Absicht des Redaktors lag. Er will damit schon zu Beginn seines Evangeliums zeigen, daß die Menschen von Anfang an sich dem in Jesus ergehenden Lebensangebot Gottes in den Weg stellen.[21]

3.4.4 Traditionskritik

Vom Namen her könnte man den methodischen Ansatz der Traditionskritik leicht mit der Überlieferungskritik verwechseln. Und in der Tat bemühen sich beide Methoden um die Darstellung und Beschreibung von jeweils ererbten, tradierten oder überlieferten sprachlichen Gegebenheiten. Im Fall der Überlieferungskritik sind das die in sich relativ abgeschlossenen kleinen Überlieferungseinheiten, die als ererbte von den Redaktoren in ihre Schriften eingebaut worden sind. Die Traditionskritik dagegen befaßt sich mit der Identifikation und Beschreibung von geprägtem Gut, das unterhalb der Grenze der relativ in sich abgeschlossenen Überlieferungseinheiten liegt. Es handelt sich dabei um konventionalisierte Denk- und Ausdrucksschemata, um sogenannte *Topoi*, die als geprägte *Formeln* oder *Schemata*, *Themen*, *Vorstellungen*, *Bilder* und *Motive* gewissermaßen zu den Bausteinen der Überlieferungseinheiten gehören, für sich genommen aber unselbständig sind.

[21] Strenggenommen ist von *diachronischer* Kompositionskritik nur da zu sprechen, wo man beobachten kann, daß ein Redaktor in einen quellenmäßig gegebenen Zusammenhang eingegriffen hat und durch Umstellung von Teil-Texten kompositorisch eine gegebene Textbedeutung verändert hat. Eine Analyse, die die Textbedeutung nur aus der Beobachtung der jeweils gegebenen Makrostruktur eines Textes erhebt, ist nicht diachronisch, sondern synchronisch und daher als ein Aspekt der Formkritik anzusehen, nur daß die »Form« dann kein Teil-Text ist, sondern ein in sich abgeschlossener Text, z. B. ein ganzes Evangelium.

Im einzelnen versteht man unter ›*Motiv*‹ (lat.: antreibend, bewegend) eine typische Situation, die als Beweg-Grund in individuell verschieden ausgeformten Handlungsabläufen wirksam sein kann. So hat z. B. das Motiv der »feindlichen Brüder« in der biblischen Literatur verschiedenfache Ausgestaltung gefunden.

Auch *Bilder* oder *Metaphern* sind in der Bibel meist vorgeprägte Tradition, wie z. B. die häufiger in den Psalmen begegnende Metapher, die Gott als »Felsen« des Beters bezeichnet (z. B. Ps 28,1; 31,3).

Geprägte *Themen* dagegen sind nicht bildhaft, sondern man hat sie in häufiger begegnenden Begriffsverbindungen zu sehen wie z. B. in der von der »Gerechtigkeit Gottes«.

Auch manche eher bildlichen als thematischen *Vorstellungen* erweisen sich als geprägt wie z. B. die vom »Tag Jahwes«.[22]

Auch traditionelle *Schemata*, wie z. B. das von »den beiden Wegen«, das in Ps 1 anklingt (s. o.) und als mehr oder weniger abstrakte Struktur im Hintergrund von mehreren biblischen und außerbiblischen Texten wirksam ist, werden von der Traditionskritik ebenso untersucht wie geprägte *Formeln*, d. h. »Sätze und Wendungen... die eine fest geprägte Form und festen Wortbestand haben, deren Entstehung einem Bedürfnis der Gemeinde entstammt und die deshalb auch regelmäßig in der Gemeinde gebraucht wurden«,[23] andererseits nicht isoliert für sich, sondern nur in Verbindung mit bestimmten Kontexten verwendet wurden. Als Beispiel dafür kann man auf die Auferweckungsformel, die von Gott als dem spricht, »der Jesus von den Toten auferweckt hat« hinweisen. Sie begegnet als eine von Paulus übernommene traditionelle Formel in wechselnder Bearbeitung und wechselnder kontextueller Einbindung mehrfach in den Paulusbriefen (z. B. Röm 10,9; 1 Kor 15,15; 1 Kor 6,14; 1 Thess 1,9 f. u. a.).

Die traditionskritische bzw. -geschichtliche Betrachtungsweise macht nicht nur die jeweilige Eigenart, Bedeutung und Funktion der Texteinheit, innerhalb derer der betreffende Topos gebraucht

[22] Hier ließe sich auch die *Begriffs*kritik und -geschichte methodisch ansiedeln, wie sie in theologischen Begriffslexika zur Bibel begegnet.

[23] *K. Wengst*, Christologische Formeln und Lieder des Urchristentums (StNT 7), Gütersloh 1972, 11.

wird, deutlicher, sondern dient auch »der Erfassung des sozio-kulturellen Hintergrundes, von dem her eine Einheit zu verstehen ist«[24] und zielt auf eine Darstellung der Geschichte dieses Topos, wie es für die Gattungen ähnlich Gattungskritik und -geschichte versuchen.

3.4.5 Gattungskritik

Gattungsstil

Geht es in der Formkritik darum, das individuelle, persönliche Gesicht eines bestimmten Textes zu erfassen und zu beschreiben, so zielt die *Gattungskritik* darauf, einen konkreten Text mit strukturgleichen oder -ähnlichen Texten zu vergleichen und aufgrund struktureller Übereinstimmungen mit ihnen zusammen in einer Gruppe zu erfassen, ihn also sozusagen als Glied einer Familie zu betrachten. Meint »Form« immer nur die individuelle Gestalt eines konkreten Einzeltextes, so ist mit dem Begriff »Gattung« das »gemeinsame Strukturmuster einer Formengruppe«[25] angezielt, das als solches nicht in der Wirklichkeit existiert, sondern als Abstraktionsprodukt aus dem Vergleich mehrerer strukturähnlicher Einzeltexte (Formen) gewonnen wird.
Mit der Traditionskritik verbindet die Gattungskritik, daß es auch in ihr um geprägtes Gut geht. Doch erfaßt die konventionelle Prägung hier die jeweils hierarchisch bestimmende Struktur eines Textes, insofern er einem auch in anderen Texten wirksamen Struktur-

[24] *G. Fohrer u. a.*, a. a. O., 115. Obwohl ich mit G. Fohrer die Traditionskritik von der Überlieferungs- und Redaktionskritik unterscheide, schließe ich mich der dort getroffenen Unterscheidung von »Traditionskritik« und »Motivkritik« nicht an. Auch wenn die Unterscheidung von einer »frei umlaufende(n), d. h. nicht mit einem bestimmten Personenkreis verbundene(n), geprägte(n)« Tradition von einer, für die »sich das Überlieferungsinteresse eines bestimmten Tradentenkreises erkennen läßt« (S. 102, 108) bejaht werden muß, läßt sich die Bezeichnung der ersten mit »Motiv« und davon abgeleitet der Methode als Motivkritik, nicht rechtfertigen. Der Begriff »Motiv« ist trotz all seiner umgangssprachlichen Unschärfe literaturwissenschaftlich im Sinn der von uns versuchten Definition festgelegt und kaum als Oberbegriff für »geprägte Bilder«, »geprägte Themen«, »geprägte Züge« (so *G. Fohrer u. a.*, a. a. O., 102) geeignet.
[25] *W. Richter*, a. a. O., 132.

muster folgt, das am Gattungsstil, d. h. den typischen Eigenheiten gerade *dieser* Gattung zu erkennen ist.
Die von uns überlieferungskritisch angenommene Überlieferungseinheit von der Heilung des Gelähmten gehört z. B. gattungsmäßig zu den Heilungswundererzählungen und folgt nach R. Pesch[26] in ihrer Handlungsstruktur dem Schema der Wundergeschichten im allgemeinen und der Topik der Lahmenheilungswunder im besonderen. Im einzelnen zählt R. Pesch folgende strukturelle Züge der Gattung auf:

1. *Auftreten des Wundertäters und einer Volksmenge* (einleitende und vorbereitende Motive) VV 1–2;
2. die Begegnung (des Kranken, dessen Krankheit angegeben bzw. dessen Not geschildert wird, mit dem Wundertäter) V 3, die hier behindert wird durch
3. ein Erschwernis der Annäherung (ein Zug, der den traditionellen Platz der Bitte um Heilung einnimmt),
   das überwunden werden muß, V 4;
4. *die Heilung* (durch Heilungsbefehl mit Anrede, Zuspruch ..., Heilwort, Demonstrationsbefehl, Entlassung) VV 5,11;
5. *die Feststellung der Heilung V 12;*
6. *die Demonstration V 12;*
7. Staunen (der Menge) V 12 und
8. ... Chorschluß V 12.[27]

Gattungsgeschichte

Insofern die Vergleichstexte, an denen man die Gattung durch Erhebung der typischen Eigentümlichkeiten, d. h. ihres Gattungsstils gewinnt, zu verschiedenen Zeiten entstanden sind, ist auch die Gattungskritik zu den diachronen Methoden zu rechnen und tendiert über den bloßen Vergleich einzelner Vertreter der Gattung hinaus auf eine Darstellung von deren Geschichte, so daß sich

[26] *R. Pesch*, Das Markusevangelium I (HThKNT II), Freiburg/Basel/Wien 1976, 152f.

[27] Der *gattungskritische* Schritt bestätigt also unsere überlieferungskritische Hypothese: Die von uns angenommene Überlieferungseinheit entspricht dem Strukturmuster der Gattung, während die Textteile, die wir für spätere Zusätze hielten, das Gattungsmuster sprengen würden.

einerseits von der Gattung her unsere Kenntnis der Geschichte (Israels und der Urkirche) erweitert und unsere Kenntnis der Geschichte und ihrer typischen Situationen andererseits uns auf bestimmte literarische Gattungen schließen läßt.

Gattungsbezeichnung

Gattungen existieren nicht in der Realität, sondern werden durch den Vorgang der Abstraktion gewonnen, in dem einige Merkmale einer Form, die sie mit anderen Einzelformen teilt, für charakteristisch gehalten werden, andere hingegen nicht.[28] Darum eignet dem Begriff ›Gattung‹ eine gewisse Unschärfe, die sich in der Vielzahl der Gattungsbezeichnungen widerspiegelt. Hier wirkt ein Blick in die Literatur für den Anfänger mit Sicherheit zunächst verwirrend. In jedem Lehrbuch findet er nämlich einen anderen Vorschlag für die Klassifizierung und Benennung von Gattungen, eine Vielfalt, die sich dann noch vermehrt, zieht man zusätzlich zur biblisch-exegetischen die allgemein-literaturwissenschaftliche Literatur heran.[29]

Darum wird es vielleicht am ehesten der Kompliziertheit des (letztlich unlösbaren?) Gattungsproblems entsprechen, wenn man von zwei sich scheinbar widersprechenden Positionen ausgeht, die jedoch gemeinsam haben, daß beide ohne »letzte« Begründung im Raum stehen bleiben müssen. Die erste findet sich bei W. Richter formuliert: »Wir vertreten zudem die Ansicht, daß Gattungen nicht durch Deduktion aus allgemeinsten Begriffen gewonnen werden, sondern auf empirischem Wege.«[30] Auf der Verstehensebene unserer Einführung in die Methoden darf man den Satz auffassen als eine Art Aufforderung zum Lesen der biblischen Texte selbst, im Vertrauen darauf, daß die Lektüre des einen Textes dann die

[28] *W. Richter*, a.a.O., 132f.

[29] Bezeichnend für diese Situation ist, daß das »Lexikon exegetischer Fachbegriffe« von *P. G. Müller*, Stuttgart/Kevelaer 1985, 115–120, im Anschluß an *K. Berger*, Bibelkunde des NT (UTB 972), Heidelberg 1980, 475ff., insgesamt 107 biblische Gattungen aufzählt, deren alphabetische Anordnung von vornherein erkennen läßt, daß beim heutigen Stand der Erforschung des Gattungsproblems eine systematische Lösung desselben nicht möglich ist. Wichtige Vorüberlegungen hierzu finden sich bei *W. Richter*, a.a.O., 125–152.

[30] *W. Richter*, a.a.O., 134.

Lektüre anderer Texte nach sich zieht und diese wiederum die Lektüre von anderen usw. usw., so daß sich im langen Prozeß dieser Lektüren die Texte scheinbar ›wie von selbst‹ allmählich im Kopf des Lesenden zu Gruppen strukturverwandter Texte anordnen.
Dem scheint der zweite Rat zu widersprechen. Dieser behauptet: »Irgendeine Ordnung ist besser als gar keine Ordnung.« Er scheint aus der Not eine Tugend zu machen, indem er angesichts der nicht zu ordnenden Vielfalt von Texten und möglichen Gattungszuweisungen zur Willkür des ordnenden Kategorienrasters aufruft. Er läßt sich aber auch als Rat verstehen, den langen Weg der gattungsbildenden Lektüre dadurch ein wenig abzukürzen, daß man eine von Lesern vor uns, und seien es auch Fachleute der exegetischen Wissenschaften, in ihrer Lektüre ›gefundene‹ Ordnung von Texten zu Gruppen mindestens versuchsweise übernimmt und durch sie sich die unübersehbare Vielfalt von Texten und Gattungen gewissermaßen vorsortieren läßt, auch wenn man weiß, daß es sich dabei um keine Ordnung mit »letzter« Begründung handelt.
Ziel einer solchen, auf praktische Verwendbarkeit bedachten Gattungskritik wäre weder eine zeitlose Systematik der Gattungen noch ihre uferlose Aufzählung, die in letzter Konsequenz Gattung und Einzeltext in eins fallen ließe.
Für das Feld der synoptischen Gattungen zielen die Vorschläge G. Theißens beispielhaft in die gemeinte Richtung. Wir wollen ihn darum in einem längeren Zitat selbst zu Wort kommen lassen. G. Theißen ordnet das Feld der synoptischen Gattungen unter Zuhilfenahme von zwei Polaritäten, die sich durch die Begriffspaare: »typisch« vs »singulär« und »Lehre« vs »Erzählung« bezeichnen lassen. Mit Hilfe des zweiten Begriffspaars lassen sich dabei die »vier Grundgattungen synoptischer Überlieferung« bestimmen: »reine Lehre, erzählende Lehre, Erzählung mit lehrhafter Pointe und reine Erzählung«, oder – in traditionellerer Terminologie –: »Logien (= Spruchformen, A. d. V.), Gleichnisse, Apophthegmen (= biographische Erzählungen mit spruchartiger Pointe, A. d. V.), Erzählungen«.[31] Das zweite Begriffspaar führt zu einer weiteren

[31] *G. Theißen*, Urchristliche Wundergeschichten. Ein Beitrag zur formgeschichtlichen Erforschung der synoptischen Evangelien (StUNT 8), Gütersloh 1974, 126.

Differenzierung jeder der vier Grundgattungen in zwei einander polare Varianten. Dazu führt G. Theißen aus: »Sowohl die Lehre wie die Erzählung kann sich mehr mit Typischem oder Singulärem beschäftigen: Innerhalb der Logien lassen sich normierende und kerygmatische Logien unterscheiden. Normierend sind alle Logien, die das allgemein Gültige in der Erfahrung oder im Handeln formulieren: Weisheitsworte, Gesetzesworte und Gemeinderegeln. Immer geht es dabei um Normen der Erfahrung oder des Handelns, um das Regelmäßige und Typische, sei es nun die Regel, die man feststellen kann oder die für das Handeln gelten soll. Den normierenden Logien lassen sich alle kerygmatischen Logien entgegensetzen, das heißt Logien, welche ein singuläres Ereignis ankündigen oder verkündigen, sei es, daß dies Ereignis schon stattgefunden hat (Ich-Worte, Menschensohnworte) bzw. gerade stattfindet, sei es, daß es in Zukunft stattfinden soll (prophetische und apokalyptische Worte). Immer enthalten kerygmatische Worte eine Botschaft von Singulärem. Sie deuten die Gegenwart und enthüllen die Zukunft. Entsprechend ist innerhalb der Gleichnisse zu unterscheiden: Gleichnisse im engeren Sinne schildern typische Ereignisse. Sie appellieren an die allgemeine Erfahrung. Parabeln schildern dagegen einen interessierenden Einzelfall, der auch unwahrscheinliche, singuläre Züge enthalten kann. Ähnlich sind die Apophthegmen aufzugliedern: Die meisten wollen die Lehre Jesu darstellen, das heißt nicht nur das, was er an bestimmtem Ort gesagt hat, sondern was er grundsätzlich zu den angeschnittenen Problemen lehrte. Diesen Schul- und Streitgesprächen sind die biographischen Apophthegmen entgegenzusetzen, die ein singuläres Ereignis im Leben Jesu schildern wollen – etwa das Messiasbekenntnis des Petrus.

Die rein erzählenden Gattungen liegen uns ebenfalls in zwei Formen vor: Wundergeschichten und legendarische Berichte. Hier sind es die Wundergeschichten, die Typisches aus dem Leben Jesu erzählen. Daher können sie in Summarien zusammengefaßt werden. Sie sind austauschbare Episoden und haben keinen festen Ort in der Folge des Lebens Jesu. Ihre Reihenfolge ist relativ beliebig. Anders die legendarischen Berichte: Sie beschäftigen sich mit Geburt, Aufwachsen, Versuchung, Zug nach Jerusalem und der Pas-

sion. Sie berichten Ereignisse, die einen unverwechselbaren Ort in der zeitlichen Reihenfolge des Lebens Jesu haben.«[32]
Das Gesagte läßt sich mit einer (ein wenig ergänzten) Graphik von G. Theißen[33] mit einem Blick überschauen:

Lehre

typisch	normierende Logien	Gleichnisse	Schul- und Streitgespräche	Wundergeschichten
	reine Lehre	erzählende Lehre	Erzählung mit lehrhafter Pointe	reine Erzählung
singular	kerygmatische Logien	Parabeln	biographische Apophthegmen	legendarische Berichte

Erzählung

Ähnliche relative Gattungssysteme für die übrigen biblischen Gattungen zu entwickeln muß freilich vorerst ein Desiderat bleiben.

»Sitz im Leben«

Zur Gattungskritik gehört auch die Frage nach dem *»Sitz im Leben«* der Gattung: »Dieses Strukturmuster hat, insofern es vorgegeben ist, eine Verankerung in typischen soziokulturellen Situationen und Institutionen, was traditionell ›Sitz im Leben‹ genannt wird.«[34] Das will heißen, daß die Texte einer Gattung jeweils eine bestimmte *Funktion im Leben* einer Gemeinschaft haben. Man kann auch sagen, mit »Sitz im Leben« sei eine wiederkehrende Gebrauchssituation einer bestimmten literarischen Gattung im Leben einer Gemeinschaft gemeint. Hochzeitslieder singt man bei der

[32] Ebd. 126f.
[33] Ebd. 128.
[34] *A. Stock*, Umgang mit theologischen Texten, Zürich/Köln/Einsiedeln 1974, 20.

Hochzeitsfeier, Klagelieder dagegen im Zusammenhang mit Beerdigungs- und Trauerbräuchen. »Sitz im Leben« meint also nicht eine bestimmte historische Situation, etwa im Leben Jesu, sondern setzt als soziologischer Begriff eine Gemeinschaft, Institutionen und wiederholten Gebrauch von Texten einer Gattung in wiederkehrenden Situationen des Lebens einer Gemeinschaft voraus.
Für die Wundergeschichten, zu denen z. B. die ursprüngliche Überlieferung von der Heilung des Gelähmten zu rechnen ist, wird man im allgemeinen sagen können, daß ihr »Sitz im Leben« in den missionarischen Notwendigkeiten im Leben der frühen Kirche zu suchen sei. Sie stehen im Dienst missionarischer Christusverkündigung, indem sie Christus als den Herrn und Gottesmann verkünden, der in Vollmacht der menschlichen Not verschiedenster Art Einhalt gebieten kann und dem man sich darum im Glauben überantworten darf.

»Sitz in der Literatur«

Auch wenn die Gattungskritik aufgrund ihres Verfahrens, die Gattung von verschiedenen Einzeltexten her, die zu verschiedenen Zeiten entstanden sind, zu gewinnen, als diachronische Methode anzusprechen ist, hat sie aufgrund ihrer Ergebnisse einen Rückkopplungseffekt auf die synchronische Methode der Formkritik. Die gattungskritisch gewonnene Gattung kann nämlich im Dienst der Formkritik gewissermaßen als Folie eingesetzt werden, vor der der dort zur Frage stehende Einzeltext schärfere Konturen annimmt. So treten vor dem Hintergrund der Gattung z. B. die individuellen Züge unseres Beispieltextes in seiner redaktionellen Endgestalt besonders deutlich hervor.
Da, wo sonst gattungsgemäß die Bitte um Heilung steht, wird in unserem Text über die ungewöhnliche Art des Zugangs durch das Dach zu Jesus berichtet, die Unmögliches möglich macht und von Jesus als Glauben interpretiert wird. Des weiteren kennt die Gattung der Wundergeschichten zwar den Zug des Zuspruchs des Wundertäters an den Heilungsuchenden, doch die Art, wie dieser gattungsgemäße Zug hier durch den Redaktor individualisiert wird, muß auffallen: »Daß einem Kranken innerhalb einer Wundergeschichte die Vergebung der Sünden zugesprochen wird, ist

singulär.«[35] Das sich nicht Beirrenlassen eines Glaubens, der sogar Jesus aufs Dach steigt, und andererseits das Vermögen Jesu, bis in die tiefen und verborgenen Dimensionen menschlichen Unheils heilvoll hineinzuwirken, sind individuelle Konturen unseres Textes, die sich vor dem Hintergrund der Gattung verdeutlichen. Der Blick auf die Gattung bestätigt so nicht nur die überlieferungskritische Hypothese, sondern erleichtert die formkritische Erfassung des individuellen Textes. Schließlich wird, wiederum vor dem Hintergrund des Gattungsmusters, konturierter erkennbar, wie sich die Überlieferungseinheit in ihrer Funktion dadurch verändert, daß sie durch redaktionelle Zusätze erweitert wird. Über ihren »Sitz im Leben« hinaus gewinnt sie einen »Sitz in der Literatur«. In ihrer heutigen Fassung nämlich bildet die Wundergeschichte eigentlich nur noch den Rahmen für den Anstoß der Schriftgelehrten an der Sündenvergebung durch Jesus. Der Zuspruch und das Heilungswort Jesu in der ursprünglichen Wundergeschichte werden auseinandergesprengt. Der Zuspruch »Kind, deine Sünden werden dir vergeben«, der Anlaß des Anstoßes der Schriftgelehrten ist, und das Heilungswort Jesu: »Steh auf, nimm dein Bett und geh nach Hause«, werden nun zum Aufweis der »Vollmacht des Menschensohns, Sünden zu vergeben auf Erden« (V 10) und zur Widerlegung des Vorwurfs der Gotteslästerung. Daß Jesus – wie man es ebenfalls als redaktionellen Zusatz vermuten darf – zu Beginn der bei ihm versammelten Menge »das Wort redet« und alle am Schluß des Textes außer sich geraten und Gott loben, führt zu einem Gegensatz zwischen der Volksmenge und den am Wort Jesu Anstoß nehmenden Schriftgelehrten. Die einen hören Jesus zu und werden durch seine Machttat zum Lobpreis Gottes bewegt – und die anderen werfen Jesus Gotteslästerung vor. An Jesus scheiden sich die Geister.

3.5 *Überleitung zum Beispielteil*

Wir beenden hier unsere bewußt kurz gehaltenen Ausführungen zu den verschiedenen methodischen Ansätzen biblischer Exegese.

[35] *R. Pesch*, a. a. O., 147.

Ihre Kürze soll es erlauben, sie bei der weiteren Lektüre des Buches in Wiederholung nochmals zu Rate zu ziehen und hier und da das eine oder andere wieder nachzulesen, damit der Leser bei der eigenen Erarbeitung der nun folgenden Textbeispiele das Methodische immer präsent hat.
Ebenso präsent soll ihm bei dem analytischen Geschäft natürlich der jeweils zu analysierende Bibeltext selbst sein. Weil er in fast jedem Fall eigens mitabgedruckt wird, sollte es leicht möglich sein, ihn durch ein Lesezeichen zu markieren, um die Lektüre von Fall zu Fall am Text kontrollierend zu begleiten. Daneben sollte man bei der Lektüre eine Bibel zur Hand haben, um die Stellung eines Beispieltextes im größeren Kontext überblicken zu können, aber auch um in der Lage zu sein, Verweise auf andere biblische Stellen sofort nachzuschlagen. Damit versteht sich von selbst, daß das vorliegende Buch nicht wie ein fortlaufender Roman gelesen sein möchte, sondern seine einzelnen Kapitel als in sich jeweils abgeschlossene Übungen anbietet, die jeweils für sich mehrfach durchzuarbeiten sind.
Anhand der verschiedenen alt- und neutestamentlichen Textbeispiele sollen die im allgemeinen Methodenteil kurz beschriebenen methodischen Ansätze erprobt und eingeübt werden. Dabei bringt es die Verschiedenheit der Texte mit sich, daß bei der Analyse der Schwerpunkt einmal auf diesen methodischen Gesichtspunkt, ein andermal auf jenen gelegt werden muß oder kann. So gibt es Texte, die intensiver unter formkritischen Gesichtspunkten erarbeitet sind, während bei anderen die diachronische Analyse stärker akzentuiert ist. Gelegentlich kommt es dabei auch zu Ergänzungen und Vertiefungen der allgemeinen methodischen Ausführungen, aber wohl auch zu Analysen, die hinter dem Programm der theoretischen Ausführungen zurückbleiben.
Die Auswahl der Texte will in keiner Weise unter einem systematischen Gesichtspunkt ›vollständig‹ sein. Sie ist mehr oder weniger heuristisch dadurch zustande gekommen, daß sich alle hier angebotenen Texte in Proseminaren didaktisch bewährt haben. Dabei werden bewußt neben den neutestamentlichen Texten, die wegen meiner Herkunft als Neutestamentler das Gros der Beispiele ausmachen, auch einige alttestamentliche Texte analysiert (vgl. 1.6.2;

2; 6; 7), weil trotz der traditionellen Geschiedenheit der Disziplinen von alt- und neutestamentlicher Exegese, die in der Wissenschaft angesichts der Fülle von jeweils benötigten Hilfsdisziplinen auch nur allzu berechtigt ist, gerade auf der Ebene von textanalytischen Methoden, die auf eine wissenschaftlich verantwortete Praxis des Bibelwortes zielen, es sich empfiehlt, daran zu erinnern, daß es bei aller Verschiedenheit im einzelnen grundlegende methodische Operationen gibt, die gegenüber allen, auch nichtbiblischen Texten übrigens, die gleichen sind.

Dennoch hat die neutestamentliche Exegese die Auswahl der Texte insofern stärker bestimmt, als die Beispiele in quellenkritischer Hinsicht die durch die Zwei-Quellentheorie anvisierten Möglichkeiten der Synoptikerexegese alle vertreten sein lassen. So gibt es Beispiele der Markustradition (vgl. 1; 3; 4), aber auch Beispiele, die Texte der Logienquelle bieten (vgl. 5; 10), ebenso wie einen des Johannesevangeliums, dem vermutlich eine Überlieferung der Semeiaquelle zugrunde liegt. Darüber hinaus sind die Gattungen der Listentexte (vgl. 9) und der Christushymnen (vgl. 8) vertreten. Im Hinblick auf seine Form und als Beispiel für die Gattung der Paulusbriefe wird endlich auch der Philemonbrief (vgl. 11) behandelt.

Die Beispieltexte aus den Evangelien wurden weitgehend in synoptischer Anordnung abgedruckt, allerdings so, daß sich die zusätzliche Benutzung einer der eingeführten Evangeliensynopsen als selbstverständlich versteht.[36]

Ebenso selbstverständlich ist es, daß eine Einführung in die Methoden exegetischen Arbeitens nicht auch zugleich in die Probleme

[36] Unter »Synopse« ist in diesem Fall die Nebeneinanderstellung von Parallelen der synoptischen Evangelien (Mk, Mt, Lk) zu verstehen, so daß man die Übereinstimmung und Unterschiede der einzelnen Evangelien leicht feststellen kann, insbesondere wenn man diese durch verschiedene Farben kenntlich macht. Etwa dadurch, daß man Gemeinsamkeiten von *Mk, Mt, Lk* durch Unterstreichen mit *blauer* Farbe, und Gemeinsamkeiten von *Mt und Lk, wo der Mk-Text fehlt* durch Unterstreichen mit *roter* Farbe kennzeichnet. Da, wo alle drei von einander abweichen, kann man *grün* unterstreichen.
Die gebräuchlichsten Synopsen in deutscher Übersetzung sind:
Patmos-Synopse, v. F. J. Schierse, Patmos-Verl. Düsseldorf [19]1987;
Zürcher-Evangelien-Synopse, v. C. H. Peisker, Oncken-Verl. Wuppertal, [19]1980.

der biblischen Zeit- und Umweltgeschichte, in die Fragen der literarischen Eigenart der einzelnen biblischen Schriften oder in ihre theologischen Profile einführen kann, auch wenn all das immer wieder angesprochen werden muß und dabei häufig über den Informationsstand des Anfängers auf diesen Gebieten hinausgegangen wird.

Mit der Einübung der Methoden muß daher auf der Seite des Lesers der fortschreitende Informationserwerb in dieser über die Methoden hinausführenden Materie Hand in Hand gehen. Eine Geschichte Israels und eine neutestamentliche Zeitgeschichte, eine Einleitung in das Alte und Neue Testament sowie eine Einführung in die alttestamentliche und neutestamentliche Theologie gehören darum zum unverzichtbaren Lektüreprogramm für jemanden, der in der Welt der Bibel so heimisch werden will, daß er sich mit Hilfe der exegetischen Methoden als emanzipierter Bibelleser darin bewegen kann.[37]

[37] Literatur dazu wird in den Nachbemerkungen genannt.

Zweiter Teil: Einübung

1 *Berufung des Levi und Zöllnermahl*

(Mk 2,13–17; Mt 9,9–13; Lk 5,27–32)

1.1 *Vorbemerkung und Textabgrenzung*

Der Textabschnitt ist uns als dreifache Tradition, d. h. bei allen Synoptikern (Mk, Mt, Lk) erhalten. Wir beschränken uns hier jedoch auf die Behandlung der nach der Zweiquellentheorie primären Textfassung nach Mk. Die Abweichungen und Veränderungen des Textes bei den Seitenreferenten Mt und Lk erarbeite man sich selbst anhand einer Synopse. Wir notieren hier nur den Text nach Mk.

Anfang und Ende der Texteinheit sind leicht zu bestimmen. Die vorausgehende Heilung des Gelähmten (Mk 2,1–12) schließt *gattungsgemäß* mit einem *Chorschluß* ab (V 12). V 13 bringt einen *Ortswechsel*: »Und er ging wiederum hinaus am See entlang« und leitet zu unserer Einheit über. Ein Wort Jesu schließt diese ab (V 17). V 18 führt neue Handlungsträger ein. Die zu untersuchende Texteinheit ist also Mk 2,13–17.

1.2 *Text*

Siehe nebenstehende Tabelle

1.3 *Formkritik*

1.3.1 *Makrostruktur*

Zwischen V 13 und 14 erfolgt ein *Ortswechsel* (»und er ging weiter«), außerdem wird ein *neuer Handlungsträger* eingeführt (»Levi, der Sohn des Alphäus«). Wir müssen also die erste Zäsur hinter V 13 machen. Auch V 15 bringt einen *Ortswechsel* (»in seinem Haus«) und *neue Handlungsträger* (»viele Zöllner und Sünder« und »seine Jünger«), d. h., die zweite Zäsur befindet sich zwischen V 14 und 15. *Neue Handlungsträger* kommen in V 16 hinzu

13	a	Und er ging hinaus wiederum zum Meer;
	b	und die ganze Menge kam zu ihm,
	c	und er lehrte sie.
14	a	Und er ging weiter
	b	und sah Levi, den Sohn des Alphäus,
	c	sitzend an der Zollstätte.
	d	Und er sagt zu ihm:
	e	»Folge mir!«
	f	Und er stand auf
	g	und folgte ihm.
15	a	Und es geschieht,
	b	daß er sich zu Tisch niederlegt in seinem Haus,
	c	und viele Zöllner und Sünder lagen zu Tisch zusammen mit Jesus und seinen Jüngern.
	d	Denn es waren viele,
	e	und sie folgten ihm.
16	a	Und die Schriftgelehrten der Pharisäer sahen,
	b	daß er mit Sündern und Zöllnern ißt,
	c	und sie sagten zu seinen Jüngern:
	d	»Mit Zöllnern und Sündern ißt er!«
17	a	Und Jesus hörte es,
	b	und er sagte ihnen:
	c	»Nicht nötig haben die Gesunden den Arzt, sondern die Kranken!
	d	Nicht bin ich gekommen zu rufen Gerechte, sondern Sünder!«

(»die Schriftgelehrten der Pharisäer«), so daß sich auch zwischen V 15 und V 16f. eine Zäsur ergibt. Weil hier auch die *Erzählung* in einen *Dialog* überwechselt, hat man in dieser Zäsur die Hauptzäsur der Texteinheit zu sehen.

1.3.2 Mikrostruktur

Die einzelnen Textteile lassen sich weiter gliedern. V 14 ist durch die Aufeinanderfolge von Nachfolge*befehl* und *Ausführung* strukturiert. Auch in V 15 ergibt sich ein Absatz, weil V 15 d–e: »denn es waren viele, und sie folgten ihm« nicht eigentlich ›erzählt‹, sondern das Erzählte *kommentiert*. Die Zweiteiligkeit des Dialogs (VV 16–17) ergibt sich durch den *Sprecherwechsel* von den

»Schriftgelehrten der Pharisäer« (V 16) zu »Jesus« in V 17. Jesu Antwort schließlich gliedert sich in ein *Bildwort* (V 17c) und dessen *Anwendung* (V 17d).
Man kann das Ganze graphisch folgendermaßen darstellen:

<table>
<tr><td rowspan="3">V 13</td><td colspan="2">V 14</td><td colspan="3">V 15</td><td colspan="3">VV 16–17</td></tr>
<tr><td rowspan="2">a–e</td><td rowspan="2">f–g</td><td rowspan="2">a–b</td><td rowspan="2">c</td><td rowspan="2">d–e</td><td rowspan="2">16</td><td colspan="2">17</td></tr>
<tr><td>a–c</td><td>d</td></tr>
<tr><td colspan="6">Erzählung</td><td colspan="3">Dialog</td></tr>
</table>

1.4 Literarkritik

Sie untersucht den Text auf Zusammenhang (Konsistenz oder Kohärenz) und Nicht-Zusammenhang (Inkonsistenz oder Inkohärenz), um das Urteil darüber zu ermöglichen, ob die Einheit zusammengesetzt oder nicht zusammengesetzt ist.

1.4.1 Konsistenz

Die Textteile V 14 und VV 16–17 sind in sich stark zusammenhängend: Der *Nachfolgeaufforderung* (V 14e) folgt die *Ausführung* (V 14f–g) ebenso zwingend wie die *Antwort Jesu* (V 17) auf die *Äußerung der »Schriftgelehrten der Pharisäer«* (V 16). Aber auch als ganze stehen die Textteile miteinander in Verbindung: Das Stichwort *»rufen«* nämlich in der Antwort Jesu (V 17d) läßt sich unschwer auf den Berufungsvorgang in V 14e beziehen. Ganz ähnlich sind V 14 und V 15 miteinander verbunden: Das Stichwort *»und sie folgten ihm«* in der kommentierenden Bemerkung von V 15e ist nämlich deutlich auf die Aussage *»und folgte ihm«* von V 14g bezogen, und schließlich nimmt auch der berufene Zöllner von V 14 am Mahl mit Jesus teil, von dem V 15 berichtet. Dieses gemeinsame Essen ist es schließlich, das auch den V 15 (bzw. den ganzen erzählenden Teil VV 14–15) mit dem Dialog der VV 16–17 verbindet, nehmen die Schriftgelehrten der Pharisäer doch gerade Anstoß an Jesu Tischgemeinschaft mit Zöllnern und Sündern (V 16). Daß sie den Vorwurf an Jesu »Jünger« richten (V 16), unterstützt den Zusammenhalt, denn in V 15 werden auch Jesu »Jünger« als Mahlteilnehmer vorgestellt. Schließlich dient dem Gesamtzusammenhang der VV 14–17, daß es ein »Zöllner« ist, der in V 14 berufen wird und zu dem in V 15 weitere »Zöllner und Sünder« hinzukommen, die dann auch in V 16 (»Sünder« auch in V 17) begegnen.[1] Wir können uns abschließend die konsistenzbewirkenden Elemente des Textes nochmals mit einer Graphik vor Augen führen.

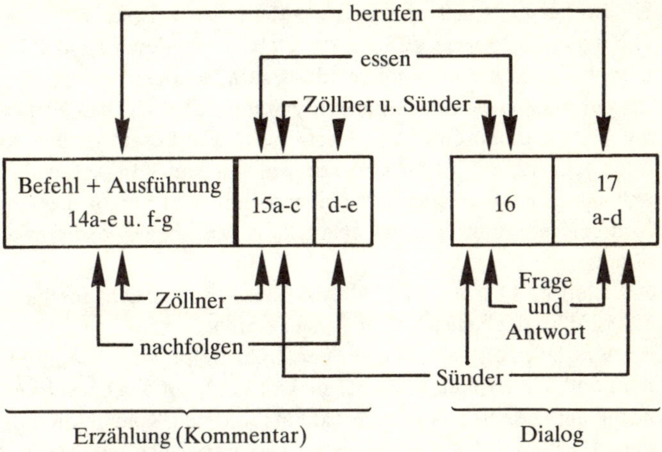

1.4.2 *Inkonsistenz*

Die soeben gemachten Beobachtungen sprechen für einen starken Zusammenhalt der einzelnen Textteile, mithin also für seine

[1] Eine kleine Beobachtung am Rande: Achtet man auf die Textstellung von »Zöllnern« und »Sündern« in den VV 15–16, läßt sich ein Chiasmus, d. h. eine Überkreuzstellung der beiden Termini entdecken, die ihrerseits von dem »Zöllner« in V 14 und den »Sündern« in Jesu Antwort (V 17) gerahmt wird:

	(V 15c)		(V 16b)		(V 16d)		
Zöllner	(Zöllner–	Sünder)	(Sünder–	Zöllner)	(Zöllner–	Sünder)	Sünder
(V 14)	A	B	B	A	A	B	(V 17f.)

Nach den Regeln der alten Rhetorik dient ein Chiasmus dem Zusammenschluß von Textelementen. Es ist also durchaus denkbar, daß der ›Verfasser‹ des Textes diese Überkreuzstellung bewußt benutzt, um die Konsistenz des Textes zu unterstützen.

Konsistenz. Der Text ist dadurch lesbar. Dem stehen jedoch Spannungen, Auffälligkeiten und Doppelungen entgegen, die auf Inkonsistenz des Textes verweisen, d. h. die Lektüre holprig machen.

Schon die Beobachtungen zur Konsistenz des Textes ließen erkennen, daß zwar die VV 14–17 eng zusammenhängen, doch blieb *V 13* unerwähnt. Außer daß auch in ihm Jesus Haupthandlungsträger ist, verbindet ihn eigentlich nichts mit den VV 14–17. Denn in diesen Versen spielt weder das »Meer« eine Rolle noch die »Menge«, die Jesus in V 13 »lehrt«. Dabei ist merkwürdig, daß Inhalte dieser Lehre nicht mitgeteilt werden, sondern nur der Vorgang als solcher erwähnt wird. V 13 erwähnt außerdem den Namen des Haupthandlungsträgers »Jesus« nicht. Ein Leser, der hier zu lesen begänne, wüßte nicht, wer der ist, von dem V 13 sagt, daß er »hinaus zum Meer ging«, was ebenso mit dem vorangehenden Kontext verbindet, wie das ebenfalls in V 13 begegnende »wiederum«.

Auch in *V 14* wird der Name »Jesus« nicht erwähnt. Dies geschieht erst in V 15, der zugleich seine Jünger einführt.

An *V 15* fällt auf, daß nunmehr der Zöllner Levi von vielen Zöllnern und Sündern umgeben ist, ein Umstand, auf den der seltsam nachklappende und aus der Erzählung in deren Kommentierung übergehende V 15c–d noch einmal verweist. Auch wird bei genauer Betrachtung nicht recht klar, um wessen »Haus« es sich eigentlich handelt, in dem das Mahl stattfindet, um das Jesu oder das des Levi (vgl. Mk u. Lk). Eine Doppelung schließlich ist es, wenn in V 15 davon die Rede ist, »daß er sich zu *Tisch* niederlegt in seinem Haus« und daß »viele Zöllner und Sünder zu *Tisch* lagen zusammen mit Jesus und seinen Jüngern«.

Auch in *V 16* stoßen wir auf eine Doppelung (die übrigens von Mt und Lk beseitigt wird): Zunächst wird gesagt, daß die Schriftgelehrten der Pharisäer *sehen*, »daß er mit Sündern und Zöllnern ißt« und dann *sagen* sie dasselbe in direkter Rede zu seinen Jüngern, unter Umkehrung allerdings der Aufeinanderfolge von »Zöllnern und Sündern«!

1.4.3 Literarkritisches Urteil

Wägt man die Beobachtungen zur Konsistenz und Inkonsistenz des Textes gegeneinander ab, so lassen die Auffälligkeiten und Spannungen trotz der grundsätzlichen Konsistenz des Textes mindestens die Vermutung zu, daß es sich um einen zusammengesetzten Text handelt. Die Vermutung wird dann gewisser, wenn überlieferungskritische und redaktionskritische Überlegungen es erlauben, die Spannungen wie die Verbindungen überzeugend zu erklären.

1.5 Überlieferungs- und Redaktionskritik

Die literarkritisch für die Inkonsistenz des Textes sprechenden Punkte finden überlieferungs- bzw. redaktionskritisch ihre Beantwortung. Die relativ lose Verbindung von *V 13* zu den VV 14–17 läßt sich unschwer erklären. Der Vers ist redaktionelle Bildung des Mk[2] und hat die Aufgabe, die VV 14–17 mit dem, was vorhergeht, zu verbinden. Darum muß Jesus hier auch nicht eigens nominalisiert werden, d. h., sein Name muß hier nicht eigens genannt werden.

Die Berufung des Levi (*V 14*) könnte auch für sich allein als eine in sich abgeschlossene Einheit bestehen.

Gattungsmäßig besehen gehört sie zur Gattung der Berufungsgeschichten. Gegen ihre Geschlossenheit spricht nur, daß auch in ihr der Name Jesu nicht genannt wird, so daß, wer der Haupthandlungsträger ist, vom Leser eigentlich nur erkannt wird, wenn die Szene Teil eines größeren Zusammenhangs ist. Aber löst sich diese Schwierigkeit nicht durch die Annahme auf, ursprünglich, d. h. in der vormarkinischen Überlieferung, sei sie als dritte Berufungsgeschichte auf die beiden gefolgt, in denen von der Berufung des Simon und Andreas (Mk 1,16–18) – in ihr wird der Name Jesu genannt – und von der Berufung des Jakobus und Johannes (Mk 1,19–20) erzählt wird?

[2] Die Szenerie am See und die Erwähnung, daß Jesus lehrt, ohne daß der Inhalt der Lehre mitgeteilt wird, sind typisch markinische Züge, wie man anhand einer Konkordanz feststellen kann.

Bei der Beurteilung von *V 15* ist davon auszugehen, daß nur hier der Name »Jesus« begegnet. Deutet dies auf ursprüngliche Selbständigkeit? Die Doppelung von »zu Tische liegen« läßt sich dadurch erklären, daß der Versanfang »Und es geschieht, daß er sich zu Tische niederlegt in seinem Haus« jetzt die Aufgabe hat, die, wie zu vermuten ist, ursprünglich selbständige Berufung des Zöllners Levi mit dem Zöllnermahl redaktionell zu verbinden. Auch die kommentierende Bemerkung des V 15d–e »denn es waren viele, und sie folgten ihm« dient deutlich dieser redaktionellen Absicht. Denn erstens soll das »viele« erklären, wie der einzelne Zöllner Levi der Berufungsgeschichte im sich daran anschließenden Zöllnermahl einer von *vielen* Zöllnern und Sündern ist, die am Mahl teilnehmen. Zweitens läßt die Bemerkung »und sie folgten ihm« diese vielen Jesus ebenso *folgen*, wie der einzelne Zöllner Levi ihm in der Berufungsgeschichte *nachfolgte*.
Schließlich verursacht die redaktionelle Einfügung dieser Bemerkung auch die Doppelung von »er ißt mit den Zöllnern und Sündern« in *V 16*. Denn daß V 15d aus der Erzählung in die Kommentierung übergeht, macht es nötig, daß auf das ursprünglich in V 15 erzählte Zöllnermahl noch einmal zurückverwiesen und so der erzählerische Faden noch einmal aufgegriffen wird. Läßt man die Bemerkung von V 15d einmal weg, erkennt man gut, daß auf das ursprüngliche »Viele Zöllner und Sünder lagen zu Tisch zusammen mit Jesus und seinen Jüngern« ohne weiteres einmal folgen konnte: »Und die Schriftgelehrten der Pharisäer sahen *es* und sagten zu seinen Jüngern: ›Mit Zöllnern und Sündern ißt er!‹«
Wir scheiden so zwischen Überlieferung und Redaktion und vermuten als ursprünglich je für sich überlieferte Einheiten eine *Berufungsgeschichte* über den Zöllner Levi und ein *Streit- bzw. Lehrgespräch*, das von einem Mahl Jesu und seiner Jünger mit Zöllnern und Sündern erzählte. In diesem Streitgespräch wird das Mahl zum Anlaß für den Anstoß der Pharisäer. Dieser löst seinerseits die abschließende Antwort Jesu aus. Damit erklären sich die Spannungen und Doppelungen im heutigen Text als durch die Redaktion verursacht, welche die Berufungsgeschichte und das Streitgespräch zu einer neuen Texteinheit verband.
Die Annahme redaktioneller Arbeit erklärt schließlich auch einige

der Elemente, bei denen wir bemerkten, daß sie im Dienst der Konsistenzbildung des heutigen Textes stehen. Daß es in der überlieferten Berufungsgeschichte ein *Zöllner* ist, der berufen wird, macht es dem Redaktor möglich, die Berufungsgeschichte dem Streitgespräch über das Zöllnermahl vorauszuschicken. Er betont redaktionell in V 15b, daß die Zöllner, die mit Jesus essen, ihm *nachfolgten*. D. h. aber, er läßt sie, wie Levi, erst auf Jesu Berufung hin zu dem Mahl kommen. Damit ist auf redaktioneller Ebene eine Erklärung gegeben für das Problem, wie es denn überhaupt zur Tischgemeinschaft Jesu mit Zöllnern und Sündern gekommen ist. Würden wir das Zöllnermahlstreitgespräch ohne diese redaktionelle Verbindung mit der Berufung des Zöllners Levi lesen, würden wir, wie jeder unvoreingenommene Leser, schließen, daß Jesus sich in die Gemeinschaft der Zöllner und Sünder hineinbegab, ein Zug, der für das Bild, das der Leser vom irdischen Jesus gewinnt, so unerheblich nicht ist. Der Redaktor jedoch stellt, die Brisanz dieser Vorstellung ein wenig entschärfend, durch die Vorschaltung der Berufungsgeschichte die Sache so dar, daß man den Eindruck gewinnen muß, Jesus habe auch die am Mahl teilnehmenden Zöllner und Sünder berufen und sie seien ihrerseits Jesus nachgefolgt.

Damit klärt sich aber auch die bisher noch unbeantwortet gebliebene Frage, an wessen Haus als Ort des Zöllnermahls der Redaktor denkt: Es ist, redaktionell, weil sie Jesus *nach*folgten, natürlich das Haus *Jesu*, in das sie als von ihm Gerufene kommen, ein Gedanke, der abschließend im zweiten Teil der Antwort Jesu, die sich im heutigen Zusammenhang unschwer auf die Berufung des Zöllners Levi beziehen läßt, noch einmal laut wird: »Nicht bin ich gekommen zu rufen Gerechte, sondern Sünder.« Gerade daß sich dieser Satz so gut auf die Berufungsgeschichte »reimt«, gibt Anlaß zu der begründeten Vermutung, daß auch er redaktionell ist und daß das Streitgespräch ursprünglich mit dem Bildwort schloß: »Nicht nötig haben die Gesunden den Arzt, sondern die Kranken!«

1.6 Gattungskritik

1.6.1 Gattungsstil und Gattungsbezeichnung

Schon im Rahmen der Überlieferungs- und Redaktionskritik hatten wir die Vermutung geäußert, die Berufung des Levi (Mk 2,14) sei auf der vormarkinischen Überlieferungsstufe als dritte Geschichte auf die beiden gefolgt, in denen von der Berufung des Simon und Andreas (Mk 1,16–18) und von der des Jakobus und Johannes (Mk 1,19–20) erzählt wird.

Mindestens stimmt sie strukturell mit diesen so überein, daß man einen den drei kleinen Geschichten gemeinsamen Gattungsstil erkennen kann, wie schon die bloße Lektüre verdeutlicht:

Mk 1, 16–20

16	a	Und er ging vorüber am Meer Galiläas
	b	und sah Simon und Andreas, den Bruder Simons,
	c	wie sie auswarfen die Netze im Meer;
	d	denn sie waren Fischer.
17	a	Und es sprach zu ihnen Jesus:
	b	»Auf!
	c	Hinter mich!
	d	Und ich werde machen,
	e	daß ihr Menschenfischer werdet.«
18	a	Und alsbald verließen sie die Netze
	b	und folgten ihm nach.
19	a	Und er ging ein wenig weiter voran
	b	und sah Jakobus, den Sohn des Zebedäus, und Johannes, seinen Bruder,
	c	und sie waren im Boot
	d	und richteten die Netze.
20	a	Und alsbald berief er sie.
	b	Und sie ließen ihren Vater Zebedäus im Boot zurück mit den Lohnknechten,
	c	und gingen weg, hinter ihm her.

Der Gattungsstil ergibt sich aus strukturellen Gemeinsamkeiten der Texte. Die Jesus da beruft, werden alle *namentlich* genannt. Und wie bei Levi, des Alphäus Sohn, werden auch hier *verwandt-*

schaftliche Beziehungen angeführt: »Andreas« ist der »Bruder Simons« (Mk 1,16), so wie »Johannes« der Bruder des »Jakobus« ist. Daß dieser ein Sohn des »Zebedäus« genannt wird (Mk 1,19), ist der Geschichte wichtig, denn in diesem Fall ist ihr »Vater Zebedäus«, den sie »mit den Lohnknechten im Boot zurücklassen« (Mk 1,20), Teil der Vergangenheit, die die Berufenen hinter sich lassen, wenn sie den Ruf in die Nachfolge gehört haben. Bei Simon und Andreas sind das die »Netze« (Mk 1,18 a) als pars pro toto der bisherigen *beruflichen Existenz*, eine *Metonymie* also, bei der ein Teil, »die Netze«, das Ganze, den Beruf des Fischers, vertritt. In der Ausübung ihres Berufes trifft der berufende Jesus jeweils *»im Vorübergehen«* die zu Berufenden an, *»sieht«* sie, wie den Levi an der Zollbank, und fordert sie mittels direkter (Mk 1,17; 2,14) oder indirekter (Mk 1,20) Rede zur *»Nachfolge«* auf. Man darf bemerken, daß es sich jeweils um einfache, wenn nicht gar *gering geachtete Berufe* handelt – ein Schlaglicht nebenbei auf das Herkunftsmilieu der frühen Christen. Nicht nur, was sie *verlassen*, sondern auch, daß sie ihm, d. h. Jesus, *nachfolgten*, wird jeweils notiert. Die Berufung des Simon und Jakobus ist dadurch singulär, daß das Berufungswort das Ziel der Berufung angibt: »Ich werde euch zu Menschenfischern machen!« Dabei setzt das Neue, das durch die Berufung initiiert wird, die bisherige Tätigkeit auf einer anderen Ebene fort. In den anderen Fällen ergibt sich das Ziel der Berufung und Nachfolge aus dem Kontext. Bei Levi ist dieser Kontext redaktionell: Das folgende Mahl Jesu mit Zöllnern und Sündern gibt als Ziel der Berufung und Nachfolge des Levi seine Gemeinschaft mit Jesus an. Dieser redaktionelle Kontext läßt Jesus sagen, er sei nicht gekommen Gerechte zu berufen, sondern Sünder. Wiederum durch redaktionelle Kontextuierung ist Levi einer von diesen. Hier schimmert zwar noch durch, daß es in Berufung und Nachfolge um die Existenzveränderung des Berufenen geht, doch verdeckt die redaktionelle Kontextuierung, daß es bei der Gattung Berufungsgeschichte zuerst und in der Hauptsache um die Bestellung eines Menschen in ein Amt geht, so daß die Berufungsgeschichte in die Nähe der Gattung der Prophetenberufung zu stehen kommt, auch wenn in dieser im allgemeinen Gott selbst es ist, der beruft, in den Berufungsgeschichten jedoch ein Mensch. Wir werden im Anschluß an dieses Kapitel eine solche Prophetenberufung, oder besser einen »Bericht über die Einsetzung eines Propheten in sein Amt«, kennenlernen und sehen, daß die Gattungen zwar miteinander verwandt, aber nicht identisch sind.

1.6.2 Gattungsgeschichte

Noch deutlicher als in der Berufungsgeschichte des Simon und Andreas wird das Moment der Existenzveränderung und der Berufung in ein Amt in der alttestamentlichen Berufungsgeschichte des Propheten Elischa. Dort begegnet sogar in angepaßter Form jener charakteristische Zug der Gattung ›Prophetenberufung‹, daß der Berufene einen Einwand gegen die Berufung vorbringt.

1 Kön 19, 19–21

19	a	Als er (d. h. Elia) von dort weggegangen war,
	b	traf er Elischa, den Sohn Schapaths, beim Pflügen.
	c	Zwölf Gespanne hatte er vor sich;
	d	er selbst ging beim zwölften.
	e	Elia trat zu ihm heran
	f	und warf seinen Mantel über ihn.
20	a	Sogleich verließ er die Rinder,
	b	eilte Elia nach
	c	und sagte:
	d	»Ich möchte nur noch meinem Vater und meiner Mutter einen Abschiedskuß geben;
	e	dann will ich dir folgen.«
	f	Elia antwortete ihm:
	g	»Kehre um!
	h	Denn was soll ich mit dir?«
21	a	Da wandte er sich von ihm weg,
	b	nahm das Rindergespann
	c	und schlachtete es.
	d	Mit dem Geschirr der Rinder kochte er das Fleisch
	e	und gab es den Leuten zu essen.
	f	Dann machte er sich auf,
	g	folgte Elia nach
	h	und wurde sein Diener.

Als dem Gattungsstil der Berufungsgeschichte gemäß sehen wir sofort, daß auch hier der Berufene einen *Namen* trägt, daß seine *Verwandtschaft* angegeben wird, daß er bei der Ausübung seiner *beruflichen Tätigkeit* berufen wird, die in der Rangfolge *nicht ganz oben in der gesellschaftlichen Wertskala* rangiert. Er wird im ganz gewöhnlichen *Alltag* eines ganz gewöhnlichen Menschen angetroffen und zum Prophetenschüler gemacht. Die Berufung selbst geschieht allerdings nicht durch ein Berufungswort, sondern durch einen *Gestus*: Elia wirft Elischa den Mantel, der das Prophetenamt bedeutet, über und beruft ihn damit in seine Nachfolge und designiert ihn zugleich zum künftigen Propheten. Im Unterschied freilich zu den neutestamentlichen Berufungsgeschichten, die wir zitierten, folgt dann ein *retardierendes* Moment. Statt der Berufung unmittelbar Folge zu leisten, erbittet sich Elischa die Gelegenheit, sich vor Antritt der Nachfolge von Vater und Mutter zu verabschieden (V 20). Erst als diese Bitte von Elia zurückgewiesen wird, bereitet Elischa aus dem Fleisch seiner Ochsengespanne ein Abschiedsmahl, das er über einem Feuer aus dem Geschirr seiner Zugtiere zubereitet, ein Zeichen für das radikale Hintersichlassen seines bisherigen Lebens als Vergangenheit, und folgt dem Ruf des Elia in die Nachfolge. Trotz dieses retardierenden Moments, für das wir auch neutestamentliche Beispiele kennen (vgl. Mt 8,21–22; Lk 9, 59–62), läßt sich das Gattungsschema der »Berufungsgeschichte«, vergleicht man den Text mit strukturähnlichen, in allen Einzelheiten auch hier recht gut erkennen: Der Berufende geht an dem zu Berufenden vorüber. Dieser wird mit Namen und Verwandtschaftsbeziehungen vorgestellt. Er ist mit der Ausübung seines profanen Berufes beschäftigt. Der Berufende beruft ihn mit einem Gestus oder mit einem Wort. Nach der Bitte um Aufschub, die zurückgewiesen wird, berichtet der Text über die Zurücklassung der bisherigen Lebenswelt und die Ausführung des Berufungsbefehls. Dabei liegt die Initiative, wie immer in den Berufungsgeschichten, bei dem, der den Ruf in die Nachfolge ergehen läßt. Es ist also kein Wunder, daß in gegensätzlichen Varianten wie etwa in der Geschichte vom reichen Jüngling (Mk 10,17–22), aber auch in der Szene von dem Schriftgelehrten, der sich selbst als zur Nachfolge bereit erklärt (Mt 8,19–20), eine Nachfolge nicht zustande kommt, weil die Initiative von seiten des zu Berufenden ausgeht und nicht von dem, der ihn ruft.[3]

[3] Das Gattungsschema der biblischen Berufungsgeschichte ist so fest, daß es auch da noch erkennbar bleibt, wo es unter Abwandlung und Variation in der modernen Literatur begegnet. Wie biblische Gattungsschemata bis in die moderne Literatur hinein weiter wirksam bleiben können, zeigt gut eine Tagebucheintragung Franz Kafkas vom 29. Juli 1917 mit dem Entwurf einer Geschichte:

»Unser König machte keinen Aufwand: wer ihn nicht von Bildern kannte, hätte ihn nie als König erkannt. Sein Anzug war schlecht genäht, nicht in unserer Werkstatt übrigens, ein dünner Stoff, der Rock immer aufgeknöpft, fliegend und zerdrückt, der Hut verbeult, große schwere Stiefel, nachlässige weite Bewegungen der Arme, ein starkes Gesicht mit großer gerader männlicher Nase, ein dunkler Schnurrbart, dunkle, ein wenig zu scharfe Augen, ein kräftiger ebenmäßiger Hals.
Einmal blieb er im Vorübergehn an der Tür unserer Werkstatt stehen und fragte, die Rechte oben am Türbalken: ›Ist Franz hier?‹ (Er kannte alle Leute beim Namen)
Ich drängte mich aus meinem dunklen Winkel zwischen den Gesellen durch.
›Komm mit!‹ sagte er nach kurzem Blick.
›Er übersiedelt ins Schloß‹, sagte er zum Meister.«

Obwohl der Text anders als die biblischen Berufungsgeschichten mit einer breiten Beschreibung des »Berufenden« einsetzt, aus der hervorgeht, daß der »Berufene«, wiederum anders als die biblischen Berufungsgeschichten, den »König« schon vorher von Bild oder persönlicher Anschauung her kennt, sind im zweiten Teil des Textes, der eigentlichen Geschichte, Elemente des Gattungsschemas der Berufungsgeschichte gut erkennbar: Der »Berufende« geht »vorüber« – die Werkstatt ist also nicht sein eigentliches Ziel. Der »Berufene« wird bei seiner (›niederen‹) beruflichen Verrichtung angetroffen. Der »Name« des »Berufenen« wird genannt; er wird aus seiner bisherigen menschlichen Umgebung durch die ›Nachfolge‹ herausgenommen. Der »Berufende« sieht den »Berufenen« an. Es gibt einen Nachfolgebefehl. Die Übersiedlung aus der Werkstatt »ins Schloß« schließlich zeigt, daß für den »Berufenen« sich durch Berufung und Nachfolge ein erheblicher qualitativer Existenzwandel ergibt. Ein neues (besseres?) Leben beginnt für ihn.

1.6.3 »Sitz im Leben« und »Sitz in der Literatur«

Gattungskritik fragt letztlich immer nach einem »Sitz im Leben«. Das Interesse, einen Einzeltext einer Gruppe ähnlicher Texte, d. h. einer Gattung zuzurechnen, kommt nämlich nicht allein aus einem dem Menschen eigenen Ordnungssinn, sondern rührt aus dem Bestreben her, für ein an Einzeltexten erarbeitetes Gattungsschema einen gesellschaftlichen Ort anzugeben, d. h. eine wiederkehrende Situation im Leben einer Gemeinschaft zu identifizieren, wo bestimmte literarische Formen, die einer gemeinsamen Gattung zuzurechnen sind, mit Vorliebe ihre Verwendung finden. Das betrifft vor allem die mündliche Überlieferung, weil im mündlichen Stadium die Überlieferungen gänzlich von den gesellschaftlichen Situationen, innerhalb derer man sich ihrer zu bestimmten Zwecken zu bedienen pflegt, abhängig sind. Das gilt nicht im gleichen Maße von Überlieferungen, die ins Stadium der Schriftlichkeit übergegangen sind. Zugegeben, auch schriftlich fixierte Überlieferungen können in Vergessenheit geraten. Doch haben sie allein schon durch ihre Schriftlichkeit eine stärkere Tendenz zur Beharrung als mündlich Überliefertes. Auf der anderen Seite ist durch die Schriftlichkeit und den Kontext die mögliche Bedeutungsvielfalt der Überlieferung eingeschränkt. Wir haben am Beispiel der Berufungsgeschichte des Zöllners Levi gesehen, wie sie durch den literarischen Kontext, innerhalb dessen sie sich jetzt vorfindet, semantisch determiniert, d. h. in ihrem Sinn festgelegt wird: »Nachfolge« ist hier die Nachfolge eines Sünders gegenüber dem begnadigenden Ruf eines Jesus, der just die Sünder in seine vergebende Gemeinschaft zu rufen gekommen ist. Ganz falsch ist diese Interpretation durch den Redaktor gewiß nicht. Aber es ist eben redaktionelle und spiritualisierende Interpretation eines ursprünglich viel umfassenderen Phänomens. Denn »Nachfolge« heißt zunächst buchstäblich »hinter Jesus hergehen« und umfaßt alles, was diese Lebens- und Schicksalsgemeinschaft impliziert. Wir sind damit bei dem »Sitz« der Überlieferungseinheit von der Berufung des Levi »in der Literatur« angelangt, also bei einer sekundären Verwendungssituation und nicht bei dem ursprünglichen »Sitz im Leben«. Dieser ist eher noch von den beiden anderen Berufungsgeschichten des Markus her rekonstruierbar. Mk stellt sie kompositionell ganz an den Anfang seines Evangeliums und entspricht darin dem Umstand, daß schon zum ursprünglichen »Sitz im Leben« der Gattung »Berufungsgeschichte« das Moment des *Beginnens* gehört. Recht formal läßt es sich mit der Formulierung fassen, daß durch den Ruf jemand dazu gebracht wird, eine alte Existenz aufzugeben und eine neue anzufangen. Die alte Existenzweise wird gewöhnlich dadurch kurz angedeutet, daß der Ruf die Berufenen dann erreicht, wenn sie einer Beschäftigung ihres beruflichen Alltags nachgehen, wobei dies meist ein ganz gewöhnlicher, auf der Skala der allgemeinen Wertung nicht allzu hoch rangierender Beruf ist. Der Bruch mit der Vergangenheit, der sich durch die Nachfolge vollzieht, wird meist dadurch dargestellt, daß die Requisiten der beruflichen Lebenswelt und nahestehende Personen des sozialen Umfelds des Berufenen erwähnt werden. In der Nachfolge werden sie verlassen um anderer, man darf vermuten höherer, existentieller Werte und vorrangig eingeschätzter personaler Beziehungen willen. Abgebrochen werden dadurch die natürlichen oder gewachsenen Beziehungen. Es ist nicht verwunderlich, daß eine so sehr mit dem Neuen der hereinbrechenden Gottesherrschaft verbundene Bewegung wie die Jesusbewegung sich der Gattung der Berufungsgeschichte bedient, ja sie mit neuen Inhalten anreichern kann und so die Entwicklung der Gattung vorantreibt.

2 *Bericht über die Einsetzung eines Propheten in sein Amt*

(Jes 40,1–8)

2.1 Vorbemerkung und Textabgrenzung

Als »prophetischer Einsetzungsbericht« ist der nun folgende Text mit der Gattung Berufungsgeschichte, wie wir sie soeben behandelt haben, verwandt. Mit Jes 40,1–8 beginnen in unserem heutigen Jesajatext die Worte eines Propheten, aus der Zeit des Exils, der mit Jesaja nicht identisch ist, dessen Aussprüche jedoch mit denen des rund 200 Jahre früheren Jesaja in einem Buche vereint worden sind. Seinen Namen kennen wir nicht. Von den Redaktoren des Jesajabuches wurde er ohne eigenen Namen angeschlossen, hat aber von der atl. Exegese die Bezeichnung ›Deuterojesaja‹ (= zweiter Jesaja) erhalten. Die Auslegung läßt erkennen, daß er mit seiner tröstlichen Botschaft gegen Ende des babylonischen Exils aufgetreten ist, als sich schon ankündigte, daß mit dem Erstarken der Perser sich auch für die jüdischen Exulanten in Babylonien das Blatt wenden werde.

Mit 40,1 beginnt nach einem *erzählenden* Text (Kap 39) ein Textabschnitt, der bis V 9 reicht, wie der *Adressatenwechsel* in V 9 erkennen läßt. Dort werden »Zion« und »Jerusalem« personifiziert und als »Freudenbotinnen« angeredet. Dadurch wird die *Gattung* der VV 9–11 erkennbar als »Beauftragung eines Siegesboten«. Mit dieser Gattung aber lassen sich die VV 1–8 nicht erfassen. Der zu behandelnde Textabschnitt ist damit 40,1–8.

2.2 *Text*

Jes 40, 1–8

I	1 a b	»Tröstet, tröstet mein Volk!« sagt euer Gott.
	2 a b c d e	»Redet Jerusalem zu Herzen! Laut kündet ihm, daß vorbei ist sein Dienst, daß bezahlt seine Schuld, daß es empfing aus des Herrn Hand das Doppel für all seine Sünden!«
II	3 a	Eine Stimme verkündet:
	b c	»In der Steppe räumt dem Herrn den Weg, richtet in der Wüste die Bahn unserem Gott!
	4 a b c d	Jedes Tal wird sich erheben, jeder Berg und Hügel sich senken. Und es wird, was höckrig, zum Flachland, und was bucklig, zur Talebene.
	5 a b	Und offenbar wird die Herrlichkeit des Herrn, und es sieht's alles Fleisch zumal.
	c	Denn des Herrn Mund hat's gesagt.
III	6 a	Eine Stimme sagt:
	b	»Verkünde es!«
	c	Und ich sage:
	d	»Was soll ich verkünden?«
	e f 7 a b c 8 a b c	»Alles Fleisch ist Gras und all seine Kraft wie die Blume des Feldes. Das Gras verdorrt, die Blume verwelkt, denn des Herrn Hauch bläst es an. Das Gras verdorrt, die Blume verwelkt, doch das Wort unseres Gottes kommt zustand für die Dauer.«

2.3 *Formkritik*

2.3.1 *Makrostruktur*

Textgliedernde Funktion haben sicher die verschiedenen *Redeeinleitungen*:
»Sagt euer Gott« V 1b
»Eine Stimme verkündet« V 3a
»Eine Stimme sagt« V 6a
»Und ich sage« V 6c
Ihre Beachtung ergibt drei Textteile.
Im ersten (I) zitiert jemand, was Gott sagt, und fügt eine eigene Rede hinzu (VV 1–2).
Im zweiten (II) verkündet eine »Stimme« (VV 3–5).
Im dritten (III) kommt es zu einem Zwiegespräch zwischen einer »Stimme« und einem »Ich« (VV 6–8).

2.3.2 *Mikrostruktur*

Textteil I

Der Text setzt ein mit einem doppelten Imperativ, der sich an mehrere (»Tröst*et*!«) richtet (1a). Die folgende Zitationsformel (1b) läßt dies als Gottesrede erkennen, die ein Sprecher zitiert. Im folgenden wendet sich dieser Sprecher mit zwei Imperativen, die

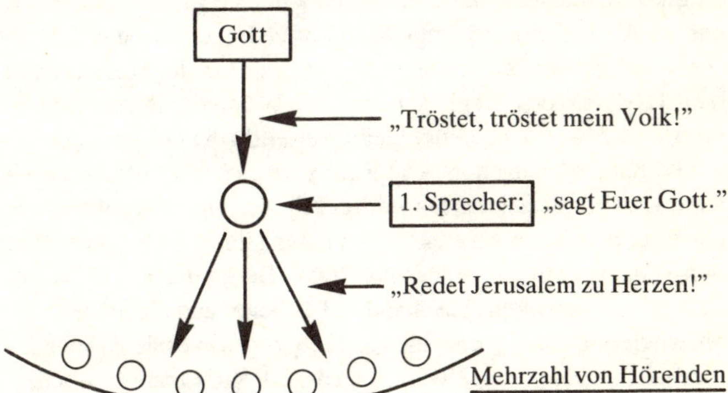

einen synonymen Parallelismus bilden, vermutlich seinerseits an eine Mehrheit (»Re*det* Jerusalem zu Herzen!«) (V 2a–b). Die Begründung für die beiden Imperative folgt in drei parallelen Nebensätzen (VV 2c–e).
Die Grafik auf der vorhergehenden Seiten kann die vorausgesetzte Redesituation verdeutlichen: Ein Sprecher wendet sich an mehrere, übermittelt ihnen zitierend ein Gotteswort, das er also selbst vernommen hat, und kommentiert dies mit zwei Imperativen, die er dreifach begründet.

Textteil II

Der Absatz wird durch eine Redeeinleitung eingeleitet: »Eine Stimme verkündet« (V 3a). Diese »Stimme« ist nicht identisch mit dem 1. Sprecher. Wenn dieser nämlich von »*Eurem* Gott« spricht, sondert er sich aus der Gruppe der Angeredeten aus. Er selbst steht Gott näher als diese und übermittelt ihnen Gottes Wort. Er muß diese Gottesworte also selbst von Gott gehört haben. Die Gruppe der Angeredeten erreicht das Gotteswort indirekt, eben durch seine Vermittlung.
Der Sprecher des zweiten Abschnitts bezieht sich dagegen selbst in die Gruppe der Angeredeten ein, spricht er doch von »*unserem* Gott« (V 3c). Er nimmt in seiner Rede die imperativische Form von Sprecher 1, der damit die anfänglichen Imperative der Gottesrede interpretierte, auf und kommentiert sie seinerseits durch zwei parallel gebaute Sätze im Imperativ. Man kann sie gewissermaßen als nähere Ausführungsbestimmungen für die Imperative des 1. Sprechers und für die der Gottesrede verstehen: »In der Steppe *räumt* dem HERRN den Weg! *Richtet* in der Wüste die Bahn unserem Gott!« (V 3b–c). Angeredet bleibt weiterhin die Gruppe, der der zweite Sprecher angehört. Die Rede setzt sich fort mit einer dreigliedrigen Prophezeiung. Deren drei Teile bestehen aus jeweils zwei einander parallelen Aussagen. Von ihnen bilden die beiden ersten Sätze einen polaren Parallelismus (Tal vs Berg), die beiden folgenden einen synonymen (Flachland vs Talebene) und die beiden letzten wiederum einen synonymen (offenbar wird vs es sieht) mit antithetischem Subjekt (die Herrlichkeit des HERRN vs alles Fleisch).
Der zweite Sprecher schließt seine Rede mit einer Zitationsformel

ab, die erklärt, seine eben gehaltene Rede gehe auf den »Mund des HERRN« zurück. Der habe es gesagt (V 5c).
Da der Sprecher zu der Gruppe gehört, der Gottes Wort nicht unmittelbar, sondern nur durch die Vermittlung des ersten Sprechers zuteil wurde, darf man vermuten, daß mit dem »Mund des HERRN« nicht unmittelbar Gott selbst gemeint ist, sondern auf den ersten Sprecher verwiesen wird, der dadurch gewissermaßen als Herold Gottes vorgestellt wird. Damit läßt sich unsere Graphik der Redesituation wie folgt erweitern:

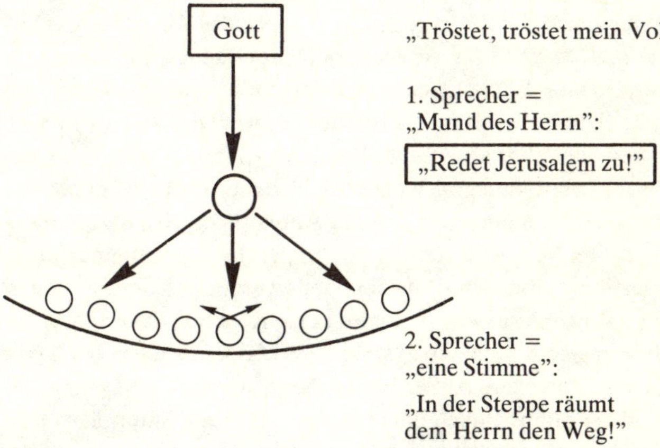

Textteil III

Dieser Textteil wird durch eine erneute Redeeinleitung eröffnet, die als Sprecher wieder »eine Stimme« einführt, von der sich nicht sagen läßt, ob sie mit Sprecher 2 identisch ist oder einem dritten Sprecher gehört. Verändert hat sich allerdings der Adressat der Rede. Es ist keine Gruppe mehr, *sondern ein einzelner*, der durch den Imperativ »Verkünde es!« angeredet wird. Seine Gegenrede wird durch die folgende Redeeinleitung »Und ich sage:« (V 6c) eingeführt. Weil die jetzt folgende direkte Rede nicht mehr durch eine Redeeinleitung unterbrochen wird, fällt die Entscheidung, wie weit die Antwort dieses »Ich« reicht, nicht ganz leicht. Hier hilft die Beobachtung weiter, daß die VV 6e–8c strukturell offen-

sichtlich eine zusammengehörige Einheit bilden, die man nicht auseinanderreißen darf. Der synonyme Parallelismus der VV 6e–f: »Alles Fleisch ist Gras und all seine Kraft wie die Blume des Feldes« steht gewissermaßen als Obersatz über den folgenden. Diese explizieren ihn unter zweimaliger Aufnahme des Parallelismus: »das Gras verdorrt, die Blume verwelkt« (VV 7a–b und 8a–b) nach zwei Richtungen hin. Einmal bestätigen sie die Vergänglichkeit des Fleisches als Ergebnis göttlichen Wirkens: »denn des HERRN Hauch bläst es an« (V 7c). Zum anderen stellen sie dem Welken und Verdorren von Blumen und Gras die unvergängliche Wirksamkeit von Gottes Wort gegenüber: »doch das Wort unseres Gottes kommt zustand für die Dauer« (V 8c). Bilden die Verse eine unzerreißbare Einheit, steht man eigentlich nur noch vor der Frage, ob man sie als einen Teil der Antwort des »Ich« von V 6c ansehen oder aber als erneute Rede der »Stimme« von 6a verstehen soll. Letzteres legt sich aus verschiedenen Gründen nahe:
Handelte es sich um einen Teil der Antwort des »Ich«, wäre diese Antwort im Vergleich zum kurzen Imperativ der »Stimme« überproportional ausgedehnt. Andererseits würde der Kürze des Imperativs »Verkünde es!« eine ebenso kurze Reaktion darauf, die man in der Frage des »Ich« »Was soll ich verkünden?« sehen darf, vorzüglich entsprechen. Außerdem ist die »Stimme« als Auftraggeber dem »Ich« offensichtlich übergeordnet. Diesem Autoritätsgefälle gegenüber wäre es aber höchst unangemessen, wenn das »Ich« quantitativ mehr zu sagen hätte als die »Stimme«.
Bedeutsamer ist allerdings eine stilistische Beobachtung: In den Textteilen I und II werden die *Imperative* der »Stimme« jeweils mit *indikativischen* Sätzen erläutert. Setzt man ähnliches auch für Textteil III voraus, ließe sich gut denken, daß die VV 6e–8c die nachgeholte indikativische Erläuterung des Imperativs »Verkünde es!« von V 6b darstellen. Man hätte dann aber einen erneuten Sprecherwechsel nach V 6d anzunehmen. M. a. W.: Der Textteil III würde durch den Imperativ der »Stimme« »Verkünde es!« eröffnet. Durch die erneute Redeeinleitung wird, was das »Ich« erwidert (»Was soll ich verkünden?«), angeschlossen. Übergangslos ginge die Rede wieder zur »Stimme« über. Diese würde sodann den Befehl dahingehend erläutern, daß das Wort Gottes, einmal

verlautet, sich unweigerlich auch verwirklicht: »Doch das Wort unseres Gottes kommt zustand für die Dauer!«
Damit ist natürlich die Frage des »Ich« nach dem Inhalt dessen, was es verkünden soll, nicht unmittelbar beantwortet. Doch versteht sich von selbst, daß das »Wort Gottes« Inhalt der Verkündigung sein soll, und zwar das »Wort Gottes«, wie der Fragende, d. h. der Prophet, es als *Ohren-Zeuge* des Geschehens gehört hat. Inhalt dieses »Wortes Gottes« aber ist der Tröstungsbefehl, wie ihn der erste Sprecher der von ihm angeredeten Gruppe als Gotteswort ausgerichtet hat, aber auch die Interpretation dieses Befehls, wie sie durch die das Gotteswort interpretierende Rede des ersten Sprechers und in nochmaliger Interpretation durch die des zweiten vorgetragen wurde.

2.4 Literarkritik

Literarkritisch besteht kein Anlaß, dem Text die Einheit abzusprechen.[1] Wenn aber literarkritisch keine Spannungen und Inkonsistenzen feststellbar sind, entfällt die Möglichkeit, mittels Überlieferungs- und Redaktionskritik zwischen überlieferter Textvorlage und ihrer redaktionellen Überarbeitung zu unterscheiden.

2.5 Gattungskritik

Besser verstehbar wird dieser Text, liest man ihn vor dem Hintergrund seiner Gattung, die allerdings nur angedeutet wird. Man darf darin ein Indiz dafür sehen, daß der Text gattungsgeschichtlich am Ende einer Entwicklung steht. Wer die Gattung nur andeutet, kann Leser oder Hörer voraussetzen, denen die Gattungsmuster vertraut sind. Erkennbar wird die Gattung vor allem am Verkündigungsbefehl von Textteil III. Damit ist klar, daß das »Ich«, dem der

[1] Abgesehen von der deutlich als *Glosse* eines Späteren erkennbaren Bemerkung zu V 6: »Gras ist das Volk«, die wir in der Übersetzung schon weggelassen haben; sie unterbricht die geordnete Struktur, paßt auch gedanklich nicht in den Zusammenhang. »Fleisch« meint in ihr das »Volk« Israel, während im eigentlichen Text damit die vergänglichen Menschen, im Gegensatz zu dem unvergänglichen Gott und seinem Wort, gemeint sind.

Verkündigungsauftrag gilt, ein *Prophet* ist, der zum Zeugen himmlischer Ereignisse wird. Er blickt – bzw. hier besser – er *hört* in einen Raum hinein, in den normale Menschenaugen und -ohren nicht zu dringen vermögen. Wer solches von sich behaupten kann, ist daher zugleich als rechtmäßiger Verkünder legitimiert. Er allein weiß als irdischer Zeuge um die Pläne Gottes, die im himmlischen Thronsaal ausgesprochen worden sind. Solcher Legitimation bedarf ein Prophet vor allem am Anfang seiner Laufbahn. Darum läßt die Gattung »prophetischer Einsetzungsbericht« in der Berufungsvision den Propheten einen Blick in die himmlische Welt tun. Daher scheinen gattungsgeschichtliche Verbindungen zwischen der prophetischen Berufungsvision und dem Zeremoniell zu bestehen, mit dem in Ägypten ein Vezir des Pharao als dessen anderes Ich in sein Amt eingesetzt worden ist. Dabei spielt die dem Vezir gewährte Audienz beim Pharao in dessen Thronsaal die entscheidende Rolle.
Einen Eindruck von einer relativ frühen Ausprägung der Gattung ›prophetische Thronsaalvision‹ kann man anhand von 1 Kön 22,19–23 gewinnen:

»Michajehu fuhr fort: ›Höre darum das Wort des Herrn. Ich sah den Herrn auf seinem Thron sitzen und die gesamte himmlische Heerschar bei ihm zu seiner Rechten und Linken stehen. Der Herr fragte: ›Wer will Achab betören, daß er hinaufzieht und vor Ramot in Gilead fällt?‹ Der eine meinte dies und der andere jenes. Da trat ein Geist vor, stellte sich hin vor den Herrn und sprach: ›Ich werde ihn betören!‹ Der Herr fragte ihn: ›Wodurch?‹ Er gab zur Antwort: ›Ich will hingehen und will im Munde aller seiner Propheten zu einem Lügengeist werden!‹ Der Herr erwiderte: ›Du sollst ihn betören und wirst es auch zustande bringen! Geh hin und tue es!‹ So hat nun der Herr einen Lügengeist in den Mund all dieser deiner (d. h. König Achabs) Propheten gelegt, denn der Herr hat Unheil über dich beschlossen.‹«

Die legitimatorische Funktion dieses Textes ergibt sich eindeutig aus dem Zusammenhang: In der Auseinandersetzung mit den Propheten, die dem König Achab von Israel für seinen geplanten Feldzug gegen die Aramäer den Sieg verheißen, will der Prophet *Michajehu ben Jimla* sich und seine Unheilsbotschaft legitimieren. Deshalb erzählt er von einer Schau in die himmlische Welt des Thronsaales Gottes, die ihm visionär zuteil wurde: Als Zeuge der Beratung Gottes mit seinem himmlischen Hofstaat hat er gesehen (und gehört), daß seinen Gegnern, den Siegespropheten, von Gott her ein Lügengeist gesandt worden ist, der ihre Prophezeiungen zu Lüge macht. Wenn er selbst dagegen dem König Tod und Niederlage vorhersagt, kündet er im Auftrag des Herrn die Wahrheit, wie man daran erkennen soll, daß er die himmlische Hintergrundgeschichte erzählen kann.

In der Berufungsvision kann der Akzent je nachdem stärker auf dem *visuellen* Element oder auf dem *akustischen* liegen.

In der Berufungsvision des Jesaja z. B. überwiegt das Visionäre (Jes 6,1–13), das in der Schauung des Ezechiel (Ez 1,1–3, 27) in einer nahezu barocken Bildfülle den Blick auf den himmlischen Thron freigibt und eindeutig den Vorrang hat. Im Berufungserlebnis des Propheten Jeremia (Jer 1,4–10) dagegen beansprucht das Auditionäre den ersten Platz. Das Visionäre ist auf einen einzigen, zudem noch unanschaulichen Satz geschrumpft: »Der Herr aber streckte seine Hand aus und berührte mit ihr meinen Mund« (Jer 1,9). In unserem Text aus Deuterojesaja ist von Anschaulichkeit überhaupt nichts mehr geblieben. Der Text besteht nur noch aus Rede und Gegenrede und gibt näher betrachtet ein in drei aufeinanderfolgenden Etappen sich vollziehendes Redegeschehen wieder. Fast nur aufgrund der ihm gewohnten Gattung weiß der Leser, daß es sich um ein Redegeschehen *im himmlischen Bereich* handeln muß. Erst das Gattungsmuster, das man kennt, macht diesen himmlischen Hall- und Schallvorgang für mit der Gattung vertraute Leser vorstellbar. In ihm verlautet sich Gott nunmehr wie von weither, durch die Vermittlung zwischengeschalteter himmlischer Boten und nicht mehr unmittelbar dem Propheten gegenüber als seinem menschlichen Werkzeug.

Ein erster Sprecher, der »Mund des HERRN«, sein Herold vor den Engelscharen im himmlischen Thronsaal, zitiert, was der Herr sagt. Er legitimiert damit seine eigene folgende Rede, die, was der HERR sagt, auslegt durch die Verkündigung des Schulderlasses gegenüber Israel. Er wendet sich als Sprecher des HERRN an die Geister des Himmels; sie stehen selbst also schon nicht mehr unmittelbar mit dem HERRN in Verbindung. Einer dieser Geister wendet sich in Interpretation des Heroldbefehls an seine Mitgeister und befiehlt ihnen einen wunderbaren Straßenbau und legitimiert diese Interpretation durch den Verweis auf des HERRN Mund, d. h. auf das, was der himmlische Herold offenbarte. Der zweite Sprecher oder die Stimme eines anderen Engels gibt dem Propheten schließlich den Auftrag, den göttlichen Trostbefehl und seine zweifache himmlische Interpretation als Ansage des Schulderlasses durch Sprecher 1 und als Auftrag zum Bau einer Straße durch die Wüste für die Rückkehr Gottes und seines Volkes durch Sprecher 2, deren Ohren-Zeuge der Prophet geworden ist, weiterzugeben.

Der Text ist Zeugnis für dieses Erlebnis des Propheten. In der Tradition der Prophetenberufung stehend, wird der Prophet zwar noch Zeuge himmlischer Vorgänge, kann aber in Veränderung der traditionellen Gattung nichts Visionäres mehr berichten. Er ist nur noch ganz Ohr, weiß nur auditionär Erfahrenes noch zu sagen, kann nur Stimmen, doch keine Gesichte mehr wiedergeben. Aber: »Von diesen Stimmen wird nicht im Nachhinein erzählt im tempus historicum, sondern wie bei einer modernen Radioübertragung werden im Präsens in knappsten Worten die Redenden gemeldet«,[2] so daß dieses Präsens den Hörer (und den Leser) beinahe selbst zum Zeugen des Redegeschehens macht. So übernimmt das auszurichtende Wort selbst die Legitimationsfunktion, die sonst gattungsgemäß der Berufungsbericht eines Propheten für diesen und seine Botschaft zu leisten hatte, wenn er den Propheten als Zeugen himmlischer Vorgänge darstellte. Die Unmittelbarkeit des Hörers (Lesers) zum »Wort unseres Gottes« ist damit im Grunde viel größer geworden, auch wenn der Prophet nicht mehr selbst, wie es sonst die Gattung vorsieht, unmittelbar zum Adressaten des Wortes des HERRN wird, auch sehend Vorgänge nicht mehr erkennt und darum auch nicht berichten kann, sondern nur in die Rolle eines nahezu blinden Ohren-Zeugen himmlischer Hall- und Schallvorgänge gewiesen wird, die ihren Ausgangspunkt bei dem selbst den Engeln fern gewordenen HERRN haben. Dessen »Tröstet, tröstet, mein Volk!« will gerade in seiner die Verdoppelung notwendig machenden Ferne den Hörer unmittelbarer erreichen als je ein Gotteswort in Prophetenmund zuvor.

[2] *K. Elliger*, Deuterojesaja (Bibl. Kommentar AT, XI/1), Neukirchen 1978, 11.

In seiner Bibellektüre hat Jesus von Nazareth sich dieses deuterojesajanische Wort so zu eigen gemacht wie keiner vor ihm und nach ihm und es als Evangelium von der nahend-gekommenen Gottesherrschaft zur Verlautbarung gebracht und in sich selbst und seinen Taten anschaubar werden lassen.

3 Das Ährenausraufen am Sabbat

(Mk 2,23–28; Mt 12,1–8; Lk 6,1–5)

3.1 Vorbemerkung und Textabgrenzung

Wiederum handelt es sich, wie in unserem ersten Textbeispiel, um dreifache Tradition, bei der Mk primär ist. Er wird deshalb zunächst besprochen.

Beim synoptischen Vergleich beschränken wir uns auf den in redaktionskritischer Hinsicht hier ergiebigeren Mt und ziehen die Lk-Fassung nur hie und da mit heran.

Den *Texteinsatz* markieren bei *Mk* das Erzählsignal »Und es geschah« sowie die *Zeitangabe* (»am Sabbat«) und der *Ortswechsel* (»durch die Saatfelder«) in V 23. Das *Textende* ergibt sich durch den *Ortswechsel* nach V 28: »Und er ging wiederum in die Synagoge hinein…« (Mk 3,1).

Noch stärker hat *Mt* den *Texteinsatz* gekennzeichnet. Bei gleichbleibender Orts- und Zeitangabe beginnt er mit dem *Texteröffnungssignal*: »In jener Zeit…« Außerdem nennt er Jesus im Gegensatz zu Mk eigens *bei seinem Namen*. Dies erhöht die relative Selbständigkeit des Abschnitts, während bei Mk vorausgesetzt wird, daß man den Namen des Haupthandlungsträgers aus dem vorangehenden Kontext noch weiß. Auch die Trennung zu dem, was folgt, ist stärker betont. Der *Ortswechsel* in Mt 12,9, durch den das *Textende* auf Mt 12,8 festgelegt wird, nennt nicht nur den Zielpunkt, sondern auch den Ausgangspunkt der Bewegung: »Und er ging von dort weg…«

3.2 Text-Synopse

Siehe folgende Seite

3.3 Formkritik

Der Text bei Mk ist deutlich zweigeteilt. Einer *erzählenden* Einlei-

Mk 2,23–28			Mt 12,1–8		
23	a	Und es geschah	1	a	In jener Zeit zog Jesus am Sabbat durch die Saatfelder.
	b	daß er am Sabbat durch die Saatfelder zog,		b	Seine Jünger aber hungerten,
	c	und seine Jünger begannen		c	und sie begannen,
	d	des Weges zu ziehen (oder einen Weg zu machen),		d	Ähren auszuraufen
	e	indem sie Ähren ausrauften.		e	und zu essen.
24	a	Und die Pharisäer sagten ihm:	2	a	Die Pharisäer aber sahen es
				b	und sprachen zu ihm:
	b	»Siehe!		c	»Siehe!
	c	Was sie tun am Sabbat,		d	Deine Jünger tun etwas,
	d	was nicht erlaubt ist!«		e	was zu tun nicht erlaubt ist am Sabbat.«
25	a	Und er sagte ihnen:	3	a	Er aber sprach zu ihnen:
	b	»Habt Ihr niemals gelesen,		b	»Habt ihr nicht gelesen,
	c	was David tat,		c	was David tat,
	d	als er Not litt		d	als er hungerte und die mit ihm?
	e	und ihn hungerte und die mit ihm?			
26	a	Wie er hineinging in das Haus Gottes unter Abiathar dem Hohenpriester	4	a	Wie er hineinging in das Haus Gottes,
	b	und die Schaubrote aß,		b	und sie die Schaubrote aßen,
	c	die nicht erlaubt sind zu essen außer den Priestern,		c	die ihm zu essen nicht zukam und auch nicht denen mit ihm außer allein den Priestern.
	d	und er gab auch denen,			
	e	die mit ihm waren?«			
			5	a	Oder habt ihr im Gesetz nicht gelesen,
				b	daß am Sabbat die Priester im Tempel den Sabbat entweihen
				c	und unschuldig sind?
			6	a	Ich sage euch aber,
				b	Größeres als der Tempel ist hier.
			7	a	Wenn ihr erkannt hättet,
				b	was es heißt:
				c	›Erbarmen will ich, nicht Opfer‹,
				d	so hättet ihr die Unschuldigen nicht verurteilt.
27	a	Und er sagte zu ihnen:			
	b	»Der Sabbat ist um des Menschen willen geworden			
	c	und nicht der Mensch um des Sabbats willen.			
28	a	Daher:	8	a	Denn Herr ist der Menschensohn auch über den Sabbat.«
	b	Herr ist der Menschensohn auch über den Sabbat.«			

tung, die von Jesus und seinen Jüngern erzählt, folgt ein *Gespräch* zwischen den Pharisäern und Jesus. Die *Antwort* Jesu auf die *Frage* der Pharisäer gliedert sich durch die in V 27 erneut aufgenommene *Redeeinleitung* »Und er sagte zu ihnen« zunächst in zwei Teile, nämlich in ein *Beispiel aus der Hl. Schrift* (VV 25–26) und die Verse 27–28. Letztere lassen sich untergliedern. Gliederungskriterium ist die Konjunktion »daher« zu Beginn von V 28.
Damit ergibt sich folgender Aufbau:

<table>
<tr><td colspan="3">Exposition (V 23)</td></tr>
<tr><td colspan="3">Anstoß der Gegner (V 24)</td></tr>
<tr><td rowspan="3">Antwort Jesu (VV 25–28)</td><td colspan="2">Davidsbeispiel (VV 25–26)</td></tr>
<tr><td rowspan="2">Sabbatfrage (VV 27–28)</td><td>V 27</td></tr>
<tr><td>V 28</td></tr>
</table>

3.4 Literarkritik

3.4.1 Konsistenz

Der Text scheint zunächst *konsistent*: Die Frage der Pharisäer versteht das Tun der Jünger am Sabbat als etwas *Verbotenes*. Die Antwort Jesu verweist auf das Beispiel Davids, der in einer Notsituation mit seinen Leuten ebenfalls *Verbotenes* tat. V 27 erhebt den Menschen über den Sabbat und liegt also scheinbar auf der durch das Davidsbeispiel eingeführten thematischen Linie, daß Not kein Gebot kenne. V 28 liest sich wiederum vom Davidsbeispiel her: so wie David sich über die Ordnung hinwegsetzt, so hat um so mehr noch der Menschensohn Jesus die Macht, dies zu tun, und kann als Herr über den Sabbat das verbotene Tun seiner Jünger erlauben, so wie David von den Schaubroten denen gab, die mit ihm waren und hungerten.

3.4.2 Inkonsistenz

Bei näherem Hinschauen freilich lassen Spannungen die Textkonsistenz fraglich werden.

Zunächst sagt der Text nicht deutlich, warum die Jünger in der erzählenden Einleitung die Ähren abreißen. Erst im Lichte des folgenden Davidsbeispiels hat man zu verstehen, daß sie dies aus *Hunger* taten.[1]
Sodann fällt auf, daß in dem Davidsbeispiel vom *Sabbat* nicht die Rede ist. Was Davidsbeispiel und erzählende Einleitung als Vergleichspunkt verbindet, kann darum nur das *Tun von etwas Verbotenem* sein.[2]
Zudem steht das Davidsbeispiel auch dadurch in Spannung zu der erzählenden Einleitung, daß in jenem von einem verbotenen Tun Davids die Rede ist, der auch denen zu essen gibt, die mit ihm waren, während in dieser nur die Jünger Jesu etwas Verbotenes tun. Jesus selbst kommt erst ins Spiel, als sich die Pharisäer an ihn wenden. Übrigens fragen auch sie nach dem verbotenen Tun der Jünger und nicht Jesu selbst.
Weiterhin fällt auf, daß mitten in der Antwort Jesu der zweite Teil dieser Antwort mit einer erneuten Redeeinleitung eingeleitet wird (V 27). Sie steht im Gegensatz zu der ersten (V 25 Präsens) in der Vergangenheitsform und trifft sich darin mit der Redeeinleitung, die die Frage der Pharisäer einführt (V 24).
Außerdem: In semantischer Hinsicht macht der Anschluß des dritten Teils der Antwort Jesu an den zweiten Teil Schwierigkeiten. Faßt man »so daß« oder »daher« (V 28) als schlußfolgernde Konjunktion auf, müßte man strenggenommen die Vollmacht des »Menschensohns«, d. h. des mit einem christologischen Titel versehenen Jesus, über den Sabbat als Folge dessen verstehen, daß der Sabbat um des Menschen willen geschaffen wurde. Gilt aber dieser Satz, dann läßt sich fragen, wieso nicht *jeder* Mensch Voll-

[1] So hat es in seiner Lektüre des Mk-Textes Mt verstanden, der über Mk hinaus einfügt, daß die Jünger hungerten und sie die Ähren aßen (Mt 12,1). So hat er die Verbindung zwischen der erzählenden Einleitung und dem Davidsbeispiel enger gestaltet als Mk.

[2] So hat es Lk bei seiner Mk-Lektüre verstanden und darum in die erzählende Einleitung eingefügt, daß die Jünger die Ähren mit ihren Händen zerrieben. Getreide zu mahlen ist aber eine am Sabbat *verbotene* Arbeit. Auch er findet es also wie Mt nötig, die erzählende Einleitung und das Davidsbeispiel enger miteinander zu verbinden als Mk. Wie Mt tut er es zusätzlich noch durch Einfügung von »und sie aßen«.

macht über den Sabbat habe bzw. wieso dem »Menschensohn« Jesus eine besondere Vollmacht über den Sabbat zukomme. V 28 kann also offensichtlich nicht eine Schlußfolgerung aus V 27 sein. Zu retten wäre der Sinn, wenn man V 28 von V 27 absetzte, dem »daher« einen Doppelpunkt folgen ließe und den dann folgenden Satz »Herr ist der Menschensohn über den Sabbat« als Resümee des *ganzen* Textes verstünde. Er wäre dann als Erzählerkommentar aufzufassen und gehörte nicht mehr zu der direkten Rede Jesu.

Schließlich: Der zweite Teil der Antwort Jesu rechtfertigt das verbotene Tun der Jünger am Sabbat durch den Hinweis, der Sabbat sei dem Menschen von Gott gegeben. Darum könne der Sabbat nicht verhindern, was dem Menschen nütze. Im Unterschied dazu stimmen der erste Teil und der letzte Teil der Antwort Jesu, d. h. das Davidsbeispiel und der »Menschensohn«-Vers, darin überein, daß die Vollmacht, etwas Verbotenes erlaubt zu machen bzw. den Sabbat aufzuheben, in die Hände einer *Person* gelegt wird. Zwar spielt in das Davidsbeispiel noch der Grundsatz hinein, daß Not kein Gebot kenne, doch ist es letztlich *David*, der das Gebot zugunsten seiner Gefolgsleute bricht. Er nähert sich damit dem »Menschensohn« an, der die Vollmacht über den Sabbat hat und sie dem Zusammenhang nach zugunsten derer, die zu ihm gehören, auch ausübt. Erster und letzter Teil der Antwort Jesu stehen mithin einander näher als beide dem Mittelteil.

Die beobachteten Spannungen legen es nahe, daß der Text *inkonsistent* ist. Man wird also überlieferungs- und redaktionskritisch weiterfragen müssen.

3.5 Überlieferungskritik

Hier darf man von der Beobachtung ausgehen, daß der mittlere Teil der Antwort Jesu am engsten mit der erzählenden Einleitung und der Frage der Pharisäer verbunden zu sein scheint: Die Jünger tun etwas am *Sabbat*, was nach Meinung der Pharisäer am *Sabbat* zu tun verboten ist. V 27 rechtfertigt dies durch den Hinweis auf den von Gott zugunsten der Menschen geschaffenen *Sabbat*. Zwar begegnet das Stichwort »Sabbat« auch in V 28. Aber die Vollmacht des »Menschensohns« über den Sabbat hat kein Pendant in der erzählenden Einleitung. Davon, daß Jesus den Jüngern erlaubt hätte, am Sabbat die Ähren auszuraufen, ist dort gerade nicht die Rede. Im Davidsbeispiel dagegen spielt der *Sabbat* gar keine Rolle. Hält man darum *das Davidsbeispiel und den Menschensohnspruch für später eingefügt*, ergibt sich ein in sich konsistenter Text. Die Redeeinleitung von V 27 in der Vergangenheitsform stünde dann auch nicht mehr in Spannung zu der Redeeinleitung im Präsens in V 25, sondern nähme die Vergangenheitsform der Redeeinleitung von V 24 auf. Auch semantisch wäre ein Textablauf ohne Spannungen im literarkritischen Sinn erreicht. Die in der Literarkritik beobachtbaren Schwierigkeiten wären aufgehoben.

3.6 Gattungskritik

Gattungsmäßig ist die von uns überlieferungskritisch ermittelte Fassung der Geschichte den Streitgesprächen zuzuordnen. Stilgemäß beginnt der Text mit einem kurz erzählten Anlaß; es folgt der Anstoß von Gegnern in Frageform. Eine kurze Antwort Jesu bildet den Schluß. Die von uns angenommene Überlieferung verweist auch auf einen »Sitz im Leben«, der sich dem der Gattung »Streitgespräch« als ganzer einfügt. Es geht dabei um die Auseinandersetzung hellenistisch-judenchristlicher Kreise mit dem Judentum oder, wahrscheinlicher, mit konservativ-judenchristlichen Kreisen um Fragen des Lebensstils, wie hier um die der Sabbatobservanz. In nicht gänzlich außerhalb der Möglichkeiten jüdischen Lebensstils liegender, aber doch einer Weise, die über die Praxis der Sabbatobservanz bestimmter jüdischer und judenchristlicher Kreise hinausgeht, wäre der liberale heidenchristliche Umgang mit dem Sabbat gerechtfertigt. Diese Rechtfertigung geschieht unter Hinweis auf ebenfalls jüdische Traditionen, die den Menschen und seine Bedürfnisse über den Sabbat stellen. Letzteres wird im allgemeinen (wahrscheinlich zu Recht) auf Jesu Ansicht des Sabbats zurückgeführt. Weil dies aber eine Problematik ist, die zur Zeit des Markus ausgestanden gewesen sein dürfte, darf man darin einen weiteren Hinweis auf die Ursprünglichkeit der von uns angenommenen Form der Überlieferung sehen, denn sie überliefert etwas,

was so in seiner historischen Konkretheit nicht mehr aktuell ist. Die, wie von uns angenommen, später eingefügten VV 25 und 28 ändern nicht nur die Argumentation, sondern die ursprüngliche Funktion des Textes, wie der folgende Punkt noch deutlicher erkennen läßt.

3.7 Redaktions- und Kompositionskritik

Am eindeutigsten gibt V 28 seinen redaktionellen Charakter zu erkennen, und zwar zunächst durch ein einziges Wort: »Herr ist der Menschensohn *auch* über den Sabbat.«
Das kleine »auch« bindet den Text nämlich in einen größeren Textzusammenhang. Sucht man nach einem Bezugspunkt im Großtext des Evangeliums, stößt man unweigerlich auf 2,10: »Damit ihr aber wißt, daß der *Menschensohn* Vollmacht hat, Sünden auf Erden zu vergeben...!« Auch in der dortigen Szene nimmt man Anstoß am Verhalten Jesu. Wie in 2,28 für den Menschensohn Verfügungsgewalt über den Sabbat beansprucht wird, so behauptet in 2,10 Jesus für sich als den Menschensohn die Vollmacht der Sündenvergebung. Die *Vollmacht Jesu* aber ist ein redaktionelles Thema, das im Mk-Evangelium schon früher angestimmt wurde. Mk 1,22 heißt es: »Da waren sie über seine Lehre betroffen, denn er lehrte sie wie einer der Vollmacht hat, ganz anders als die Schriftgelehrten.« Nach 1,27 aber ist diese Lehre Jesu in Vollmacht eine *»neue«* Lehre. Ebenso ist das Verhalten der Jünger am Sabbat nach Meinung des Redaktors ein »neues« Verhalten. Gerade der Anstoß der Gegner beweist es. Ähnlich »neu« wie dieses Verhalten am Sabbat ist, daß sie nicht wie die Johannesjünger und die Schüler der Pharisäer *fasten*; denn ihr »neues« Verhalten entspricht dem »Neuen«, das mit Jesus gekommen ist: »Neuer Wein gehört in neue Schläuche« (Mk 2,18–22). So sagt es die vorangehende Szene. In dem Abschnitt 1,16–45 führt Mk die »neue Lehre Jesu in Vollmacht« durch Wundertaten in Kapharnaum und ganz Galiläa vor. Adressat dieser werbenden Wundertaten in Macht bzw. in Vollmacht ist hier in erster Linie das Volk, das Jesus von überall her zuströmt.
Der Abschnitt 2,1–3,6 mit seinen fünf streitgesprächähnlichen

Szenen, zu denen als vierte auch unser Textabschnitt gerechnet werden muß, richtet den Anspruch Jesu, des Menschensohns, auf ›Vollmacht‹ vor seinen Gegnern auf. Sie fassen wegen dieses Anspruchs in 3,6 einen Todesbeschluß gegen ihn.

Stellt man das redaktionell erweiterte Streitgespräch 2,23–28 in diesen Zusammenhang, verliert es wie die übrigen vier Szenen seine ursprüngliche Funktion als Streitgespräch und wird eine von fünf, vom Redaktor wohl biographisch gemeinten, *polemischen Szenen*, die, als Grund für den galiläischen Todesbeschluß durch die Gegner, von der Vollmacht Jesu, des Menschensohns, sprechen. Diese Vollmacht, die von ihm als dem Menschensohn beansprucht wird, führt ihn *nach markinischer Auffassung* dann letztlich in seine Verurteilung durch das jüdische Gericht und in seinen Tod am römischen Kreuzesgalgen. D. h. aber, der Redaktor, der den V 28 einfügte, argumentiert in der Sabbatfrage nicht mehr, wie seine Überlieferung und wahrscheinlich auch Jesus, nur *schöpfungstheologisch*, also durch den Hinweis auf das Geschaffensein des Sabbats für den Menschen, sondern *christologisch*: Die Jünger dürfen den Sabbat brechen, weil Jesus als der Menschensohn Herr ist über den Sabbat. Und auch das Davidsbeispiel liegt auf dieser christologischen Linie. Wir haben schon darauf hingewiesen, daß Davidsbeispiel und Menschensohnspruch darin einander nahe sind, daß das Tun des Verbotenen bzw. der Sabbatbruch durch die Jünger in beiden Fällen durch den Hinweis auf die Autorisierung durch eine übergeordnete Person gerechtfertigt wird. Das Davidsbeispiel läßt sich demnach christologisch als abgekürzter Schluß vom Kleineren auf das Größere (ein beliebtes rabbinisches Schlußverfahren) lesen: ›Wenn schon David denen, die mit ihm waren, zu essen geben konnte von dem, was zu essen verboten war, dann kann um so mehr Jesus seinen Jüngern erlauben, am Sabbat die Ähren auszuraufen.‹ Als »Menschensohn« hat er nämlich die Vollmacht auch über den Sabbat, und zwar in einem noch größeren Ausmaß als selbst David. Was wir beim überlieferungskritischen Schritt hypothetisch eher negativ als nicht zur alten Überlieferung passend vermuteten, wird in der Redaktions- und Kompositionskritik positiv als redaktioneller Zusatz erwiesen.

Mt ist hier, wie die Gemeinsamkeiten, die aus der Synopse ersichtlich werden, zeigen, von seiner Mk-Quelle abhängig. Doch hat er seine Mk-Vorlage redaktionell verändert. Dabei hat er nicht nur die erzählende Einleitung (Mt 12,1) enger mit dem Davidsbeispiel verbunden, dadurch daß er über Mk hinaus die Jünger die Ähren ausraufen ließ, weil sie *hungerten* und sie ihnen dann auch zu *essen* zugestand (beide Wörter begegnen auch im Davidsbeispiel Mt 12,3–4), sondern er hat auch die *christologische* Argumentation noch stärker hervorgehoben, dadurch daß er das schöpfungstheologische Argument (Mk 2,27) völlig unberücksichtigt ließ. Er hat das ›gefährliche‹ Wort Jesu einfach weggelassen. Darüber hinaus hat er durch redaktionelle Zusätze der christologischen Argumentation des Mk einen eigenen, für Mt typischen Akzent verliehen. Dazu ist kurz *formkritisch* auf den Aufbau der matthäischen Argumentation einzugehen.

Bei ihm ist die Antwort Jesu in vier Teile gegliedert, eine Gliederung, die Mt formelhaft durch den Verweis auf die Schrift hervorhebt. Das Davidsbeispiel leitet er wie Mk durch einen solchen *Verweis* mit der Frage »Habt ihr nicht gelesen« ein. Auf das Davidsbeispiel läßt er, eingeleitet durch dieselbe Frage, einen weiteren Hinweis auf die Schrift folgen (Mt 12,5). Mit dem Davidsbeispiel ist dieser zweite Hinweis durch *Stichwortkomposition* verbunden: Den Hinweis auf David läßt Mt in Veränderung von Mk mit der Erwähnung der *Priester*, denen allein das Essen der Schaubrote erlaubt ist, enden. Sein zweiter Hinweis auf die Schrift aber spricht von den *Priestern*, die im Tempel den Sabbat brechen und doch unschuldig bleiben. Unschuldig bleiben sie – das bleibt unausgesprochen –, weil der Dienst im *Tempel*, die »Sabbat-Arbeit« der Priester, Vorrang vor dem Sabbat hat. Der zweite Hinweis auf die Schrift wird mit einem Satz abgeschlossen, der, wiederum durch Stichwortkomposition (*Tempel* – *Tempel*) angeschlossen, als Schlußfolgerung in einem Schlußverfahren vom Kleineren zum Größeren zu verstehen ist: Wenn schon der Tempel die Ursache dafür ist, daß die Priester den Sabbat verletzen (durch ihre Arbeit) und doch (durch den Ort ihrer ›Arbeit‹, den Tempel) *unschuldig* bleiben, dann gilt das um so mehr für die Situation, in der die Jünger sich befinden: – »Größeres als der *Tempel* ist hier« – d. h., ihr Zusammensein mit Jesus in dem durch ihn eröffneten messianischen Raum erlaubt ihnen erst recht den Sabbatbruch. Wiederum durch Stichwortkomposition (*Sabbat*) gelingt es Mt, diesen zweiten Hinweis auf die Schrift mit der erzählenden Einleitung zu verbinden.

Dann läßt Mt in Form eines Bedingungssatzes und an die zweifache Frage »Habt ihr nicht gelesen?« anklingend (»Wenn ihr doch erkannt (oder: gelesen) hättet«) ein Schriftzitat aus Hos 6,6, das er auch in Mt 9,13 redaktionell verwendet, folgen. Darin läßt er Jesus seinen Gegnern vorwerfen, sie hätten – wiederum eine Stichwortkomposition, die mit dem vorangehenden Argument verbindet – »*Unschuldige*« verurteilt. Um dieses Vorwurfs willen hatte Mt vorher schon die Pharisäer sich nicht wie bei Mk mit einer Frage, sondern mit einer Behauptung an Jesus wenden lassen (Mt 12,2).

Damit gelingt es Mt, für den abschließenden Satz – »Denn Herr ist der Menschensohn auch über den Sabbat!« einen *dreifachen Schriftbeweis* zu erbringen. Typisch für Mt ist so das Herrsein des Menschensohnes Jesus über den Sabbat von der Schrift schon im vornhinein bewiesen, und zwar von der Schrift in ihrer ganzen Fülle: Ist nämlich der erste Schriftbeweis, das Davidsbeispiel, ein *haggadisches*, d. h. erzählendes Argument, so ist der Hinweis auf die Priester ein gesetzliches, d. h. *halachisches* Argument. Schließlich bezieht sich der dritte Hinweis auf die Schrift, das Zitat, auf eine *prophetische* Stelle.

Für Mt ist auch der die Sabbatobservanz verändernde Jesus der von der Schrift vorausgesagte Erfüller und messianische Vollender von Gesetz und Propheten (vgl. Mt 5,17).

4 *Der Sturm auf dem Meer*

(Mk 4,35–41; Mt 8,18–27; Lk 8,22–25)

4.1 *Die Markus-Fassung*

4.1.1 *Vorbemerkung und Textabgrenzung*

Der Text liegt uns in dreifacher Überlieferung bei den Synoptikern vor. Daher steht gemäß der Zweiquellentheorie zu vermuten, daß Mk hier den primären Text bietet, Mt und Lk jedoch von ihm abhängig sind. So empfiehlt es sich, wieder mit Mk zu beginnen. Beim darauffolgenden synoptischen Vergleich beschränken wir uns wieder auf die Fassung des Mt, da sie in redaktionskritischer Hinsicht ergiebiger ist als die Lk-Fassung.

Der Texteinsatz bei *Mk* macht sich durch die *Zeitangabe* in 4,35 bemerkbar, die gleichwohl mit dem, was vorhergeht, verbindet: »An jenem Tag, als es Abend geworden war«. Das Textende wird durch den *Ortswechsel* in 5,1 markiert: »Und sie kamen ans jenseitige Ufer des Meeres in das Gebiet der Gerasener.«

Unser Text endet damit in 4,41.

4.1.2 *Text*

Siehe folgende Seite

4.1.3 *Formkritik*

Nach einer Redeeinleitung setzt der Text mit einem Befehl *Jesu* in direkter Rede ein, dem unter Figurenwechsel die Ausführung durch die *Jünger* folgt. Etwas abzusetzen ist, wegen des erneuten Figurenwechsels, V 36c: »Und *andere Boote* waren mit ihm.«

V 37 gliedert wieder durch Figurenwechsel sich ab – neuer Handlungsträger ist der Sturm – und schildert die bedrohliche Situation. Die Bewegung geht von *außen* auf das Boot zu: »und warf die Wogen auf das Boot«.

Mk 4, 35–41

35	a b c	Und er sagt ihnen an jenem Tag, als es Abend geworden war: »Laßt uns hinüberfahren ans jenseitige Ufer!«
36	a b	Und sie verlassen die Menge und nehmen ihn, wie er war, in das Boot.
	c	Und andere Boote waren mit ihm.
37	a b c	Und es erhob sich der Wirbel eines gewaltigen Sturmes und warf die Wogen auf das Boot, so daß sich das Boot bereits füllte.
38	a b	Und er war im Heck und schlief auf dem Kissen.
	c d e f g	Und sie weckten ihn und sagten ihm: »Meister, kümmert es dich nicht, daß wir zugrunde gehen?«
39	a b c d e	Und aufgestanden schalt er den Sturm und sprach zu dem Meer: »Schweige! Verstumme!«
	f g	Und es legte sich der Sturm, und es entstand eine gewaltige Stille.
40	a b c	Und er sprach zu ihnen: »Was seid ihr furchtsam? Habt ihr noch keinen Glauben?«
41	a b c d	Und sie fürchteten sich sehr und sagten zueinander: »Wer ist wohl der, daß ihm sogar der Wind und das Meer gehorchen?«

Der V 38a (die Handlung spielt jetzt *im* Boot) ist wegen des Figurenwechsels abzugliedern: *Jesus* ist im Heck des Bootes auf dem (Steuermanns-)Kissen am Schlafen. V 38c bringt einen erneuten Figurenwechsel: Die *Jünger* wenden sich mit einer Bitte (?), in direkter Rede mit Anrede und im Fragestil, an Jesus. Ein geringfügiger Ortswechsel – Jesus steht auf – und ein Figurenwechsel setzen

V 39a ab: *Jesus* befiehlt dem Wind und dem Meer (direkte Rede, doppelter Imperativ). V 39b bringt einen Figuren- und Ortswechsel: *Sturm* und *Wellen*, *außerhalb* des Bootes, werden ruhig. V 40 wechselt wieder zu *Jesus* über, der sich mit einer doppelten Frage an die Jünger wendet. V 41 gliedert sich durch Figurenwechsel ab; er berichtet von der Reaktion der *Jünger*.
Wir kommen damit zu folgender Segmentierung:

1.	Befehl Jesu zur Überfahrt	V 35
2.	Gehorsam der Jünger	V 36a–b
3.	Die anderen Boote	V 36c
4.	Sturm und Gefährdung	V 37
5.	Schlaf Jesu	V 38a–b
6.	Bitte (?) der Jünger	V 38c–g
7.	Jesus droht dem Sturm	V 39a–e
8.	Der Sturm legt sich	V 39f–g
9.	Jesu Wort an die Jünger	V 40
10.	Reaktion der Jünger	V 41

4.1.4 Literarkritik

Wir dürfen nochmals erinnern: Die Literarkritik untersucht den Zusammenhang der Textsegmente. Sie überprüft dadurch die Konsistenz bzw. die Inkonsistenz des Textes.

Bei unserem Text ist die Zusammengehörigkeit der Textsegmente 1 und 2 eindeutig erkennbar: Dem »Befehl Jesu« entspricht der »Gehorsam der Jünger«. Der Text unterstreicht dies durch die Bemerkung »wie er war«. Diese Bemerkung soll zeigen, daß dem Befehl Jesu unmittelbar und sofort in Gehorsam entsprochen wird. In unserem Schema (siehe unten) kennzeichnen wir diese Beziehung mit der Klammer A.
Ähnlich leicht erkennbar ist die Beziehung von Textsegment 4 »Sturm und Gefährdung« zu Textsegment 8 »Der Sturm legt sich«. Es handelt sich um den Anfangs- und Endpunkt der Erzählbewegung. Der Anfangspunkt wird im Laufe der Erzählbewegung in

den Endpunkt überführt. Damit der Anfang mit dem Ende etwas zu tun hat und dieses nicht bloß ein Aufhören der Geschichte ist, müssen Anfang und Ende auch in einer begrifflichen Zuordnung oder Beziehung oppositioneller Art zueinander stehen:

»Im Hinblick auf die Geschichte ordnen sich die Geschehensmomente an auf einer Achse der Narration. Diese Achse der Narration, auf der die Geschehensmomente der Geschichte situiert sind, ergibt sich durch Differenz von Anfangspunkt und Endpunkt der Geschichte.
Um jedoch überhaupt von Anfangspunkt und Endpunkt einer Geschichte reden zu können, bedarf es einer konzeptuellen Opposition auf der Zeitachse. Nur wenn sich etwas relevant verändert hat, verlohnt es sich davon zu erzählen.«[1]

Diese gegensätzliche Beziehung von Anfang und Ende darf man in unserem Fall dadurch zu erfassen suchen, daß Textsegment 4 »Sturm und Gefährdung« durch die »Aktivität« des Sturms gekennzeichnet ist, die am Ende der Geschichte erzählerisch in »Inaktivität« überführt worden ist, denn »der Sturm legt sich«.
Wir kennzeichnen diese Beziehung wiederum mit einer Klammer, die wir B nennen.
Hat man diese Gegensätzlichkeit einmal erfaßt, fällt es leichter, innerhalb der ›Klammer‹ auch die Beziehungen zwischen Textsegment 5 »Schlaf Jesu« und Textsegment 7 »Jesus droht dem Sturm« wahrzunehmen: Beide Segmente sind einander zunächst einmal wieder auf der Achse der Narration im Nacheinander zugeordnet: *Zuerst* liegt Jesus schlafend da, *dann* steht er auf. Zugleich aber stehen beide Segmente wieder in begrifflicher *Opposition*: Der »Inaktivität« Jesu am Anfang – er schläft – steht seine »Aktivität« am Ende – er steht auf und befiehlt dem Sturm – gegenüber.
Dabei zeigt sich, daß die beiden Textsegmentenpaare, also 4 mit 5 und 7 mit 8, auch untereinander in oppositioneller Beziehung stehen: Die »Aktivität« des Sturms zu Beginn entspricht der »Aktivität« Jesu am Ende. Sein Befehl an den Sturm versetzt diesen in die »Inaktivität« der Windstille. Oder anders gesagt: Die anfängliche

[1] *K. H. Stierle*, Die Struktur narrativer Texte, in: H. Brackert / E. Lämmert, Funk-Kolleg Literatur, Bd. 1, Frankfurt a. M. 1977, 217 (210–233). Manchmal macht das schon der Titel des erzählenden Werkes deutlich. Vgl. »Krieg und Frieden« von L. Tolstoi.

Opposition »Sturm und Gefährdung« (Aktivität) – vs – »Schlaf Jesu« (Inaktivität) ist am Ende umgekehrt in die Opposition »Jesus droht dem Sturm« (Aktivität) – vs – »Der Sturm legt sich« (Inaktivität). Dreh- und Angelpunkt des Ganzen, d. h. Wende bzw. Peripetie dieser erzählerischen Bewegung, ist Textsegment 6. Die »Bitte der Jünger« nämlich wertet den »Schlaf Jesu« als sorglose oder ohnmächtige Inaktivität angesichts von »Sturm und Gefährdung«. Sie wird so zum Anlaß, daß Jesus dem Wind und den Wellen gebietet, und die Windstille eintritt. Vom Ende her zeigt sich, daß der Schlaf Jesu eben nicht Sorglosigkeit oder Ohnmacht gegenüber »Sturm und Gefährdung« gewesen ist, sondern – wie schon der Kirchenvater Ambrosius es ausdrückte – die »Ruhe seiner Macht«.

Dann aber steht auch das Verhalten der Jünger, ihre bange Frage: »Meister, kümmert es dich nicht, daß wir zugrunde gehen?« im Gegensatz zu Jesu Verhalten. Während er sich durch die Aktivität des Sturms nicht berühren läßt, sondern in der »Ruhe seiner Macht« verharrt, aus der heraus er danach dem Sturm zu gebieten vermag, werden die Jünger von der Aktivität des Sturmes erfaßt und zu der besorgten Frage an Jesus getrieben, die im Gegensatz zu dessen Macht ihre Ohnmacht gegenüber Wind und Wellen offenbart. Diese Ohnmacht wird zum Anlaß dafür, daß dann Jesus seine ruhende Macht in dem knappen Befehl gegenüber Wind und Wellen wirksam werden läßt.

Die Textsegmente 4 bis 8 bilden demnach eine zusammenhängende Textsequenz, innerhalb derer die Einzelsegmente strukturell in Beziehung zueinander stehen, d. h. sich gegenseitig interpretieren bzw. einander semantisch beeinflussen. Die Literarkritik, die Spannungen gewahren möchte, wird hier kaum einzusetzen vermögen.

Schwerer zu erkennen ist, worauf Textsegment 10: »Reaktion der Jünger«, zu beziehen ist. Kaum läßt sich die Frage der Jünger: »Wer ist wohl der, daß ihm sogar der Wind und das Meer gehorchen?« als Antwort auf die vorangehende Frage Jesu: »Was seid ihr furchtsam? Habt ihr noch keinen Glauben?« (Segment 9) auffassen. Die Frage Jesu bleibt im direkten Zusammenhang unbeantwortet, weist jedoch nach rückwärts Beziehungen zu Segment 6 »Bitte der Jünger« auf. Denn Jesu Frage interpretiert im nachhin-

ein die fragende Bitte der Jünger als Ausdruck ihrer Furcht und ihres Unglaubens. Dadurch gerät Segment 6 aber auch in eine bisher noch nicht wahrgenommene Beziehung zu Segment 5. Konnte man bisher den Gegensatz zwischen Jesus und den Jüngern in der Opposition von Jesu Ruhe gegenüber der besorgten Unruhe der Jünger angesichts des Sturmes und der von daher drohenden Gefahr für Schiff und Besatzung sehen und als Darstellung des Gegensatzes zwischen der »Ruhe seiner Macht« und der Aufgeregtheit der Jünger, die auf ihre Ohnmacht gegenüber den Naturgewalten zurückgeht, werten, muß man jetzt beachten, daß die Frage Jesu in Segment 9 die Bitte der Jünger von Segment 6 als »Unglauben« interpretiert. Ist aber die Unruhe der Jünger, die sich in ihrer Bitte zeigt, d. h. ihr *Unglaube*, der Gegensatz zu Jesu Ruhe angesichts des Sturms, dann ist diese Ruhe zugleich auch Ausdruck von Jesu *Glauben*. Auch wenn kein direkter Anschluß von Jesu Frage in Segment 9 zur Reaktion der Jünger von Segment 10 gegeben ist, versteht der Leser diese doch im Licht von jener, d. h., er wird durch die im Erzählablauf vorangehende Frage Jesu das Wort der Jünger: »Wer ist wohl der, daß ihm sogar der Wind und das Meer gehorchen?« als weiteren Ausdruck ihres Unglaubens bzw. Unverständnisses lesen: Selbst Jesu Wundertat, die Stillung des Seesturms, hat ihren Unglauben nicht beseitigen, ihre Augen nicht für ihn und sein Geheimnis zu öffnen vermocht. Noch immer verstehen sie nicht, wer und was mit Jesus in ihre Welt hineinragt. Wir kennzeichnen diese semantischen Beziehungen von Segment 9 zu den betreffenden anderen Segmenten mit dem Buchstaben X.
Würde allerdings Segment 10 unmittelbar auf Segment 8 folgen, ließe sich die Frage der Jünger als zum Gattungsstil passende Reaktion von Menschen auf das wundersame Geschehen der Sturmstillung verstehen und Segment 10 ließe sich als Sequenz C, als Abschlußteil, ohne weiteres an Sequenz B anschließen. Dann bezöge sich Textsegment 10 ähnlich auf das Ganze der aus den Textsegmenten 4 bis 8 gebildeten Sequenz B, wie die zusammengehörigen Segmente 1 und 2, d. h. Sequenz A: Der »Befehl Jesu zur Überfahrt« und der »Gehorsam der Jünger« bereiteten dann als *Exposition* die Situation für das Geschehen vor und führten die beteiligten Figuren ein. Das *Geschehen selbst* verliefe von anfänglicher Not-

lage zur Rettung aus der Not. Furcht und Staunen über den wunderbaren Vorgang beschlössen das Ganze als *Ausklang*.
Dem tritt heute störend Segment 10 in den Weg und ist so die Ursache dafür, daß die Segmente 5 und 6 jeweils Träger von zwei Bedeutungsleistungen für den Text sind:
1. Der »Schlaf Jesu« zeigt einmal im Gegensatz zu der »Bitte der Jünger« die »Ruhe seiner Macht« im Gegensatz zu der Unruhe der Ohnmacht der Jünger.
2. Im Licht der Frage Jesu (Segment 9) gelesen, die die »Bitte der Jünger« als Zeichen ihres Unglaubens wertet, steht darin andererseits ihr Unglauben dem Glauben Jesu gegenüber.
Ebenso läßt sich, unter Auslassung der Frage Jesu, Segment 10, die »Reaktion der Jünger«, als Echo auf das Gesamtgeschehen der Sturmstillung verstehen, das das Wunderbare des Geschehens noch einmal abschließend unterstreicht. Zum anderen führt es, im Licht der Frage Jesu gelesen, den Unglauben der Jünger als ein auch nach dem wunderbaren Geschehen noch fortbestehen bleibendes Unverständnis vor.
Bewirkt demnach Segment 9, d. h. »Jesu Wort an die Jünger«, die Doppeldeutigkeit von drei weiteren Textelementen, so bleibt Segment 3, die Erwähnung der anderen Boote, die Jesus begleiten, völlig ohne Bezug zu einem der anderen Segmente. Nirgends wird weiter auf sie eingegangen, so daß der Text ohne wesentlichen Bedeutungsverlust sich auch dann lesen ließe, wenn man die »anderen Boote« tilgte.

Aus den Überlegungen ergibt sich: Zwei Textsegmente sind gar nicht oder nur schwach mit den anderen verbunden: Die »anderen Boote«, die Jesus begleiten (Segment 3), weisen gar keinen Bezug zu den anderen Segmenten auf. Die »anderen Boote« spielen im weiteren Geschehen keine Rolle mehr und werden nicht einmal mehr genannt. Segment 9 »Jesu Wort an die Jünger« ist lediglich rückbezogen auf die »Bitte der Jünger« (Segment 6) und interpretiert diese als Unglauben. Erst im Licht dieser Interpretation läßt sich die »Reaktion der Jünger« (Segment 10) als Unverständnis der Jünger lesen. Andererseits führt Segment 9 dazu, daß die Rolle der Jünger für den Text aufgewertet wird. Ist im Zusammenhang der Segmente 4 bis 8 die »Bitte der Jünger« nur als Anlaß dafür zu werten, daß Jesus das Machtwort, das den Sturm stillt, spricht, so wird durch Segment 9 die Bitte der Jünger als Unglauben und ihre Reaktion als Unverständnis thematisch.

	1.	Befehl Jesu zur Überfahrt	V 35 a–c	A
	2.	Gehorsam der Jünger	V 36 a–b	
	3.	Die anderen Boote	V 36 c	
	4.	Sturm und Gefährdung	V 37 a–c	
→	5.	Schlaf Jesu	V 38 a–b	
→	6.	Bitte der Jünger	V 38 c–g	B
	7.	Jesus droht dem Sturm	V 39 a–e	
X	8.	Der Sturm legt sich	V 39 f–g	
→	9.	Jesu Wort an die Jünger	V 40 a–c	
→	10.	Reaktion der Jünger	V 41 a–d	C

Literarkritisch besehen weist der Text damit Inkonsistenzen auf, die es nahelegen, ihn unter überlieferungs- und redaktionskritischem Gesichtspunkt zu überprüfen, d. h. die Frage zu stellen, ob sich eine vormarkinische Überlieferungsform des Textes von markinischer Redaktion, die ihm seine heutige Gestalt gab, unterscheiden läßt.

4.1.5 Überlieferungskritik

Die Überlegungen hierzu haben einzusetzen bei den Stellen des Textes, an denen die Literarkritik Inkonsistenzen zu sehen glaubte.

Dies trifft zunächst für Segment 3 zu. Die anderen Boote, die »mit ihm waren« (V 36), sind, wie wir sahen, im Raum des Textes ohne jeden Beziehungspunkt. Auch wenn sie fehlten, würde sich nichts ändern. Es ist daher kaum denkbar, daß es sich dabei um eine redaktionelle Einfügung in eine vorgegebene Überlieferung handelt. Welche spezifische Aussageabsicht hätte der Redaktor durch ihre Einfügung auch verfolgen sollen? Hat er, d. h. annahmeweise Markus, sich darüber Gedanken gemacht, daß das eine Boot seiner Überlieferung »für die Unterbringung der Zwölf und der übrigen in 4,10 Genannten«[2] zu klein sei und hat er darum redaktionell weitere Transportmittel zur Verfügung gestellt? Das scheint doch wohl allzu fein gedacht! Eher scheint die Annahme zutreffend, daß es sich dabei um einen

[2] So *J. Gnilka*, Das Evangelium nach Markus I (EKK), Einsiedeln/Neukirchen 1978, 193.

»Traditionssplitter«[3] handelt, also um einen Bestandteil der vormarkinischen Fassung der Geschichte, der dort eine bestimmte Bedeutung gehabt hatte, die in der heutigen Fassung der Geschichte aber nicht mehr erkennbar ist, weil deren Überarbeitung durch den Redaktor das ursprüngliche Bezugselement der »anderen Boote« im Text verdeckt bzw. weggebrochen hat. Wir werden darauf zurückkommen müssen.

Unsere literarkritischen Überlegungen haben auf Segment 9 »Jesu Wort an die Jünger« als einen neuralgischen Punkt gewiesen, der die Vermutung von Textinkonsistenz aufkommen läßt. Das Segment zeigte sich kaum in das Beziehungsgeflecht der übrigen Segmente einbezogen und interpretiert erst im Rückgriff die »Bitte der Jünger« als Unglauben und indirekt dadurch den »Schlaf Jesu« als Glauben. Erst vor dem Hintergrund dieses Wortes Jesu lesen sich Furcht und Frage der Jünger, die für sich genommen gut als Abschluß und Echo auf das Geschehen der Sturmstillung geeignet wären, als Unverständnis für das, was sich ereignet hat. Geht man überlieferungskritisch von der Hypothese aus, daß die Frage Jesu in Segment 9 nicht zu der ursprünglichen Überlieferung zu rechnen ist, sondern ihr im Laufe der Überlieferung, d. h. spätestens auf der Ebene der Redaktion zugewachsen ist, lösen sich diese Schwierigkeiten auf: Die Reaktion der Jünger (Segment 10) ist dann das ursprünglich abschließende Echo auf das ganze Geschehen; die Doppeldeutigkeit von Segment 5 (»Schlaf Jesu«), entfällt ebenso wie die Doppeldeutigkeit von Segment 6 (»Bitte der Jünger«). Der Aktivität des Sturms steht dann die Ruhe Jesu ebenso oppositionell gegenüber, wie dieser Ruhe die Unruhe der Jünger, die sich in

[3] *R. Pesch,* Das Markusevangelium I (HThKNT II), Freiburg/Basel/Wien 1976, 270: »Die Erwähnung der anderen Boote in Jesu Begleitung ... die sich sicherer Deutung entzieht.« Methodisch interessant sind die verschiedenen Deutungsvorschläge, die R. Pesch referiert, weil zwei davon *überlieferungs-* und *redaktionskritisch* zwischen Überlieferung und heutigem Text unterscheiden: »1. Der Kreis der Zeugen des Wunders war vor einer Beschränkung auf die Jünger größer (*G. Schille*). 2. Die bedrohliche Situation war vielleicht auf älterer Stufe vergröbert, indem vom Untergang der ›anderen Boote‹ im Sturm erzählt wurde (*G. Theißen*).« Der dritte nimmt *textkritisch* eine Veränderung des Textes im Laufe der handschriftlichen Überlieferung an: »3. Ursprünglich war gesagt, ›andere Boote‹ hätten Jesus *nicht* begleitet (*E. Lohmeyer*)«. Der vierte Vorschlag versucht *literarkritisch* das Textelement in die Konsistenz des vorliegenden Textes zu integrieren, obwohl ein textliches Bezugselement fehlt: »4. Die begleitenden Boote sollen vielleicht als Zeugen des wunderbaren Ereignisses fungieren (*R. Schnackenburg*, ähnlich *E. Schweizer*).«

die Unruhe des Sturms hineinziehen lassen. Jesus dagegen kann als der ruhende Pol sein Machtwort sprechen, das den Sturm und die Wellen zum Schweigen bringt. Das wunderbare Geschehen wäre dann Anlaß für die Frage der Jünger.

Vielleicht ließe sich so noch am ehesten auch noch das Textelement 3 integrieren: Die in den anderen Booten mit Jesus fahren, wären dann zu denen zu rechnen, die als Echo auf das wunderbare Geschehen in die Furcht geraten, die Menschen biblisch traditionell dann erfaßt, wenn sie Zeugen göttlichen Geschehens werden und gewissermaßen als Chorschluß in den Ruf ausbrechen: »Wer ist wohl der, daß ihm sogar der Wind und das Meer gehorchen?«

Damit aber sind wir unversehens zur Frage nach der *Gattung* übergegangen, zu der die von uns vermutete Texteinheit der Überlieferung zu rechnen ist. Nach ihrer Beantwortung muß dann noch die Absicht des Redaktors erfragt werden, die ihn dazu führte, die Frage Jesu in die ihm vorgegebene Überlieferung einzufügen, d. h., es ist die Frage nach dem »Sitz in der Literatur« zu stellen, den die Überlieferungseinheit durch ihre redaktionelle Einbeziehung in den jetzigen Kontext erhalten hat. Erst mit ihrer Beantwortung läßt sich unsere überlieferungskritische Annahme positiv absichern.

4.1.6 Gattungskritik

Traditionellerweise rechnete man die Sturmstillungsgeschichte zu den sogenannten *Naturwundern*, die man von *Heilungswundern* und *Dämonenaustreibungen* unterschied.
Doch sollte man von dieser Bezeichnung abgehen, weil sie ihren Ausgangspunkt von einem einzelnen inhaltlichen Moment nimmt, den Gattungsstil nicht weiter beachtet und geeignet ist, von der Erkenntnis des Spezifischen der Gattung, zu der die Sturmstillungsgeschichte gehört, wegzuführen. Man wird zwar zugeben, daß sie der Gattung nach als Wundergeschichte anzusprechen ist,[4] und zwar näherhin als »Rettungswundererzählung« mit dem topischen Aufbau einer solchen:

[4] *J. Gnilka*, a. a. O., 194.

Sie »bietet nach der *szenischen Einleitung* (VV 35.36) die Schilderung der *Notsituation* (V 37), die *Bitte um Hilfe* (V 38b, c) mit dem Motiv vom ›Sich-Entziehen des Wundertäters‹, die rettende *(exorzistische) Aktion* im wunderwirkenden Wort (V 39a, b), *die Konstatierung des Wunders* (V 39c, d), *Admiration* (V 41a) und *Akklamation* (V 41b, c).«[5]

Doch macht sich auch der Einfluß einer anderen Gattung bemerkbar. Für das wunderwirkende Wort gilt nämlich: »Das Vokabular entspricht dem einer Exorzismusgeschichte.«[6] Wie anderswo die Dämonen, so bringt hier Jesus das Meer zum Schweigen.[7]
Es kommen weitere, für das Repertoire einer eigentlichen Wundergeschichte ungewöhnliche Züge und Motive hinzu, deren Beobachtung uns methodisch besehen auf das Gebiet der *Traditionskritik* führt: Schon der den Text dem einer Exorzismusgeschichte nahebringende Schweigebefehl Jesu an Wind und Meer läßt diese Naturphänomene beinahe als personifizierte Mächte verstehen, »als belebte Gestalten, deren bedrohliche Lebensregungen durch das Wort Jesu niedergeschlagen werden«[8].
Wenn die Sturmstillungsgeschichte *Jesus* mit seinem Wort über die Chaosmächte von Sturm und Meer gebieten läßt, so sprengt dies

[5] *R. Pesch*, a. a. O., 268f.
[6] *J. Gnilka*, a. a. O.
[7] *R. Pesch*, a. a. O., 272.
[8] *K. Kertelge*, Die Wunder Jesu im Markusevangelium. Eine redaktionsgschichtliche Untersuchung (St ANT 23), München 1970, 92.
Die Personifizierung von Sturm und Meer verweist auf uralte Vorstellungen der altorientalischen Schöpfungsmythen, wie sie die Bibel auf Gott überträgt. Diesen Vorstellungen zufolge vollzieht sich die Schöpfung dadurch, daß ein Gott chaotischen Urmächten, oft personifiziert in einem Chaosdrachen oder einer Schlange, entgegentritt und sie bezwingt und daraus die geordnete Welt der Schöpfung bildet. Als solche Chaosmächte nennt der priesterschriftliche Schöpfungsbericht, ähnlich wie die Sturmstillungsgeschichte, die Flut des Urmeers und einen gewaltigen Sturmwind und außerdem die »Finsternis über den Wassern« (Gen 1,2). Auch in der Sturmstillungsgeschichte ist es Nacht. Der priesterschriftliche Schöpfungstext von Gen 1 spricht allerdings nicht wie der altorientalische Mythos von einem eigentlichen Kampf Gottes mit den Chaosmächten. Er ›entmythologisiert‹ diese dadurch, daß darin Gott die Welt der Schöpfung durch sein Schöpferwort schafft und ordnet. Ähnlich gebietet auch der Jesus der Sturmstillungsgeschichte den Chaosmächten des Sturms und des Meers durch sein bloßes Befehlswort. Man kann demnach auch auf Jesus beziehen, was die Psalmen von Gott sagen: »Du herrschst über das Ungestüm des Meeres; / Erheben sich seine Wogen, du besänftigst sie. / Du hast Rahab (die urtümliche Chaosmacht) zermalmt wie einen Durchbohrten, / deine Feinde mit deinem starken Arm zerstreut« (Ps 89,10f.).

den Rahmen von Wundergeschichten und auch von anderen Geschichten der Errettung aus Seenot und überträgt, was Gott vorbehalten ist, seine Schöpfermacht durch das Wort, auf Jesus. Von hier aus dürfte hinlänglich deutlich werden, daß man so von Jesus erst nach Ostern erzählen konnte. Die Erzählung setzt nämlich die glaubende Einsicht in das Geschehen der Auferstehung voraus, in dem die Chaosmacht schlechthin, der Tod, von Jesus besiegt wurde.

Die Geschichte läßt außerdem die *Jünger* zu Zeugen dieses Geschehens werden, durch das die Schöpfermacht Gottes, die Jesus innehat, offenbar wird. Man sollte darum Geschichten dieser Gattung, die »Wunder unter dem Gesichtspunkt der Epiphanie« erzählen,[9] besser als »Epiphaniegeschichten« bezeichnen. Es handelt sich dabei um »*Epiphaniegeschichten*, in denen die göttliche Kraft des göttlichen Wundertäters sichtbar erscheint«[10].

Daß die Sturmstillungsgeschichte zur Schilderung dieser Epiphanie sich der Topik, d. h. der literarisch-traditionell feststehenden Schilderungselemente der *Rettungswundergeschichte* bedient, liegt von daher nahe, daß schon alttestamentlich vom Schöpfungshandeln Gottes nicht um seiner selbst willen erzählt wird, sondern daß diesem Handeln dort schon Heilscharakter zugeschrieben wird.[11]

Wenn wir nach dem »*Sitz im Leben*« dieser Epiphaniegeschichte fragen, so hat man sicherlich ihren alttestamentlichen Hintergrund zu beachten. Sie ist entstanden in einem Milieu, dem die Welt des AT vertraut war.

Ebenso eindeutig läßt sich sagen, daß in der Übertragung der dort Gott vorbehaltenen Schöpfermacht auf Jesus ein christologischer Bekenntnisstandpunkt wirksam wird, der Jesus als die Epiphanie Gottes versteht. Die Epiphaniegeschichte will gerade dies verkün-

[9] *M. Dibelius*, Die Formgeschichte des Evangeliums, Tübingen [5]1966, 149.

[10] Ebd. 91.

[11] Wenn es in Ps 65,8 zum Beispiel heißt: »Der da stillt das Brausen der Meere, / das Brausen ihrer Wogen / und das Toben der Völker«, so entspricht der Niederringung der der Schöpfung entgegengesetzten Chaosmacht des tobenden Meeres im Parallelismus die Unterwerfung der Völker, d. h. der Feinde, die den Beter bedrohen, in der geschichtlichen Welt.

den. Sie hat also eine missionarische Funktion. Sie will zum Glauben an Jesus als die Offenbarung des Schöpfergottes auffordern. Ob das mit Hilfe dieser Geschichte vor einem jüdischen Publikum möglich war, darf man bezweifeln. Einem frommen Juden mußte die Übertragung der Schöpfermacht des Gottes auf einen Menschen als Gotteslästerung erscheinen. Andererseits ist der Hintergrund alttestamentlich bedingt. Die Geschichte kann also in einem judenchristlich-heidenchristlichen Milieu entstanden sein, das im Blick auf die Mission von Heiden die Epiphaniegeschichte prägte und sich dabei alttestamentlicher Vorstellungen bediente. Es konnte in ihr zugleich daran anknüpfen, daß auch im hellenistisch-heidnischen Milieu Geschichten bekannt waren, in denen die »Rettung aus Seenot vorzüglich durch die Epiphanie eines Gottes (geschieht), der mitunter im Gebet angerufen wird«[12].
Im Unterschied zu diesen heidnischen Epiphaniegeschichten würde allerdings die Sturmstillungsgeschichte nicht von der Epiphanie eines offenbarwerdenden und wieder verschwindenden Gottes erzählen, sondern von der Epiphanie der Schöpfermacht Gottes im Befehlswort des Menschen Jesus, der von Anfang an mit den Jüngern im Boot und auch am Ende noch bei ihnen ist. Außerdem spricht sie nicht vom Wirken eines für einen bestimmten Bereich – etwa den der Seefahrt – zuständigen Gottes, sondern von dem in Jesu Wort offenbarwerdenden Schöpfergott, der als solcher dem Chaos souverän und umfassend gebieten kann.

Es bleibt nur noch zu bemerken, daß die *Gattungskritik* unsere überlieferungskritische Hypothese insofern bestätigt, als die von uns überlieferungskritisch angenommene Texteinheit sich auf diese Weise durchaus einer selbständigen Gattung zuweisen läßt.
Abgesichert wird dies durch die Überlegungen zur *Redaktionskritik*. Sie betreffen ihrerseits auch das, was wir zur Gattungskritik überlegten, mindestens dann, wenn die redaktionellen Eingriffe zugleich auch die Funktion und damit auch die Gattung des Textes berühren.

[12] *R. Pesch*, a. a. O., 274, vgl. die dort genannten Beispiele.

4.1.7 Redaktions- und Kompositionskritik

In der Redaktionskritik geht es nun darum, die überlieferungskritische Hypothese abzusichern und zugleich zu erkennen, welche Absicht der Redaktor mit seinen Einfügungen verfolgte.

Wenn es sich bei der Frage Jesu in V 40 um eine redaktionelle Einfügung handelt, muß sich nachweisen lassen, daß der Redaktor dadurch eine Aussageabsicht verfolgte, der er auch sonst in seinem Großtext Ausdruck verleiht, und zwar an Stellen, die ebenfalls als redaktionell erkennbar sind. Dies fällt für die Vorstellung vom Unglauben und Unverständnis der Jünger relativ leicht, findet sich dieses Thema doch auch sonst häufig im Mk-Evangelium, wie wir leicht sehen können, wenn wir in einer Konkordanz nachschlagen.[13]

[13] Abgekürzt läßt sich dazu sagen, daß bei Mk die *Gegner* Jesu sich von Anfang an gegen ihn entschieden haben und auf seinen Tod aus sind (vgl. Mk 3,6). Das *Volk* strömt ihm zwar zu Anfang massenhaft zu, ist aber »verstockt«, ja wird geradezu durch seine Lehre in die Verstockung hineingetrieben (vgl. Mk 4,11). Sie »sehen und sehen doch nicht«. Vom Volk unterscheidet die *Jünger*, »daß sie ständig mit ihm sind«. Das Volk umdrängt ihn, wenn er kommt (Mk 1,33.37.45; 2,1 f.; 3,7–9; 3,20; 4,1; 5,21.31; 6,31.33 f.55; 8,1). Doch steht es nicht in ununterbrochener Gemeinschaft mit ihm, zudem beginnt der Andrang des Volkes von der ersten Leidensverkündigung an abzuebben. »Die Jünger aber sind als die, die er selbst wollte, gerufen und zu ihm gekommen. Er hat sie ›geschaffen‹ (Mk 3,14), *damit* sie mit ihm seien. Sie sind immer wieder mit ihm allein, im Haus, für sich; sie sind drinnen und werden belehrt (vgl. Mk 7,17–23). Ihre Verstockung verwehrt zwar den Jüngern das Verständnis der Worte und Taten Jesu. Aber ihr Ausharren in seiner Gemeinschaft läßt sie sich zumindest der unverstandenen Einzelheiten erinnern. Weil sie bei ihm bleiben, können sie Jesus Antwort geben, wenn er nach der Zahl der Körbe fragt (Mk 8,19). Was sie nicht verstehen, ist der verborgene Sinn. Es gelingt ihnen nicht, die Einzelheiten in eine Kontinuität zu bringen, weil ihr Geheimnis ihren blinden Augen verschlossen geblieben ist und ihre Ansprache von ihren tauben Ohren nicht vernommen wurde« (*F. Schnider / W. Stenger,* Johannes und die Synoptiker. Vergleich ihrer Parallelen, München 1971, 122 f.). Aufs Ganze gesehen gilt: »Die Verständnislosigkeit der Jünger begleitet Jesus nach der markinischen Darstellung bis zum Kreuz, um hier in der Verleugnung des Petrus und der Flucht der Jünger ihre äußerste Klimax zu erreichen« (*J. Roloff*, Das Kerygma und der irdische Jesus. Historische Motive in den Jesuserzählungen der Evangelien, Göttingen 1970, 249).
Man kann zusammenfassen: Die Jünger folgen zwar Jesus bis nach Jerusalem. Doch bei seiner Verhaftung verlassen auch sie ihn. Sie sind verstockt, unverständig, d. h. im letzten ungläubig. Das, was sich ihrem Verständnis verschließt, ist insbesondere die Notwendigkeit des Leidensweges.
Aber sie sind bei Mk auch blind für das Wirken Gottes, das in Jesus offenbar wird.

Während sich das Motiv des Unglaubens und des Unverständnisses der Jünger eindeutig als ein Thema markinischer Redaktion nachweisen läßt, ist die damit in der Sturmstillungsgeschichte verbundene Vorstellung vom »Glauben« Jesu weniger offensichtlich greifbar. Und doch findet sie sich (redaktionell!) bei Mk, und zwar wiederum in enger Verbindung mit dem Motiv des Unglaubens und Unverständnisses der Jünger.

Während in der Geschichte von der Heilung des epileptischen Knaben die Jünger bei der Heilung versagen, weil sie zu dem »ungläubigen Geschlecht« gehören, das Jesus nicht mehr ertragen kann (Mk 14,19), wird das Vermögen Jesu, die Heilung zu bewirken, auf seinen Glauben zurückgeführt, denn »alles ist möglich dem Glaubenden«. Weil aber die Formel »alles ist möglich« bei Mk selbst (vgl. 10,27; 14,36) und auch biblisch traditionell (vgl. Koh 8,3; Weish 12,18; vgl. 11,23; Hiob 10,13; 42,2 – alles Stellen aus der Weisheitsliteratur!) die Allmacht Gottes bezeichnet, die in seiner Schöpfermacht begründet ist (vgl. Ps 115,3), hat der Glaubende, und das heißt hier Jesus selbst, teil an Gottes Allmacht: »Gottes Macht und Kraft, die in Jesus wirkt... sie beruht darin, daß Jesus der Glaubende ist.«[14]

Damit aber dürfte genügend abgesichert sein, *daß die Frage Jesu in Mk 4,40, die erst das Thema vom Unglauben der Jünger und vom Glauben Jesu in die Sturmstillungsgeschichte hineinträgt, sich markinischer Redaktion verdankt.* Was aber geschieht mit der alten Epiphaniegeschichte, die wir als vormarkinische Überlieferung erschließen konnten, durch diese redaktionelle Überarbeitung? Zunächst einmal wird der Blick des Lesers stärker auf die Jünger gelenkt. In der Überlieferung hatten diese lediglich die Aufgabe, durch ihre bange Frage Jesus zu der Offenbarung seiner Macht zu veranlassen. Nach dem Geschehen der Sturmstillung dienten sie außerdem noch dazu, die den Rahmen des Irdisch-Welthaften

Darum bleiben letztlich auch die Epiphanien (vgl. Seesturm, Verklärung auf dem Berg) »geheime«, d. h. unverstandene Epiphanien (*M. Dibelius*). Die Blindheit der Jünger ist letztlich nur durch eine Tat Gottes zu beheben. Diese Tat Gottes ist die Auferweckung Jesu. Erst sie wird ihr Unverständnis hinwegnehmen und den Glauben möglich machen. Das Motiv des Jüngerunverständnisses ist für Mk sicher auch eine »Predigt gegen den Unglauben der Gemeinde« (*E. Wendling*, Die Entstehung des Marcus-Evangeliums, Tübingen 1908, 73f., zit. bei R. Pesch, a. a. O.), zugleich aber auch ein Hinweis auf die Notwendigkeit der Tat Gottes in der Auferweckung Jesu. Erst sie macht das in Jesus anwesende »Geheimnis der Gottesherrschaft« (Mk 4,11) den Jüngern im verstehenden Glauben zugänglich.

[14] *J. Schniewind*, Das Evangelium nach Markus, Hamburg 1968, 120.

sprengende Dimension des Epiphaniegeschehens durch ihren Chorschluß abschließend nochmals hervorzuheben. Jetzt, d. h. in der redaktionell überarbeiteten Fassung, werden die Jünger, einer theologischen Linie des Mk entsprechend, in ihrem Ausharren bei Jesus, aber auch in ihrem Unglauben gezeigt. In der Gefahr ergibt sich dieser Unglaube verzweifelnd dem Andrängen der Chaosmacht. Selbst nach der Offenbarung der Schöpfermacht Gottes, die das Chaos in seine Grenzen verweist, bleibt dieser Unglaube unverständig, d. h. blind und taub für den, der in Jesus in den Raum und Rahmen ihrer Welt hineinragt. Bedeutsamer allerdings als die Erkenntnis, daß es sich hier um das Jüngerunverständnis handelt, das, wie wir sahen, allenthalben im Mk-Evangelium begegnet, scheint die Einsicht zu sein, daß es Mk durch die Einfügung der Frage Jesu gelingt, die Epiphaniechristologie seiner Überlieferung zu reflektieren und theologisch zu vertiefen. Die Mk überlieferte Epiphaniegeschichte stattete Jesus mit der Schöpfermacht Gottes aus und erzählte, was die Bibel sonst nur von Gott zu erzählen wagt, von Jesus. Dies bleibt bei Mk voll und ganz erhalten. Aber er vertieft diese Sicht, indem er den Grund angibt, weshalb solche Gott in Jesus und seinem Wirken epiphan werden lassende Sicht legitim ist. Mk gibt nämlich indirekt durch das Gegenbild der ungläubigen Jünger den Glauben Jesu als Ursache für die von Jesus vertretene und in seinem Wirken ausgeübte Schöpfermacht Gottes zu verstehen. Diese gründet mithin im Glauben als der bei Mk Jesus vorbehaltenen Beziehung zu Gott.

Im umgebenden Kontext der Sturmstillungsgeschichte fällt in *kompositionskritischer* Hinsicht auf, daß sie von zwei Wundergeschichten gefolgt wird, die ebenfalls, was das Wunderbare betrifft, besonders herausragen: Austreibung von 2000 Dämonen und eine Totenauferweckung. Der Sturmstillungsgeschichte voran geht das sogenannte Gleichniskapitel, in dem Mk exemplarisch *Lehre* Jesu bieten will. Weil aber Mk die Lehre Jesu schon zu Beginn seines Evangeliums als die Lehre eines, »der Vollmacht hat«, charakterisiert und der Bemerkung, daß Jesus »lehrte« (1,21), eine Dämonenaustreibung (1,23–26) und eine Heilungswundergeschichte (1,29–31) folgen läßt, darf man annehmen, daß auch nach dem ersten größeren Abschnitt, in dem Mk zusammenhängend Inhalte der *Lehre* Jesu vorstellt, dem Gleichniskapitel (4,1–33), nicht ohne Absicht drei Geschichten folgen, in denen gezeigt wird, wie in Jesu Wirken Gottes Schöpferkraft, die das Chaos, die Dämonen und den Tod besiegt, offenbar wird. Insofern diese Geschichten von einer Macht Jesu reden, in der sich die Schöpfermacht Gottes zeigt, gewinnt für Mk auch Jesu »Lehre in Vollmacht« den Rang von Gottes Wort selbst.

4.2 Die Matthäus-Fassung

4.2.1 Quellenkritische Vorbemerkung und Textabgrenzung

Die Sturmstillungsgeschichte findet sich auch bei Mt und im Lk-Evangelium (Lk 8,22–25). Es ist anzunehmen, daß beide hier Mk übernommen haben.

Dabei hat jeder seine Mk-Vorlage verändert und auch in einen anderen Zusammenhang hineingestellt, so daß wir den Weg zu einer redaktions- und kompositionskritischen Untersuchung gewiesen werden. Dabei beschränken wir uns hier wieder auf die Mt-Fassung. Weil Mk hier die Quelle des Mt ist, entfällt der literarkritische und überlieferungskritische Arbeitsgang, denn die »Überlieferung«, über die Mt verfügte, war ja, wie sich versteht, die Fassung der Geschichte in seiner Mk-Quelle. Der formkritische Schritt darf hingegen nicht ausgelassen werden, denn die redaktionellen Veränderungen betreffen auch das Gefüge, die Struktur des Textes, die die Formkritik zu beschreiben hat.

Quellenkritisch bleibt weiter vorauszuschicken, daß Mt in den VV 19–23 weiteres Material redaktionell in seine Mk-Vorlage einfügt, das, wie der Blick in die Synopse zeigt, bei Lk an anderer Stelle (Lk 9,57–62) in etwas anderer Form vorliegt und von dem wir annehmen dürfen, daß Mt es aus seiner zweiten Quelle hat, die auch Lk vorlag. Im Hinblick auf die Textabgrenzung hat dies zur Folge, daß bei Mt der doppelte Gesprächsgang mit dem Schriftgelehrten (VV 19–20) und dem Jünger (V 21–22) mit zur Sturmstillungsgeschichte zu rechnen ist.

4.2.2 *Synoptische Übersicht*[15]

Mk 4,35–41		Mt 8,18–27	
35	Befehl Jesu zur Überfahrt	Befehl Jesu	18
36a–b	Gehorsam der Jünger	---	
36c	Die anderen Boote	---	
	---	I a) Erklärung der Bereitschaft zur Nachfolge b) Warnung vor unbedachter Nachfolge II a) Einschränkung der Nachfolgebereitschaft b) Aufforderung zur unbedingten Nachfolge	19 20 21 22
	---	Gehorsam der Jünger (Nachfolge)	
37	Sturm und Gefährdung	Beben und Gefährdung	24a
38a–b	Schlaf Jesu	Schlaf Jesu	24b
38c–g	Bitte der Jünger	Bitte der Jünger	25
39a–e	Jesus droht dem Sturm	---	
	---	Jesu Wort an die Jünger	26a
	---	Jesus droht dem Sturm	26b
39f–g	Der Sturm legt sich	Der Sturm legt sich	26c
40	Jesu Wort an die Jünger	---	
41	Reaktion der Jünger	Chorschluß	27

4.2.3 *Formkritik und synoptischer Vergleich*

Bezüglich des Textgefüges fällt zunächst wieder auf, was wir schon quellenkritisch bemerkten: Dem Befehl Jesu zur Überfahrt ans andere Ufer (V 18) folgt nicht unmittelbar die Ausführung. Ein doppelter Gesprächsgang ist dazwischen geschoben, dessen Struktur sich durch Sprecherwechsel und die verschiedenen Figuren leicht erkennen läßt:

[15] Wir bringen hier nicht den vollständigen Text in synoptischer Gegenüberstellung zu Mk, sondern beschränken uns auf eine Synopse in Stichworten. Diese Übersicht macht deutlicher als der vollständige Text die Veränderungen in der Struktur sichtbar, die die Geschichte in ihrer Redaktion durch Mt erfährt.

Zunächst tritt ein *Schriftgelehrter* an Jesus heran und erklärt seine Bereitschaft zur Nachfolge. Jesus antwortet ihm. Dann wendet sich ein *Jünger* an Jesus und bittet um Aufschub. Jesus antwortet auch ihm. Nicht nur die Handlungsträger (Schriftgelehrter/Jünger) korrespondieren einander im Gegensatz (Opposition), sondern auch das, was sie sagen. Dies beginnt schon bei der *Anrede*, mit der jeder der beiden seine Bitte an Jesus eröffnet. Der Schriftgelehrte nennt Jesus »Lehrer«, der Jünger »Herr«. Während dieser durch die Bitte um Aufschub die Bereitschaft zur Nachfolge, in der er doch als Jünger sich schon befindet, einschränkt, erklärt jener als einer, der Jesus noch nicht nachfolgt, seine Bereitschaft dazu. Entsprechend verhalten sich auch Jesu Antworten zueinander. Das Wort an den Schriftgelehrten wird man als Warnung vor unbedachter Nachfolge verstehen müssen, das Wort an den Jünger fordert zu bedingungsloser und uneingeschränkter Nachfolge auf. Erst jetzt folgt bei Mt das Besteigen des Bootes. *Befehl* und *Ausführung* also rahmen den doppelten Gesprächsgang.

Bis zur »Bitte der Jünger« folgt Mt dann im Erzählablauf strukturell seiner Mk-Vorlage: Gefährdung, Schlaf Jesu und Bitte der Jünger. Dann verändert er wieder die Mk-Struktur: Das Wort Jesu an die Jünger, das Jesus bei Mk erst *nach* der Sturmstillung sagt, läßt Mt der Bitte der Jünger unmittelbar folgen. Er vermeidet so, daß das Wort Jesu wie bei Mk erst im Rückgriff die Bitte der Jünger interpretiert. Es folgt der Befehl an den Sturm (allerdings ohne direkte Rede!) und – wie bei Mk – das Resultat. Weil Mt das Wort Jesu an die Jünger schon vor die Sturmstillung gesetzt hat, schließt die Reaktion der Leute – bei Mk waren es Jünger! – sich als Chorschluß unmittelbar an die Sturmstillung an und steht darum nicht mehr im Einflußbereich des tadelnden Wortes Jesu, das bei Mk die Reaktion der Jünger als Unverständnis lesen ließ. Damit aber sind wir schon in den Bereich der Redaktionskritik übergewechselt, die im genauen synoptischen Vergleich die Änderungen der Mk-Vorlage durch Mt auf die matthäische Aussageabsicht hin befragt.

4.2.4 Redaktionskritik und synoptischer Vergleich

Schon Mk hatte gegenüber seiner ihm überlieferten Vorlage die Rolle der Jünger stärker akzentuiert, indem er ihren Unglauben und ihr Unverständnis herausstellte. Bei Mt werden die Jünger noch bedeutsamer für die Geschichte, allerdings in einer von Mk unterschiedenen Aussageintention. Schon die Einfügung des doppelten Gesprächsgangs zwischen Befehl Jesu und Ausführung durch die Jünger schlägt die Jünger-Thematik an. Verbindendes Element zwischen der Bitte des Schriftgelehrten und dem Wort Jesu sowie der Bitte des Jüngers und der Antwort Jesu ist nämlich das Thema der *Nachfolge*: der sie von sich aus anbietet, wird gewarnt, der in ihr steht und ihren Aufschub erbittet, wird zu unverzüglichem Vollzug aufgefordert. Damit erhält der folgende Text der Sturmstillungsgeschichte ein thematisches Vorzeichen: Die Geschichte soll erzählen, was Nachfolge heißt. Das wirkt sich sofort auf ihren Beginn aus: Nicht nehmen wie bei Mk die Jünger Jesus ins Boot auf, sondern Mt läßt Jesus *vorangehen* und die Jünger ihm ins Boot »*nachfolgen*«, womit er das thematische Stichwort des vorangegangenen doppelten Gesprächsgangs wieder aufgreift. Auch wenn die meisten Übersetzungen darüber hinweglesen, ist es bei Mt genaugenommen auch nicht ein Sturm, der die Gefährdung bringt, sondern ein »Beben« im Meer. Die Wogen verdecken das Boot schon ganz und drohen nicht erst, wie bei Mk, in es hineinzuschwappen. Die Bedeutsamkeit dieses Geschehens unterstreicht Mt durch den Hinweis »und siehe!« Er verstärkt auch den Gegensatz dieses Geschehens zu dem Schlaf Jesu dadurch, daß er das, was bei Mk den Schlaf Jesu ausmalt (Heck, Steuermannskissen), wegläßt.

Ein Blick in die Konkordanz bringt Aufklärung über die redaktionelle Absicht, denn noch dreimal kommt Mt in seinem Evangelium redaktionell auf ein »Beben« zu sprechen. Zweimal leitet er es durch den Hinweis »und siehe!« ein:

- Beim Tode Jesu am Kreuz »bebt« die Erde und die Felsen spalten sich und die Leiber von heiligen Entschlafenen erheben sich aus ihren Gräbern, um vielen in der Stadt zu erscheinen (Mt 27,51–53).
- Als die Frauen zum Grab gehen, ereignet sich ein gewaltiges Erdbeben, der Engel des Herrn steigt vom Himmel herab und wälzt den Stein vom Grab. Die Grabeswächter werden von dem Geschehen erfaßt, »erbeben« und werden wie Tote (Mt 28,1–4).
- Auch als Jesus nach Jerusalem hineinkommt, »erbebte die ganze Stadt und sagte: ›Wer ist dieser?‹« (Mt 21,10).

An zwei dieser Stellen verwendet Mt das biblische Theophaniemotiv – wenn Gott erscheint, erbebt die Erde – in Verbindung mit der Vorstellung von der Totenauferweckung. Diese aber ist endzeitliches eschatologisches Geschehen. Kreuz und Auferweckung Jesu gehören nach Mt zu dem Geschehen der Endzeit. Entsprechend darf man annehmen, daß Mt den »Sturm« des Mk in ein »Beben« verändert, weil er die Situation der Gefährdung der Jünger ebenfalls als ein eschatologisches Geschehen versteht. Ihre Nachfolge bringt sie zwar zusammen mit Jesus in das Boot. Aber das heißt auch, daß ihre Nachfolge sie in die letzte endzeitliche Bedrängnis und Not hineinbringt, in der Jesus schläft. So sieht es wenigstens für die Jünger aus. Konsequenterweise ändert Mt auch die bange Frage der Jünger bei Mk in eine gebetsähnliche Bitte, die sich mit der Anrede »Herr« an den zum Vater erhöhten Jesus wendet, der seiner Gemeinde unsichtbar bleibt, als Erhöhter aber auch mit ihr ist »bis zur Vollendung der Weltzeit« (Mt 28,20). Auf die Jüngerbitte folgt bei Mt unmittelbar das Wort Jesu an die Jünger.

Allerdings hat Mt als Redaktor das Motiv des Jüngerunverständnisses und des Unglaubens getilgt: Die Jünger sind bei Matthäus nicht, wie bei Markus, die Jesus gegenüber völlig unverständigen, sondern ihr Verhältnis zu ihm ist geprägt durch das erkennende und verstehende Bekenntnis, das sich in Widerstreit befindet mit ihrem Kleinglauben, der nur auf die eigene Not schaut und nicht auf den, der bei ihnen ist.

In den Jüngern ist bei Mt schon ein Bild der Gemeinde vorgebildet, die zwar weiß, daß der Herr immer bei ihr ist (Mt 28,20), in der aber auch immer wieder die Gefahr des Kleinglaubens droht (Mt 6,30; 8,26; 14,31; 16,8; 17,20). Es ist kein Unglaube, wie der der Jünger bei Mk, sondern ein zu schwacher Glaube, »der in Sturm (8,26; 14,31) und Sorge (6,30; 16,8) erlahmt und sich damit als Scheinglaube erweist (17,20), der dem Ansturm dämonischer Gewalten nicht gewachsen ist«,[16] insbesondere nicht den endzeitlichen Bedrängnissen, durch die sie in der Nachfolge Jesu hindurchgehen müssen.

Daß Mt in den kleingläubigen Jüngern die Jesus nachfolgende Gemeinde sieht, wird am Schluß noch einmal deutlich, wenn er (in

[16] *G. Bornkamm*, Die Sturmstillung im Matthäusevangelium, in: G. Bornkamm/G. Barth/H. J. Held, Überlieferung und Auslegung im Matthäusevangelium (WMANT 1), Neukirchen ^{6}1970, 52.

Abänderung von Mk) die »Menschen« in den verwunderten Chorschluß über das Rettungsgeschehen einführt, ohne doch vorher von »Menschen« gesprochen zu haben, die das Boot Jesu und der Jünger begleitet haben. Es ist das sich immer wieder ereignende Geschehen der Rettung der Gemeinde aus den endzeitlichen Bedrängnissen, das je und je Außenstehende in die Verwunderung treibt.

4.2.5 Kompositionskritik

Wir beschränken uns auf einige Beobachtungen.

Mt hat das markinische Motiv der Lehre Jesu in Vollmacht – Mk 1,22.27: »ganz anders als die Schriftgelehrten« – bewußt an das Ende der Bergpredigt gestellt (Mt 7,28f.), in der er Jesus in einer ersten programmatischen Rede als den messianischen Vollender der Thora und den Bringer und Künder der »größeren Gerechtigkeit« (Mt 17,20), als den Messias des Wortes vorstellt. Auf diese erste Rede folgen bei Mt in den Kapiteln 8–9 gehäuft Wundertaten, die Mt seiner Mk-Tradition oder der Logienquelle (Mt 8,5–13) entnommen oder auch redaktionell gebildet hat (vgl. Mt 9,27–33). Man darf annehmen, daß er so, nachdem er Jesus als *Messias des Wortes* vorgestellt hat, ihn auch als *Messias der Tat* kennzeichnen will. Die Sturmstillung steht mitten in diesem Abschnitt, gefolgt (wie bei Mk) von der Dämonenaustreibung am jenseitigen Ufer des Sees. Beide Geschichten zusammen kennzeichnen ihn als den, der in der Vollmacht Gottes handelt und so auch bewirken kann, daß »Blinde sehen, Lahme gehen, Aussätzige rein werden, Taube hören, Tote auferweckt werden« (Mt 11,5). Dies kann man »sehen« (Mt 11,4). Die messianische Lehre hingegen konnte man in der Bergpredigt »hören« (Mt 11,5). In ihr hat bei Mt Jesus in Vollmacht »den Armen die Heilsbotschaft verkündigt« (Mt 11,5). Beides aber, Lehre und Taten, qualifizieren ihn in der Perikope der Johannesanfrage als den, »der da kommen soll« (Mt 11,3).

5 Der Hauptmann von Kapharnaum bzw. die Heilung des Sohnes des königlichen Beamten

(Mt 8,5–13; Lk 7,1–10; Joh 4,46c–54)

5.1 Die Fassung der Synoptiker

5.1.1 Quellenkritische Vorbemerkung und Textabgrenzung

Die Geschichte von der Heilung des Knechtes oder des Sohnes des heidnischen Hauptmanns bzw. des königlichen Beamten begegnet uns dreimal in den Evangelien, bei Mt, Lk und Joh. Jedoch fehlt sie bei Mk. Die Mt- und Lk-Fassung stehen einander trotz einzelner Unterschiede so nahe, daß wir Abhängigkeit von der gleichen Quelle vermuten dürfen. Gemäß der Zweiquellentheorie ist dies die Logienquelle Q. Die Johannesfassung entfernt sich von der synoptischen Fassung. Und doch scheint darin derselbe »Stoff« verarbeitet zu sein wie bei Mt und Lk. Da wir davon ausgehen dürfen, daß das Johannesevangelium nicht in direkter, literarischer Abhängigkeit von den Synoptikern entstanden ist, empfiehlt es sich zunächst, die Mt- und Lk-Fassung quellenkritisch zu befragen. Weil dies im synoptischen Vergleich geschieht, ist damit zugleich auch die redaktionskritische Frage nach der jeweiligen redaktionellen Eigenart von Mt und Lk verbunden. Bei der Johannesfassung ist von ihrer formkritischen Beschreibung auszugehen. Danach wird man literarkritisch nach Konsistenz bzw. Inkonsistenz des Textes fragen. Schließlich muß man sich bemühen, zwischen der Überlieferung bzw. Quelle, die dem Evangelisten zur Verfügung stand, und der redaktionellen Überarbeitung, die der Text durch ihn fand, zu unterscheiden.[1]

Ortswechsel und Veränderung der *Konstellation der Handlungsträger* lassen *Mt 8,5* als Textanfang und Mt 8,13 als Textschluß erken-

[1] Eine ausführliche Analyse der Geschichte findet sich bei *F. Schnider / W. Stenger*, Johannes und die Synoptiker. Vergleich ihrer Parallelen, München 1971, 54–88.

nen. Mt schickt nach der Bergpredigt am Fuß des Berges (8,1) eine Aussätzigenheilung, die er von Mk 1,40–45 übernimmt, voraus. In Mt 8,5 betritt Jesus Kapharnaum und der heidnische Hauptmann nähert sich ihm als Bittsteller. In Mt 8,14 betritt Jesus zur Heilung der Schwiegermutter des Petrus (vgl. Mk 1,29–34) dessen Haus. Bei *Lk* schließt sich die Geschichte in 7,1 unmittelbar an das Ende der der Bergpredigt des Mt entsprechenden Feldrede an. In 7,11 folgt mit *Zeitangabe* und unter *Ortswechsel* die aus dem lukanischen Sondergut stammende Geschichte vom Jüngling von Naim. Die Textgrenzen sind also Lk 7,1 und Lk 7,10.

5.1.2 Text-Synopse

Mt 8,5–13		Lk 7,1–10	
	---	7,1	a Nachdem er vollendet hatte all seine Worte vor den Ohren des Volkes,
8,5	b Als er hineinging nach Kapharnaum,		b ging er hinein nach Kapharnaum.
	b kam ihm ein Hundertschaftsführer entgegen c und bat ihn, d sagend:	2	a Eines Hundertschaftsführers Sklave, b dem es schlecht ging, c war im Begriff zu enden.
6	a »Herr!		d Der war ihm lieb.
	b Mein Knabe (pais) liegt zuhause gelähmt c und furchtbar gequält.«	3	a Er hörte über Jesus b und schickte zu ihm Älteste der Juden, c und bat ihn, d daß er komme e und seinen Sklaven rette.
	---	4	a Als die zu Jesus gelangten b baten sie ihn eifrig, c und sagten: d »Würdig ist er, e daß du ihm dieses gewährst.
		5	a Denn er liebt unser Volk, b und die Synagoge hat er selbst uns gebaut!«
7	a Der sagt ihm: b »Ich will mitkommen, um ihn zu heilen.«	6	a Jesus ging mit ihnen.

8	a Und antwortend sagte ihm der Hundertschaftsführer:		b Und als sie schon nicht weit weg vom Hause waren, c sandte Freunde der Hundertschaftsführer d und sagte ihm:
	b »Herr!		e »Herr!
	---		f Laß dich nicht belästigen!
	c Nicht bin ich wert, d daß du unter mein Dach eintrittst,		g Denn ich bin nicht wert, h daß du unter mein Dach eintrittst.
	---	7	a Deshalb habe ich mich nicht für würdig gehalten, b zu dir zu kommen,
	e sondern sprich nur mit einem Wort		c sondern sprich mit einem Wort,
	f und geheilt werden wird mein Knabe		d und geheilt wird mein Sklave!
9	a Denn auch ich bin ein Mensch unter Befehlsgewalt, b habend unter mir Soldaten, c und ich sage diesem: d ›Geh!‹ e und er geht, f und jenem: g ›Komm!‹ h und er kommt, i und meinem Sklaven: j ›Tu das!‹ k und er tut es.«	8	a Denn auch ich bin ein Mensch unter Befehlsgewalt, b habend unter mir Soldaten, c und ich sage diesem: d ›Geh!‹ e und er geht, f und jenem: g ›Komm!‹ h und er kommt, i und meinem Sklaven: j ›Tu das!‹ k und er tut es.«
10	a Als Jesus hörte, b verwunderte er sich	9	a Als Jesus das hörte, b verwunderte er sich, c wandte sich um
	c und sprach zu den ihm Folgenden:		d und sprach zu der ihm folgenden Menge:
	d »Amen,		
	e ich sage euch: f Bei keinem habe ich solchen Glauben in Israel gefunden.		e »Ich sage euch: f Nicht einmal in Israel habe ich einen solchen Glauben gefunden.«
11	a Ich sage euch aber: b Viele werden vom Anfang und Untergang kommen c und werden zu Tische liegen mit Abraham und Isaak und Jakob im Königreich der Himmel.		*13,28–29* *28 Dort wird sein Weinen und Zähneknirschen, wenn ihr sehen werdet Abraham und Isaak und Jakob und alle die Propheten im Königreich Gottes, ihr aber hin-*

12	a Die Söhne des Königreiches aber werden hinausgeworfen, in die äußere Finsternis.«		*ausgeworfen werdet.* 29 *Und sie werden kommen vom Aufgang und Untergang und vom Norden und Süden und werden zu Tische liegen im Königreich Gottes.*
13	a Und es sprach Jesus zu dem Hundertschaftsführer: b »Geh hin! c Wie du geglaubt hast, d soll dir geschehen!«		---
	e Und geheilt wurde der Knabe in jener Stunde.	10	a Und es kehrten nach Hause die Abgesandten b und fanden den Sklaven gesund.

5.1.3 Formkritik

Mt 8,5–13

Die Gliederung fällt leicht, weil der Text fast völlig aus direkter Rede besteht, so daß die Segmente meist am Sprecherwechsel erkennbar sind:

V 5–6	Zusammentreffen mit dem Wundertäter und Heilungsbitte
V 7	Bereitschaftserklärung Jesu
V 8–9	Modifizierte Heilungsbitte mit Begründung
V 10–12	Verwunderung Jesu und Wort an seine Begleiter
V 13 a–d	Heilungswort Jesu an den Hauptmann
V 13 e	Konstatierung des Erfolgs

Lk 7,1–10

Bei Lk ist der Text durch weitere Handlungsträger und durch den Wechsel von indirekter und direkter Rede etwas komplizierter, bleibt aber in seiner Gliederung dennoch leicht durchschaubar:

V 1	Anknüpfung an den vorhergehenden Text und Ortswechsel Jesu
V 2	Situationsangabe
V 3–5	Aussendung der ersten Gesandtschaft durch den Hauptmann mit Heilungsbitte in indirekter Rede und Begründung in direkter Rede
V 6a	Jesus geht mit ihnen
V 6b–8	Aussendung einer zweiten Gesandtschaft mit Ausrichtung der modifizierten Heilungsbitte des Hauptmanns
V 9	Verwunderung Jesu und Wort an die ihm nachfolgende Menge
V 10	Rückkehr der Abgesandten und Konstatierung des Erfolgs

5.1.4 Synoptischer Vergleich

Größere Unterschiede

Bei Mt fehlt das Motiv der doppelten Gesandtschaft (Lk 7,3–8.10). Entweder hat Mt es gestrichen, oder Lk hat es redaktionell hinzugefügt.

Mt 8,11–12 fehlt an dieser Stelle bei Lk. Er kennt die Verse in einem anderen Zusammenhang (13,28–29). Die Übereinstimmungen zeigen, daß es sich dabei ebenfalls um Überlieferungsmaterial aus der Logienquelle handelt. Auch hier gilt: Entweder hat Mt die Verse hier eingefügt, oder Lk hat sie hier gestrichen und anderswo untergebracht.

Kleinere Unterschiede

Die eigentliche Heilungsbitte (Mt 8,6) durch den Hauptmann fehlt bei Lk wegen der doppelten Gesandtschaft. Bei Mt wird nicht ganz deutlich, ob es sich um den ›Knecht des Hauptmanns‹ handelt oder um sein ›Kind‹. Das griechische Wort ›pais‹ läßt beide Übersetzungen zu. Bei Lk handelt es sich eindeutig um den ›Knecht‹ bzw. ›Sklaven‹ des Hauptmanns (griech.: doulos). Die Symptome der Krankheit werden verschieden geschildert: Bei Mt ist der Kranke »gelähmt« und »furchtbar gequält« (Mt 8,6). Bei Lk ist er »im Be-

griff zu enden« (Lk 7,2). Die Bemerkung, daß der Knecht dem Hauptmann »lieb war« (Lk 7,2), fehlt bei Mt.
Im sonst bei Mt und Lk wortwörtlich übereinstimmenden Wort des Hauptmanns an Jesus fehlt bei Mt die Bemerkung von Lk 7,7: »Deshalb habe ich mich auch nicht für würdig gehalten, zu dir zu kommen.« Bei Lk nimmt sie deutlichen Bezug auf die doppelte Gesandtschaft des Hauptmanns an Jesus.
Das Heilungswort Jesu (Mt 8,13) fehlt bei Lukas. Statt dessen sind bei ihm (Lk 7,10) die zurückkehrenden Abgesandten in die Konstatierung des Erfolgs einbezogen. Bei Mt wird dafür die »Stunde« der Heilung (vgl. Joh 4,52f) erwähnt.

5.1.5 Quellen- und Redaktionskritik

Wie die Geschichte in der Mt und Lk vorausliegenden Quelle aussah, wird erst ersichtlich, wenn genauer bestimmt ist, was im einzelnen auf die Redaktion des jeweiligen Evangelisten zurückgeht.
Daß *Matthäus* redaktionell eingegriffen hat, zeigen sprachliche Beobachtungen mit Hilfe der Kondordanz: »Königreich der Himmel« (Mt 8,11) z. B. (Lk 13,28 hat statt dessen »Königreich Gottes«) ist eine Vorzugsvokabel des Mt. »Söhne des Königreiches« kennt nur Mt (Mt 8,12; 13,38), ebenso auch »die äußere Finsternis« (Mt 8,12; 22,13; 25,30).
Komplizierter fällt der Beweisgang bei dem Logion von Mt 8,11 aus. Die Veränderung der Anredeform der zweiten Person Plural, die das Logion bei Lk 13,28 aufweist, in die Form des Aussagesatzes in der 3. Person Plural bei Mt 8,11 transformiert das Logion aus seiner Anredesituation bei Lk in die Form einer eschatologischen Verheißung für die Heiden und einer Drohweissagung für die Juden. So unterstreicht es nicht nur den Gedanken von V 10, sondern führt ihn weiter. Mt 8,10 spricht von dem beispielhaften, bei keinem in Israel sonst angetroffenen Glauben des Hauptmanns. Mt 8,11 f. geht grundsätzlich auf das Verhältnis von Juden und Heiden ein. Für Mt-Redaktion spricht außerdem folgende Überlegung: Dem Mt-Evangelisten wird aus der Erfahrung seiner gemischten, aus Juden- und Heidenchristen bestehenden Gemeinde, die noch im Bannkreis des Judentums und in Idealkonkurrenz zu

ihm steht, klar, daß die Heiden sich der christlichen Botschaft öffnen und so zum wahren Israel kommen. Ihnen, als dem neuen Israel, wird die Hoffnung auf die eschatologische Tischgemeinschaft mit den Stammvätern Israels eröffnet. Die Juden dagegen verschließen sich in ihrer Mehrzahl der christlichen Botschaft. In der Perspektive des Mt schließen sie sich damit auch vom eschatologischen Heil der Himmelsherrschaft, dessen legitime Erben als »Söhne des Königreiches« sie doch eigentlich wären, aus. Man darf darum annehmen, daß die ursprünglich der Logienquelle Q entstammenden Verse Mt 8,11–12 von Mt redaktionell in die Geschichte vom Hauptmann von Kapharnaum eingetragen worden sind.

Aber auch *Lukas* scheint seine Quelle redaktionell bearbeitet zu haben. Achtet man z. B. auf den kompositionellen Zusammenhang bei Lk, fällt auf, daß er der Geschichte vom Hauptmann von Kapharnaum die Geschichte von der Totenerweckung des Jünglings von Naim folgen läßt. Die Annahme bietet sich an, daß Lk die Symptome der Krankheit vom »Gelähmt-Sein« (Mt 8,6) zur Todesgefahr verstärkt hat (Lk 7,2). Lk konnte auf diese Weise von einer Errettung aus Todesgefahr zur Erweckung eines Toten steigern, um so die (bei ihm) folgende Johannesanfrage (Lk 7,18–23) vorzubereiten, wo in der Antwort Jesu die Wundertaten, auf die Jesus verweist, ihren Höhepunkt in dem »Tote werden erweckt« finden.

Daß *Heilungsbitte* (Mt 8,6) und *Heilungswort* (Mt 8,13) bei Lukas fehlen, hat seinen Grund darin, daß an beiden Stellen sich das Motiv der doppelten Gesandtschaft auswirkt. Ob das Fehlen redaktionell bedingt ist, hängt also letztlich ab von der Antwort auf die Frage, ob das Motiv der doppelten Gesandtschaft redaktionell auf *Lk* zurückzuführen ist oder schon in seiner Quelle stand.

Zur Entscheidung dieser Frage ist die doppelte Gesandtschaft formkritisch genauer in den Blick zu nehmen. In beiden Fassungen der Geschichte ist in ihrer Handlungsträgerkonstellation wichtig, daß zwischen Jesus und dem Hauptmann ein religiöser Gegensatz besteht. Jesus ist *Jude*, der Hauptmann *Heide*. Gerade darin ist der für die Handlung wichtige Zug begründet, daß Jesus auf Betreiben des Heiden (!) das heidnische Haus nicht betritt. Dieser Gegensatz in der Konstellation der Handlungsträger ist bei Lk nun durch das Motiv der doppelten Gesandtschaft unterstrichen. Der heidnische Hauptmann sendet zunächst Jesus als Juden näherstehende »Älteste der Juden« und dann, als Jesus seinem Haus näher kommt, ihm selbst näherstehende »Freunde« aus. Das hat für die Auffassung der Geschichte durch den Leser zur Folge, daß die ›Entfernung‹ zwischen Jesus und dem Hauptmann um so größer erscheint: Um sie zu überbrücken, bedarf es einer doppelten Vermittlung durch Mittelsmänner.

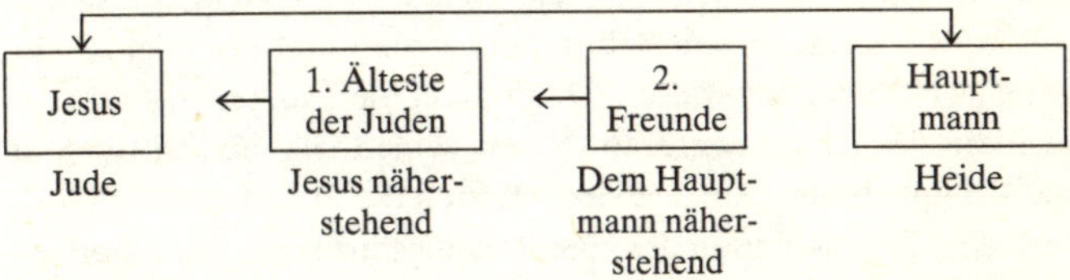

Achtet man auf das, was die beiden Gesandschaften jeweils zu sagen haben, versteht man, warum mit dem Mittel der Konstellation der Handlungsträger der Abstand zwischen Jesus und dem Hauptmann betont wird. Die erste Gesandtschaft beginnt ihre Aussage mit der Behauptung: »*Würdig* ist er, daß du ihm dieses gewährst.« Die zweite Gesandtschaft zitiert das Wort des Hauptmanns selbst: »Deshalb habe ich mich nicht für *würdig* gehalten, zu dir zu kommen.« Unter Verwendung des selben Wortes ›würdig‹ also wird die *Fremdeinschätzung* der *Selbsteinschätzung* des Hauptmanns im Widerspruch gegenübergestellt. »Durch den Kontrast aber tritt seine Selbsteinschätzung als eindrucksvolles Beispiel von Demut hervor.«[2]

Dem selben Zweck aber dient die zweifache Gesandtschaft als solche; »denn nicht nur durch das, was die Gesandten sagen, sondern schon durch ihr Auftreten wird der Centurio als demütig und bescheiden charakterisiert. Er wagt es nicht, selbst zu Jesus zu gehen, sondern schickt zweimal Gesandte aus, um sich an Jesus zu wenden.«[3]

[2] Ebd. 62.
[3] Ebd.

Damit aber tritt bei Lk verstärkt ein Moment in den Vordergrund, das auch der Mt-Fassung nicht völlig fremd ist. Hier kommt der Hauptmann zwar selbst zu Jesus, doch läßt er Jesus sein Haus nicht betreten und begründet dies mit: »Ich bin *nicht* wert, daß du eintrittst unter mein Dach.« Auch hier also zeigt er das, was wir eben »Demut« nannten. Doch bereitet sie bei Mt nur das Glaubenswort vor. Bei Lk fehlt dieses Glaubenswort keineswegs, doch ist, daß Jesus das Haus des Hauptmanns nicht betritt, dadurch noch stärker hervorgehoben, daß statt des Hauptmanns selbst nur seine Gesandten Jesus begegnen. Auf die Demut des Hauptmanns wird durch den Kontrast von Selbsteinschätzung und Fremdeinschätzung zusätzlich hingewiesen. Damit hebt die Darstellung auf ›Tugenden‹ des Hauptmanns ab. Neben seinen Glauben tritt betont die Demut. In der Aussage der Ältesten der Juden kommen weitere gute Eigenschaften des Hauptmanns hinzu. Sie charakterisieren ihn als »Gottesfürchtigen«, also als einen Heiden, der, vom jüdischen Gottesbild und der jüdischen Ethik angezogen, mit den Juden sympathisiert, ohne doch den letzten Schritt zu vollziehen, der ihn zum »Proselyten« machen würde, d. h. zu einem durch die Beschneidung zum Judentum übergetretenen Heiden mit der Pflicht, das *ganze* Gesetz zu halten. Außerdem läßt er sich in Großzügigkeit dieses Sympathisantentum etwas kosten: »Die Synagoge hat er selbst uns gebaut!« Auch die über Mt hinausgehende Bemerkung über den Knecht: »Der war ihm lieb« (Lk 7,2), liegt auf dieser Linie. Zwar kennt die Antike durchaus Beispiele persönlicher Freundschaft zwischen Herrn und Sklaven, aber es handelt sich um Ausnahmen. Normalerweise werden Sklaven im römischen Recht als ›res‹, als Sache verstanden. Daß der Sklave dem Hauptmann »lieb« ist, kennzeichnet den Herrn als einen, der über das Normale hinaus sozial gesonnen ist.

Hält man die doppelte Gesandtschaft und die damit verbundene Ausrichtung der Geschichte auf die Darstellung positiver Eigenschaften des Hauptmanns für auf Lukas zurückgehende Redaktion, erklärt sich auch, daß bei Lk von einem »Knecht« oder »Sklaven« die Rede ist, während sich das bei Mt verwendete Wort als »Kind« oder »Knecht« verstehen läßt. Lk vereindeutigt im Interesse seiner Aussageintention seine Quelle, die Mt hier besser erhalten hat. Denn daß sich einer um sein krankes Kind bemüht, dürfte selbstverständlich sein. Die Sorge aber um die Gesundheit bzw. das Leben eines Sklaven läßt den Herrn in positivem Licht erscheinen. Ansatzpunkt dafür, daß Lk aus dem doppeldeutigen »Kind/Knecht« seiner Quelle einen »Sklaven« gemacht hat, dürfte gewesen sein, daß in dem Glaubenswort des Hauptmanns, näherhin in dem Beispiel, in dem er auf die Verfügungsgewalt Jesu über die Krankheit verweist, schon in der Quelle (Übereinstimmung von Mt 8,9 und Lk 7,8) von einem »Sklaven« die Rede war.

5.1.6 Gattungskritik

Gattungsstil und Gattungsbezeichnung

Wenn es uns gelungen ist, die redaktionelle Überarbeitung durch Mt und Lk abzutragen, müßte sich die vor Mt und Lk liegende Fassung der Geschichte zeigen. Im Hinblick auf ihre Gattung weist sie utopische Züge einer *Wundergeschichte* auf: Symptomschilderung, Heilungsbitte und Heilungswort (bei Lk durch das redaktionelle Motiv der doppelten Gesandtschaft verdrängt) und schließlich Konstatierung des Erfolgs. Auch daß der Wundertäter nicht selbst am Ort der Heilung ist, so daß es sich um eine Fernheilung handelt, kann an sich der Topik der Gattung bzw. dem Gattungsstil von Wundergeschichten zugerechnet werden. Allein gerade bei diesem Zug erfährt das Gattungsschema »Wundergeschichte« in der konkret vorliegenden Geschichte eine Veränderung. Diesem zufolge dienen ›Fernheilungen‹ der Steigerung des Mirakulösen. Die übernormale Fähigkeit des Wunderheilers tritt spektakulär hervor. Hier aber wird der Topos ›Fernheilung‹ nicht um des Wundertäters willen eingesetzt; vielmehr bildet er nur den Ansatzpunkt für die besondere Eigenart des Glaubenswortes des Hauptmanns. Das aber traut Jesus trotz leiblicher Abwesenheit eine Wirkungskraft durch das bloße Wort zu, wie sie der Hauptmann in dem autoritären Ordnungsgefüge, in dem er selbst steht, bei seinen eigenen Befehlsworten als funktionierend erfährt. Daß dadurch die Krankheit, der Jesus nach dem Glauben des Hauptmanns gebieten kann, nahezu personifiziert erscheint, bleibt in den Möglichkeiten der

Gattung, die auf jüdischem Hintergrund dämonische Mächte in Krankheiten wirksam sieht, steht aber jedenfalls nicht im Mittelpunkt der Darstellung. Das Zentrum ist vielmehr der Glaube des Hauptmanns. Für sich genommen, ist der »Glauben des Bittstellers« zwar durchaus noch ein gattungsgemäßer Zug neutestamentlicher Heilungswundergeschichten. Der Glaube der Bittsteller an den Wundertäter kann Vorbedingung des Heilungswortes sein (vgl. etwa Mk 2,5). Die Art, wie hier indessen gattungsgemäße Züge wie ›Fernheilung‹ und ›Glauben des Bittstellers‹ eingesetzt werden, verläßt den Gattungsstil der Wunderheilungen im strengen Sinn. Es geht nämlich nicht um eine Fernheilung als solche. Die Eigenart der Geschichte hat mit der besonderen Eigenart des Glaubens zu tun, der hier vorausgesetzt wird. Hier ist Glaube nämlich Glaube an die Wirkkraft des Wortes Jesu trotz seiner leiblichen Abwesenheit.

Die Modifikation der Gattung Heilungswundergeschichte, die sich hier vollzieht, findet ihren Ausdruck noch in einer weiteren Eigenart der Geschichte. Sie knüpft wiederum bei einem innerhalb des Gattungsschemas auch sonst begegnenden Zug an, weitet ihn aber aus und verselbständigt ihn. Zwar kann auch sonst Jesus mit seinem Heilungswort am Glauben des Bittstellers anknüpfen (vgl. Mk 2,5) oder darauf zu sprechen kommen (vgl. Mk 5,34), doch tut Jesus hier angesichts des Glaubens des Hauptmanns das, was sonst die Umstehenden angesichts seiner Wundertaten zu tun pflegen: Er gerät ins Staunen über den Glauben des Hauptmanns und gibt ein Urteil darüber ab. Man kann, denkt man in gattungskritischen Kategorien, diese Reaktion als Verlagerung des Chorschlusses einer Wundergeschichte von der staunenden Menge auf Jesus ansehen, so daß das eigentliche Wunder der Geschichte nicht das Wunder der Heilung, sondern der Glaube des Hauptmanns ist. Es kommt an Besonderheiten hinzu, daß die Geschichte ausdrücklich betont, der Bittsteller sei ein *heidnischer* Hauptmann gewesen, dessen Glauben Jesus mit dem Glauben verglichen habe, den er in *Israel* gefunden bzw. nicht gefunden habe. In die Nähe unserer Geschichte kommt von allen neutestamentlichen Wundergeschichten noch am ehesten die von der Syrophönzierin aus der Markustradition (Mk 7,24–30). Auch die heidnische Frau dieser Geschichte demütigt sich. Auf den Glauben wird allerdings nicht so explizit abgehoben wie bei dem heidnischen Hauptmann. Doch nimmt Jesus auch dort Bezug auf das *Wort* der Bittstellerin. Auch handelt es sich ebenfalls um eine Fernheilung. Es scheint so, daß beide Geschichten Vertreter einer Untergattung der Gattung Heilungswundergeschichten sind, wie noch deutlicher die Reflexion auf den ›Sitz im Leben‹ zeigt.

»Sitz im Leben«

Wenn der »Sitz im Leben« der Heilungswundergeschichten im allgemeinen bestimmt ist durch die missionarische Situation (bei Juden, aber auch bei Heiden), in der durch die Verkündigung Jesu als eines Wundertäters der Glaube an ihn motiviert werden soll, so trifft dies für unsere Geschichte nur bedingt zu. In die missionarische Situation verweist sicherlich der Umstand, daß es ein Heide ist, der an Jesus glaubt, und dies im Unterschied zu Israel. D. h. aber auf der anderen Seite, daß die Geschichte weniger als Propagandamittel im Dienst der Mission steht, als vielmehr vor judenchristlichen Hörern die Aufnahme von Heiden in die Gemeinde begründen soll. Man konnte mit ihr auf das Beispiel Jesu selbst verweisen, der den Glauben des Heiden anerkannt hatte. In Wirklichkeit aber spricht die Geschichte nicht von einer Situation des historischen Jesus selbst, sondern handelt vom Glauben der nachösterlichen Gemeinde; der Hauptmann glaubt an die Wirksamkeit des Wortes Jesu, auch wenn dieser leiblich nicht anwesend ist – eine Situation, die die Glaubenssituation der nachösterlichen Gemeinde in einer Erzählung über den irdischen Jesus vorwegnimmt.

»Sitz in der Literatur«

Diese Funktion der Geschichte, ihr »Sitz im Leben«, aber hat sich durch ihre Wiederverwendung bei Mt und Lk verändert. Sie hat dort eine neue Funktion übernommen, einen »Sitz in der Literatur«. Sollte die Geschichte nämlich ursprünglich, d. h. in der Quelle, die Aufnahme von Heiden in die christliche Gemeinde rechtfertigen, so ist dies für Mt und Lk eine schon ausgestandene Situation. Dies ergibt sich aus der Gesamtsicht der beiden Evange-

lien, wie sie sich in ihrer redaktionskritischen Erforschung herausgestellt hat.
Die Gemeinde des *Matthäus* ist eine gemischte Gemeinde aus ehemaligen Juden und Heiden, die sich als das neue und wahre, universalistisch geweitete Israel versteht. Andererseits lebt die Gemeinde des Mt noch in Kontakt und in Konkurrenzsituation zum Judentum. Darum macht Mt durch seine Redaktion den Hauptmann programmatisch zu einem Vertreter der Heiden, die durch ihren Glauben Anschluß an das eigentliche Israel gewinnen und dies im Gegensatz zu den Juden, von denen der Evangelist aus Erfahrung weiß, daß sie sich dem Glauben an Jesus, der sie nach Meinung des Mt eigentlich erst »Israel« sein ließe, mehrheitlich verschließen.
Die Gemeinde des *Lukas* als überwiegend heidenchristliche Gemeinde kann sich in der Erfahrung ihrer eigenen Bekehrung von »Gottesfürchtigen« zu Christen im heidnischen Hauptmann wiedererkennen. Er kann so für sie zur Identifikationsfigur werden. Entsprechend verlagert die lukanische Redaktion den Akzent der Darstellung auf die Person des Hauptmanns. Sie zeigt ihn als einen Menschen, der sozial gesinnt ist, seinen Sklaven liebt, freigiebig ist, im Urteil anderer gut dasteht, ohne die Demut zu verlieren, und der nicht zuletzt voll starken Glaubens ist. Das Wunder tritt noch stärker zurück. Heilungsbitte und Heilungswort können fehlen. Die Darstellung des Lk gewinnt Legendencharakter, wenn man unter Legende nicht eine unwahrscheinliche Geschichte versteht, sondern eine Geschichte meint, die sich um die Bedeutsamkeit einer Person rankt, die in ihren guten Eigenschaften Vorbildcharakter für die Leser aufweist, die dadurch zur Nachahmung aufgefordert werden. So ähnlich verfährt Lk in seiner Passionsgeschichte. Der fromme Dulder Jesus wird darin zum Vorbild, dem der Leser nacheifern soll.

5.2 Die Fassung des Johannesevangeliums

5.2.1 Vorbemerkung und Textabgrenzung

Johannes ist literarisch von den Synoptikern unabhängig, auch

wenn er bisweilen, wie hier, den Synoptikern ähnliche Stoffe verarbeitet. Wir befinden uns dabei methodisch in einer ähnlichen Lage wie bei Mk. Weil eine Quelle nicht wie bei Mt und Lk durch synoptischen Vergleich erschlossen werden kann, müssen wir nach der Beschreibung der Form des vorliegenden Textes literarkritisch nach Konsistenz oder Inkonsistenz des Textes fragen. Führt die literarkritische Überprüfung zu dem Urteil, der Text sei inkonsistent, muß überlieferungs- bzw. quellenkritisch weitergefragt und redaktionskritisch die redaktionelle Überarbeitung erfaßt werden. Erst wenn es gelingt, die dem Redaktor vorausgehende Fassung zu erkennen, kann gattungskritisch nach der Gattung der Vorlage und nach ihrem »Sitz im Leben« gefragt werden, um einerseits die konkret vorliegende Einzelgeschichte in Abhebung von der Gattung besser beschreiben und verstehen zu können und andererseits unsere Kenntnis urchristlichen Gemeindelebens und seiner geschichtlichen Entwicklung voranzutreiben.
Die VV 43–55 führen Jesus nach seiner ersten Jerusalemreise im Aufriß des Johannesevangeliums wieder nach Galiläa. V 46 bringt ihn nach Kana zurück und knüpft an die Verwandlung von Wasser in Wein in Kana an. Mit Blick auf den zusammenfassenden V 54, der das Wunder dem ersten von Kana als »zweites Zeichen« beigesellt, lassen wir den Textabschnitt mit V 46 beginnen. V 54 schließt ab, denn in 5,1 beginnt mit einer erneuten Jerusalemreise ein neuer Abschnitt.

5.2.2 Text

Siehe folgende Seite

5.2.3 Formkritik

Die Gliederung ergibt sich unter Beachtung der Kriterien Ortswechsel, Wechsel der Handlungsträger und ihrer Konstellation, Sprecherwechsel, sowie unter Beachtung des Umschlags von Erzählung in Kommentar des Erzählers (vgl. V 54).

Vers 46 stellt die handelnden Figuren sowie die Orte vor und schildert die Notsituation. Die VV 47–50 führen Wundertäter und Bittsteller zusam-

4,46	a	Er kam nun wiederum nach Kana in Galiläa,
	b	wo er das Wasser zu Wein gemacht hatte.
	c	Und da war ein königlicher Beamter.
	d	Dessen Sohn war krank in Kapharnaum.
47	a	Jener hörte,
	b	daß Jesus gekommen sei aus Judäa nach Galiläa,
	c	und er ging zu ihm
	d	und bat ihn,
	e	daß er hinabsteige
	f	und seinen Sohn heile;
	g	er war nämlich im Begriff zu sterben.
48	a	Es sprach nun Jesus zu ihm:
	b	»Wenn ihr nicht Zeichen und Wunder seht,
	c	so glaubt ihr nicht.«
49	a	Es sagt zu ihm der königliche Beamte:
	b	»Herr!
	c	Steige herab,
	d	bevor mein Kind stirbt!«
50	a	Es sagt zu ihm Jesus:
	b	»Geh hin!
	c	Dein Sohn lebt!«
	d	Da glaubte der Mann dem Wort,
	e	das Jesus zu ihm gesprochen hatte,
	f	und ging hin.
51	a	Schon stieg er hinab,
	b	da begegneten ihm seine Knechte
	c	und sagten ihm,
	d	daß sein Sohn lebe.
52	a	Er erkundete nun die Stunde von ihnen,
	b	in der es ihm besser ging.
	c	Sie sprachen nun zu ihm:
	d	»Gestern um die siebte Stunde verließ ihn das Fieber.«
53	a	Es erkannte nun der Vater,
	b	daß es in jener Stunde war,
	c	in der Jesus zu ihm gesprochen hatte:
	d	›Dein Sohn lebt!‹
	e	Und es glaubte dieser und sein ganzes Haus.
54	a	Dieses aber wiederum wirkte Jesus als zweites Zeichen,
	b	als er aus Judäa nach Galiläa kam.

men. Die VV 51–52 bringen die Konstatierung des Wunders durch einen Dialog des Bittstellers mit seinen Knechten. V 53 führt die Reaktion auf das Wunder vor. V 54 verläßt die Erzählung. Der Erzähler kommentiert zusammenfassend das Geschehen und stellt es in einen größeren Erzählzusammenhang. Im einzelnen läßt sich wie folgt untergliedern:

V 46		Orte, Figuren, Notsituation
VV 47–50		Der Wundertäter und der Bittsteller
	V 47	Herantreten an den Wundertäter, Heilungsbitte (indirekte Rede) und erneute Schilderung der Notsituation
	V 48	Wort Jesu
	V 49	Erneute Heilungsbitte und erneute Schilderung der Notsituation
	V 50 a'	Heilungswort Jesu
	V 50 b'	Glaube und Rückkehr des Bittstellers
VV 51–52		Konstatierung des Erfolgs
	V 51	Meldung der Knechte über Heilung des Sohnes
	V 52 a'	Erkundung des Bittstellers nach der Stunde der Heilung
	V 52 b'	Antwort der Knechte
V 53 a'		Erkenntnis des Wunders
V 53 b'		Reaktion auf das Wunder
V 54		Kommentar des Erzählers

5.2.4 Literarkritik

Der doppelte Verweis auf Kana und das erste dort gewirkte Wunder am Anfang (V 46) und Ende des Textes (V 54) fällt auf.

Ebenso ist die dreifache Schilderung der Notsituation zu Anfang (V 46), nach der ersten Heilungsbitte (V 47) und in der zweiten Heilungsbitte (V 49) merkwürdig. Insbesondere ist die zweite Schilderung der Notsituation auffällig. Sie folgt unmittelbar auf die erste Heilungsbitte, gehört aber nicht mehr zur indirekten Rede derselben, sondern wird als Kommentar zu dieser erzählt. Inhaltlich (Todesgefahr) stimmt sie mit der dritten Schilderung der Notsituation überein. Doch ist diese Teil der direkten Rede (V 49).

Die Heilungsbitte selbst begegnet also zweimal, zum erstenmal in indirekter Rede (V 47), beim zweitenmal in direkter (V 49).
Auf der semantischen Ebene ist es schwierig, die doppelte Aussage über den Glauben des Bittstellers widerspruchsfrei zu verstehen. Glaubt er V 50 d zufolge *vor* der Erkenntnis des Wunders, führt ihn nach V 53 a–d gerade diese Erkenntnis zum Glauben. Daher läßt sich fragen, ob er *vor* oder *nach* dem Wunder glaube.
Hat man diese Schwierigkeiten einmal erkannt, muß auffallen, daß schon in dem Wort Jesu in V 48 vom Glauben die Rede ist. Dort wird man bemerken, daß Jesus im Gegensatz zu V 50 den Bittsteller in der *zweiten Person Plural* anredet. Oder redet er damit andere an? Andere aber werden in dem Textabschnitt nicht genannt.
Die Beobachtungen lassen die Vermutung zu, der Text sei inkonsistent, so daß sich die überlieferungs- bzw. quellenkritische Nachfrage nahelegt.

5.2.5 Überlieferungs- bzw. Quellenkritik

1. Zu der in der Überschrift zu diesem Abschnitt angedeuteten Vermutung, daß wir hier Quellenkritik und nicht Überlieferungskritik betreiben, gibt die doppelte Erwähnung Kanas, der Bezug auf das Weinwunder und vor allem die Zählung des Heilungswunders als *zweites* Zeichen Anlaß. Dadurch könnte nämlich darauf verwiesen sein, daß der Textabschnitt dem Redaktor nicht als Einzelüberlieferung vorlag, sondern schon Teil einer größeren Quelle war.
Folgt man dem Hinweis auf Kana (vgl. Literarkritik), zeigt sich, daß in 2,11 das Weinwunder als »Anfang der Zeichen« gezählt wird, ähnlich wie die Heilung in 4,54 als »zweites Zeichen«. Das ist um so auffallender, als zwischen beiden weitere (Wunder) »Zeichen« erwähnt werden, die Jesus in Jerusalem wirkte, allerdings ohne daß diese gezählt würden (vgl. Joh 2,23). Zwar ist dies im jetzigen Zusammenhang noch kein Widerspruch, denn die Heilung ist ja tatsächlich das »zweite Zeichen«, das Jesus in *Kana* gewirkt hat. Aber ist Kana der ursprüngliche Ort dieses »zweiten Zeichens«? In der Heilungsgeschichte ist nämlich außerdem als Ort

des Kranken *Kapharnaum* genannt, wie in der synoptischen Fassung. Liest man nach dem Weinwunder weiter, läßt sich sehen, daß Joh 2,12 Jesus nach der Hochzeit von Kana mit seinen Jüngern und Verwandten als Gefolge nach Kapharnaum führt. Man würde erwarten, daß in Kapharnaum etwas Entscheidendes geschehen oder gelehrt werde. Statt dessen wird nur gesagt, daß sie ein paar Tage dort bleiben. Der kurze Vers 13 führt Jesus sofort hinauf nach Jerusalem. Warum wird in V 12 überhaupt von Kapharnaum gesprochen? Nichts geschieht dort. Ist es bloß historische Reminiszenz? Dann dürfte man wohl auch von Stationen des Weges nach Jerusalem hinauf erwarten, daß sie erwähnt würden. Doch das geschieht nicht. Ein kurzer Vers genügt für die achttägige Reise. Das Paschafest der Juden steht vor der Tür, und Jesus steigt hinauf nach Jerusalem. Daß das eine stereotype Floskel ist, erweist die Wiederholung in Joh 5,1; 7,10. Die Floskel dient dazu, den Schauplatz zu wechseln und die Vermutung liegt nahe, daß V 13 in ein in Galiläa spielendes Geschehen eingreift, um den ganzen Komplex der Jerusalemreise unterzubringen. V 13 wäre nach dieser Vermutung nicht die alte Fortsetzung von V 12 gewesen, sondern hätte etwas, was in Kapharnaum geschehen war, abgeschnitten und die Jerusalemreise eingeschoben.

Dann fällt es nicht schwer, Joh 4,46 an 2,12 anzuschließen. Dann wäre gemäß Joh 2,12 Jesus von Kana nach Kapharnaum gegangen und hätte dort das Wunder der Heilung an dem Sohn des Königlichen vollbracht. Kapharnaum wird ja auch in der heutigen Fassung noch erwähnt (Joh 4,46d), und auch die Synoptiker siedeln die Geschichte in Kapharnaum an. Der Redaktor hätte demnach nach der Jerusalemreise Jesus wieder nach Kana zurückkehren lassen, nicht etwa, um das Motiv der Fernheilung zu unterstreichen, sondern *um das Wunder der Heilung dem Weinwunder deutlicher beizuordnen.*

»... In der Vorlage der Perikope von der Heilung des Sohnes des ›Königlichen‹ wird darum Kapharnaum wie bei den Synoptikern der Schauplatz der Heilungsgeschichte gewesen sein.«[4]

Die Überlegungen zeigen, daß sich die Annahme, der Textab-

[4] Ebd. 67f.

schnitt habe dem Johannesredaktor als Teil einer größeren Quelle vorgelegen, recht gut begründen läßt. Bei der Frage nach der Gattung muß darauf noch einmal eingegangen werden.

2. Die bei der Literarkritik beobachtete Spannung zwischen dem Glauben des Bittstellers *vor* der Erkenntnis des Wunders (V 50d) und *danach* (V 53a–d) läßt sich quellen- bzw. redaktionskritisch auflösen. Das Wort Jesu in V 48 tadelt nämlich einen Glauben, der durch das Ansichtigwerden von Zeichen und Wundern entsteht. Von einem solchen aber spricht V 53a–d. Der Mann kommt zum Glauben, weil und nachdem er erkannt hat, daß die Heilung seines Sohnes in derselben Stunde erfolgt ist, in der Jesus das Heilungswort gesprochen hat. Hält man das Wort Jesu in V 48 für einen korrigierenden Zusatz des Redaktors, muß man konsequenterweise nicht nur V 50d–f ebenfalls für redaktionell halten, sondern findet auch eine Erklärung für den auffallenden Umstand, daß sich das Wort Jesu an den Bittsteller der zweiten Person Plural bedient. V 50d–f läßt im Gegensatz zu V 53a–d den Mann schon auf das Wort Jesu hin glauben. Er geht also als einer, der ohne gesehen zu haben schon glaubt, der Erkenntnis des Wunders entgegen. Daher kann die zweite Person Plural im Wort Jesu (V 48) sich nur von daher erklären lassen, daß der Redaktor nicht nur die Figur des Bittstellers, von der er erzählt, im Blick hat, sondern darüber hinaus auch seine Leser meint. Sie befinden sich genau in der Situation, nicht sehen zu können und doch glauben zu sollen.

3. Hält man die VV 48 und 50d–f für redaktionell, erklären sich auch die in der Literarkritik beobachteten Auffälligkeiten der wiederholten Symptomschilderung und der doppelten Heilungsbitte. Fehlt nämlich das in der heutigen Fassung als ›retardierendes Moment‹ wirksam werdende Wort Jesu von V 48, muß die Heilungsbitte nicht mehr wiederholt werden. Zu fragen bleibt allerdings, welche der beiden Heilungsbitten der Vorlage zugehört und welche auf den Redaktor zurückzuführen ist. Achtet man darauf, daß die Redeeinleitung, die die *Heilungsbitte in direkter Rede* einführt (V 49), ebenso im historischen Präsens steht (»es *sagt* zu ihm der Königliche«) wie die Redeeinleitung des Heilungswortes von V 50 (»es *sagt* zu ihm Jesus«), kann man vermuten, daß es sich hier um die ursprüngliche Heilungsbitte handelt. Die redaktionelle Einfü-

gung des Jesuswortes von V 48 aber machte eine Doppelung notwendig. Der Redaktor folgte dieser Notwendigkeit, indem er dem redaktionellen Jesuswort ebenfalls redaktionell eine weitere Heilungsbitte voranstellte. Dies würde auch erklären, daß diese Heilungsbitte in der Vergangenheitsform eingeleitet wird und nicht in direkter (wie V 49), sondern in indirekter Rede erfolgt. So auch würde verständlich, warum in dieser ersten Heilungsbitte die Symptomschilderung »er war nämlich im Begriff zu sterben« einen so seltsam nachklappenden Eindruck macht. Der Redaktor hat darin die Bemerkung schon aufgegriffen, die in V 49 die Heilungsbitte so besonders dringlich macht: »Herr! Steige herab, *bevor mein Kind stirbt*!«

4. Sind diese überlieferungs- und redaktionskritischen Überlegungen zutreffend, hätte die Textvorlage des Johannesredaktors in der Quelle etwa folgende Gestalt gehabt:

Nach dem Weinwunder von Kana hat die Quelle Jesus nach Kapharnaum geführt (2,12). Dort aber war ein königlicher Beamter, dessen Sohn krank war. Er kommt zu Jesus und bittet ihn, seinen Sohn zu heilen. Jesus spricht das Heilungswort. Der Mann geht, trifft unterwegs seine Knechte, erfährt von ihnen die Stunde der Heilung, erkennt, daß es die Stunde gewesen ist, in der Jesus das Heilungswort gesprochen hat: und »es glaubte dieser und sein ganzes Haus«.

Abschließend wertet die Quelle dieses Wunder als »zweites Zeichen, das Jesus gewirkt hatte«.

5. Auch wenn diese Fassung der Geschichte in der Quelle des Johannesevangeliums von der synoptischen Fassung nicht literarisch abhängig ist, d. h. nicht aus unmittelbarer Kenntnis des Textes der Synoptiker entstanden ist, scheint sie mit der Geschichte des Hauptmanns von Kapharnaum überlieferungsgeschichtlich verwandt zu sein. Zwei Möglichkeiten scheint es hier zu geben. Entweder hat es einmal eine Texteinheit in mündlicher Überlieferung gegeben, die einerseits Aufnahme in die Logienquelle fand und andererseits unabhängig von Q auch das Traditionsmilieu erreichte, innerhalb dessen die Quelle des Johannesevangelisten entstanden ist. Oder, als zweite Möglichkeit: im Traditionsmilieu der Quelle des Johannesevangelisten waren die Synoptiker (oder einer

von ihnen) zwar nicht literarisch, aber eventuell durch mündlichen Vortrag, vielleicht im Gottesdienst, bekannt und wirkten so als Ausgangspunkt sich erneut bildender mündlicher Tradition, die schließlich in der Quelle des Johannesevangeliums ihren schriftlichen Niederschlag fand.

1. Möglichkeit

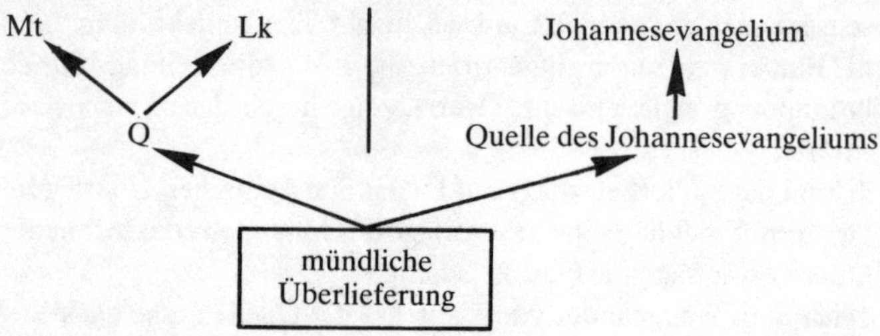

2. Möglichkeit

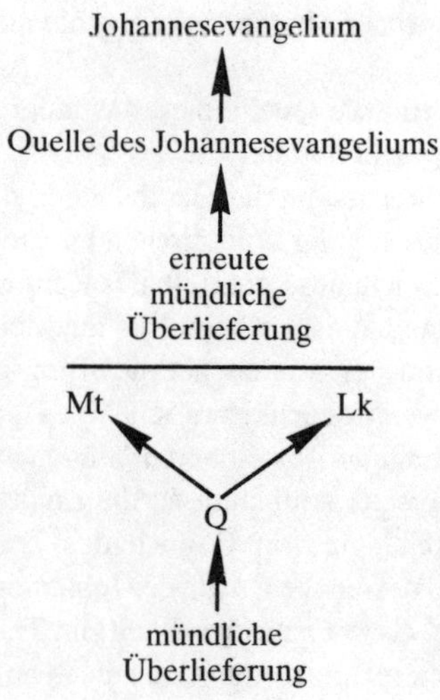

Beides würde gewisse *Anklänge*, insbesondere an die Mt-Fassung, die darin der Logienquelle nähersteht als Lk, erklären:
Bei *Mt* ist es nicht eindeutig, ob es sich um das ›Kind‹ oder den ›Knecht‹ des Hauptmanns handelt. Bei Joh bzw. in seiner Quelle ist es der »Sohn« (V 46) bzw. das »Kind« (V 49). Bei Mt begegnen wie bei Joh die Heilungsbitte mit Symptomschilderung (Mt 8,6; Joh 4,49) und das Heilungswort (Mt 8,13; Joh 4,50), in beiden Fällen mit der Aufforderung wegzugehen (vgl. auch die Anrede »Herr« in Mt 8,8 und Joh 4,49).
Bei Mt wird die »Stunde« der Heilung erwähnt (Mt 8,13 e), die in dem Feststellungsverfahren in Joh 4,51–53 sehr stark ausgebaut ist. Aber es gibt auch einen Anklang an die *Lk-Fassung*: Nur bei Lk 7,2 und Joh 4,49 wird die Todesgefahr erwähnt.
Mit *beiden Synoptikern* teilt die Quelle des Johannes den Ort des Geschehens Kapharnaum, das Moment der Fernheilung und das Motiv des Glaubens.
Doch finden sich gerade hier die gravierendsten *Unterschiede*. Macht der Glaube bei den Synoptikern das eigentliche Wunder aus, so entsteht in der Quelle des Johannes der Glaube erst *durch* dieses. Das Motiv der Fernheilung dient bei den Synoptikern nur dazu, den besonderen Glauben des Hauptmanns herauszustellen. In der Quelle des Johannes hat das Motiv sich verselbständigt. Wie insbesondere das stark ausgebaute Feststellungsverfahren im Gespräch des ›Königlichen‹ mit seinen Knechten erkennen läßt, ist die spektakuläre Fernheilung geradezu das Zentrum der Geschichte.
Damit sind wir zugleich auf die Frage nach der Gattung der Vorlage des Johannes verwiesen. Für sie ist nicht zuletzt von Bedeutung, daß, im Unterschied zu den Synoptikern und ihrer Vorlage, das Problem des Verhältnisses von Heiden und Juden keine hervorgehobene Rolle mehr spielt.

5.2.6 Gattungskritik

Die überlieferungskritisch erarbeitete Vorlage des Johannes weist folgende topische Züge auf, die sie der Gattung der Wundergeschichte, näherhin der Gattung der Heilungswundergeschichte zuweisen lassen: *Schilderung der Notlage, Herantreten an den Wundertäter, Bitte um Heilung, Heilungswort, Konstatierung des Erfolgs, Reaktion auf das Geschehen.*

Innerhalb dieser Gattung fällt die Vorlage des Johannes insbesondere durch das in ihr sehr ausgeprägte Motiv der Fernheilung auf. Im Unterschied zu den Synoptikern, bei denen die Wundergeschichten häufig noch die von Jesus verkündeten *Inhalte der Gottesherrschaft* sichtbar machen, konzentriert sich die Darstellung hier ganz auf die *Person des Wundertäters* mit seinen überragenden Fähigkeiten. Entsprechend führt die Geschichte auf den Glauben an ihn als an eine mit göttlichen Fähigkeiten ausgestattete Gestalt als ihr Ziel hin.

Noch eindeutiger als sonst läßt sich darum sagen, daß »die Wundererzählung Mittel der Mission« ist,[5] ihren »Sitz im Leben« also im Dienst der religiösen Propaganda hat.[6]

Denselben ›Sitz im Leben‹ hat die Quelle als ganze, wenn sie weitere besonders spektakuläre und massive Wunder nebeneinanderstellt und als »Zeichen« zählt. Wegen dieser Bezeichnung der Wunder hat man der vermuteten Quelle des Johannesevangeliums auch den Namen *»Zeichen«-Quelle* (oder griechisch *Sēmeia*quelle) gegeben. Wenn es sich in ihr um eine Sammlung besonders spektakulärer Wundergeschichten gehandelt hat, so hatte sie als ganze ihren »Sitz im Leben« in der Mission und wollte Glauben an Jesus schaffen, indem sie von ihm Taten erzählte, mit denen er alle Wundertäter sonst, von denen man sich in der Antike erzählte, in den Schat-

[5] *M. Dibelius*, Die Formgeschichte des Evangeliums, Tübingen [5]1966, 93.

[6] Wenn Jesus selbst seine den Bereich des Alltäglichen übersteigenden Taten als wirksame Zeichen dafür verstand, *wie* die von ihm als hereinbrechend verkündete Gottesherrschaft die Verhältnisse dieses Äons verändern wird und *daß* sie schon im Begriff ist, sie zu verändern, erzählt die Wundergeschichte der Quelle des Johannes ein Geschehen, das als legitimierendes »Zeichen« auf Jesus selbst verweisen und den Glauben an ihn motivieren, ja verursachen soll. An dieser Tendenz liegt es, wenn das eigentlich Wunderhafte, wie hier das Motiv der Fernheilung, gesteigert in den Mittelpunkt der Darstellung tritt. Dabei liegt das Ziel des Erzählers darin, missionarisch Glauben an Jesus zu wecken, wie insbesondere die Formulierung »und er kam zum Glauben, er und sein ganzes Haus« zeigt. Wir dürfen darin eine Wendung der Missionssprache sehen, die den Übertritt zum Christentum bezeichnet, und zwar in einer Zeit, »in der man mit seinem gesamten Haus glaubt, d. h. zum Christentum übertritt bzw. in die Kirche eintritt« (*F. Schnider / W. Stenger*, a. a. O., 80).

ten stellte. D. h. aber auch, die Quelle »steht in der Gefahr, Jesus unter die allgemein üblichen Wundertäter der Antike einzureihen und damit seinen einmaligen Anspruch in der Vielfalt antiken Religionswesens und Heilslehrenbetriebs aufgehen zu lassen... Aus dem Evangelium von Jesus Christus wird Kunde von einem Wundermann. Leicht besteht dann die Gefahr, in doketischer Weise zu vergessen, daß der Sohn Gottes Jesus von Nazareth ist, oder johanneisch ausgedrückt, daß der Logos Fleisch geworden ist und nicht als »Theios anär«, als Halbgott, unter die bekannten religionsgeschichtlichen Phänomene eingereiht werden darf.[7]
Darum auch läßt sich die Redaktion des Johannesevangelisten als Korrektur der Vorlage verstehen.

5.2.7 Redaktionskritik

Gerade Vers 48 macht das deutlich. Er übernimmt nicht eine Funktion im Ablauf der Geschichte: Jesu Anrede richtet sich nicht an den mit der Heilungsbitte herantretenden Vater, sondern spricht in der den Leser mitumfassenden Anredeform der zweiten Person Plural: »Wenn *ihr* nicht Zeichen und Wunder seht...!« Der Satz ist eine klare Kritik an dem durch die alte Wundergeschichte vertretenen Glaubensbegriff. Der Mensch will sich, bevor er glaubt, vergewissern. Wenn er nicht zuvor sieht, will er nicht glauben, und gleicht darin Thomas, der als Vorbedingung seines Glaubens die Spuren der Nägel in den Händen des Auferstandenen sehen wollte (Joh 20,25). Ein Glaube, der sich ausschließlich auf äußerlich sichtbare Wunder und Zeichen stützt, wird aber von Jesus zurückgewiesen.
Glaube, der nur durch das Ansichtigwerden spektakulärer Wundertaten entsteht, ist kein Glaube. Denn das Zeichen als solches ist immer zweideutig; pures Sehen der Zeichen kann nicht zum Glauben führen (vgl. Joh 6,26). Glaube beginnt vielmehr da, wo dem Wort, das Jesus gesprochen hat, geglaubt wird. Das Wort Jesu verkündet das Leben. Im Glauben wird es angenommen. So sagt es

[7] Ebd. 81.

der zweite von dem Redaktor in die Vorlage eingetragene Vers (Joh 4,50 d–f).[8]

Warum aber hat dann der Redaktor die Spannung zwischen dem Glauben vor dem Wunder und dem durch das Wunder entstehenden Glauben nicht gestrichen? Deshalb nicht, weil bei ihm der Mann jetzt als Glaubender auf das Wunder zugeht und es als Glaubender erst eigentlich so erkennen kann, daß es sich ihm zu weiterem Glauben erschließt. Er glaubt jetzt nicht mehr an Jesus als einen, wenn vielleicht auch den größten unter den vergleichbaren Wundertätern, sondern erkennt ihn in seinem Glauben als denjenigen, der die eigentliche Heilung und Rettung vor dem Tod ist.

[8] Ebd.

6 *Ein alttestamentlicher Psalm*

(Ps 23)

6.1 *Vorbemerkung*

Die Anordnung des Textes in Druckzeilen folgt wieder unseren oben gemachten Vorschlägen zur Vorbereitung der Segmentierung eines Textes. Doch stärker als bei den bisher behandelten Texten erscheint dabei schon vorgriffhaft die strukturelle Gestalt des Psalms. Dies hängt nicht nur an seiner relativen Kürze, die ihn für das Auge leichter überschaubar macht, sondern an seinem poetischen Charakter.[1]

Poetische Sprache besitzt wesentlich mehr Möglichkeiten der Textstrukturierung als die Alltagssprache oder auch als narrative Texte, wie wir sie bisher beobachteten, so daß die Struktur deutlicher hervortreten kann. Zugleich aber macht dies die eingehende Beschreibung wesentlich komplizierter. Denn in der poetischen Sprache sind die einander korrespondierenden Gliederungssignale auf noch mehr sprachliche Ebenen verteilt, die einander entsprechen oder variieren, als dies in der Prosa der Fall ist. Auch wenn wir gewisse Ebenen wie z. B. die Ebene des Metrums, des Rhythmus und die Ebene der Lautung außer acht lassen müssen, weil wir den Text nicht im hebräischen Original, sondern in einer Übersetzung vor uns haben, werden wir bei der Beschreibung sehen, daß wir zur Textgliederung doch mehr Kriterien berücksichtigen müssen als bei den bisher beschriebenen narrativen Texten.

Die Textabgrenzung fällt leicht. An der Überschrift »Ein Psalm Davids« ist der Texteinsatz in 23,1 ebenso erkennbar wie das Textende in 23,6b durch die Überschrift »Ein Psalm Davids« über dem folgenden Text in 24,1a.

6.2 *Text*

Siehe folgende Seite

[1] Hierzu vgl. genauer, *W. Stenger,* Strukturale »relecture« von Ps 23, in: E. Haag/F. L. Hossfeld (Hrsg.), Freude an der Weisung des Herrn. Beiträge zur Theologie der Psalmen. FS f. Heinrich Groß (SBS 13), Stuttgart 1986, 441–455.

			1a	Ein Psalm Davids		
I.	Er		1b	Der HERR ist mein Hirte.	HIRT	I.
			c	Ich leide keinen Mangel.		
			2a	Auf grüner Weide läßt er mich lagern.		
			b	An Wasser der Ruhe geleitet er mich.		
			3a	Er erneuert meine Lebenskraft.		
			b	Er führt mich auf geraden Wegen um seines Namens willen.		
II.	Du	GEFÄHRDUNG	4a	Müßt' ich auch wandern im Tal des Todesschattens,		
			b	ich fürchte kein Unheil,		
			c	denn DU bist mit mir,		
			d	DEIN Hirtenstab und DEINE Keule, die geben mir Zuversicht.		
			5a	DU deckst mir reichlich den Tisch angesichts meiner Feinde.	GASTGEBER	II.
			b	DU salbst mir das Haupt mit Öl		
			c	und schenkst mir den Becher voll ein.		
III.	Er		6a	Nur Gutes und Güte werden mir folgen alle Zeit meines Lebens,		
			b	und ich werde bleiben im Hause des HERRN eine lange Lebenszeit.		

6.3 *Formkritik*

6.3.1 *Makrostruktur*

1. In poetischer Sprache häufen sich Metaphern. Schon die erste Zeile nach der Überschrift eröffnet eine ausgeführte Metapher: »Der HERR ist mein Hirte.« Folgt man ihr – als Hirte sorgt der HERR, gibt Nahrung, löscht den Durst, läßt die Vitalität des sich von ihm behütet wissenden Beters wiederkehren –, läßt sich sehen, daß metaphorisch bis in V 4 hinein gesprochen wird: »Hirtenstab und Keule« sind die Werkzeuge des Hirten: eine Art Wurfschaufel, mit der er die Herde leitet, und ein Schlagstock, mit dem er sie gegen wilde Tiere verteidigt.
In V 5 setzt dann ein neues Bild ein: Der HERR deckt den Tisch des Beters, salbt sein Haupt mit Öl und füllt mit Wein seinen Becher.

Versteht man das »Haus des HERRN« von V6 als Ort dieses »Gastmahls«, hält sich dieses Bild bis zum Textende durch. Unter dem Gesichtspunkt der Metaphorik ergibt sich so eine *Zweigliederung* des Textes:

VV 1b – 4 Bild des Hirten (I.)

VV 5 – 6 Bild des Gastgebers (II.)

Noch eines kann uns hier auffallen. In dem von der Hirtenmetapher bestimmten Teil ist der HERR mit dem Beter im wesentlichen *unterwegs*. Im Gegensatz dazu darf der Beter in dem von der Gastgebermetapher beherrschten Textteil zur Ruhe beim HERRN kommen, er darf im Haus des HERRN *bleiben*. Beides scheint aber dennoch kein Gegensatz zu sein: Der HERR wird nämlich am Anfang des Textes (im Hirtenmetapherteil) und am Schluß des Textes (im Gastgebermetapherteil) ausdrücklich genannt. Der alttestamentliche Gottesname – den wir in diesem Kapitel mit HERR wiedergeben, weil Israels Ehrfurcht es verbietet, den NAMEN auszusprechen, und wir wenigstens einmal daran erinnern wollen – der Gottesname also an Textanfang und Textschluß aber hält wie eine Klammer den Text als *Einheit* zusammen. Literaturwissenschaftlich wird man dies als eine »inclusio« bezeichnen, als »Einschluß« einer bestimmten Textpartie durch Wiederholung des Anfangswortes am Ende.

2. Der Gegensatz von *Gegliedertheit* und *Einheitlichkeit* des Textes findet sich auch auf einer anderen Ebene des Textes. Von narrativen Texten herkommend, würden wir diese Ebene als die Ebene der *Akteure* oder Figuren oder Handlungsträger bestimmen. *Handlungsträger* ist ein »Ich«, und zwar durch den ganzen Text hindurch, gewissermaßen als roter Faden die *Einheitlichkeit* des Textes betonend. Achtet man allerdings auf die Konstellation oder Konfiguration der Handlungsträger, zeigt sich der Text als *gegliederte* Einheit. Denn zunächst (in den ersten sechs Zeilen, d. h. in den Versen 1–3) macht dieses »Ich« Aussagen über sein Verhältnis zum »HERRN« (3. Person Einzahl), und zwar, wie man erschließen darf, vor nicht eigens genannten Dritten, womit, da der Text schriftlich vorliegt, auch jeder Leser sich als gemeint verstehen darf und soll. In den folgenden sieben Zeilen (Verse 4–5) redet dieses »Ich« dagegen den HERRN selbst mit »Du« an (2. Person

Einzahl), um in den zwei letzten Zeilen (Vers 6) zur Aussage über den »HERRN« vor anderen zurückzukehren.
Damit legt sich als Aufbau eine Gliederung in *drei Teile,* einen »Er«-Teil, einen »Du«-Teil und einen »Er«-Teil nahe:

I.	VV 1b–3	»HERR« – Aussage – 3. Person Singular
II.	VV 4–5	»Du« – Anrede – 2. Person Singular
III.	V 6	»HERR« – Aussage – 3. Person Singular

3. Der Gegensatz von Zweierstruktur auf der Ebene der Metaphern und Dreierstruktur auf der Ebene der Handlungsträger wird aber ›aufgehoben‹ durch eine Eigentümlichkeit auf der *semantischen Ebene,* d. h. auf der Ebene der Bedeutung. Denn sowohl der »Hirten«-Teil als auch der »Gastgeber«-Teil der metaphorischen Ebene reichen in den »Du«-Teil hinein, der bei der Dreiergliederung auf der Ebene der Handlungsträger die Mitte ausmacht. Und nur in diesem »Du«-Teil begegnet sowohl in der »Hirten«-Strophe als auch in der »Gastgeber«-Strophe auf der semantischen Ebene die Situation der Gefährdung des betenden »Ich«. Im »Tal des Todesschattens« erfährt dieses sich als vom HERRN behütet und »vor den Augen der Feinde« bewirtet und ausgezeichnet. Die Dreiergliederung verschränkt sich mit der Zweiergliederung wie gefaltete Hände. Die »Gott = Hirte«-Strophe beginnt mit einem Aussageteil (3. Person) und geht dort in einen Anredeteil (2. Person) über, wo der Beter sich in der Gefahr weiß. Die »Gott = Gastgeber«-Strophe hebt in dieser Gefahr mit einem Anredeteil (2. Person) an und endet mit einem Aussageteil (3. Person). Die Gegenläufigkeit der beiden möglichen Gliederungen ist nicht zufällig, sondern intentional, d. h., sie ist absichtlich »gemacht«. Sie dient der Verschränkung unterschiedlicher Redeweisen und gegensätzlicher theologischer Vorstellungen und ist makrostrukturell die besondere Eigenart von Ps 23, macht seine individuelle Form aus.
Wie jeder Reklametexter weiß, ermöglicht die strukturierte Form erst die Wirkung des Textes auf den Leser. Nicht anders ist es bei biblischen Texten. Die Form ist nicht spielerische Zutat, sondern will den Leser in eine bestimmte Haltung versetzen, will ihn ›ergreifen‹. Wer den Raum von Psalm 23 betritt, d. h., wer ihn nicht

nur als Aussage eines anderen »Ich« liest, sondern sich mit dem »Ich«, das da redet, identifiziert, d. h. den Psalm betet, ist in der Rolle des »Ich«, das im Text sich ausspricht, im Raum des Textes vom »HERRN« umgeben. Der »HERR« zu Beginn und Schluß des Textes ist buchstäblich hinter ihm und vor ihm. Mit dem »Ich« des Textes, oder besser in der Rolle des »Ich«, macht der Leser Aussagen über den HERRN: Sein Hirte ist der HERR, der ihm den Hunger stillt (»Weide«), den Durst löscht (»Wasser«) und ihm da, wo er müde und matt wird, seine Vitalität wiederkehren läßt (»Lebenskraft«). Da, wo er keinen Weg mehr weiß, führt ihn der HERR.

Wen redet das »Ich«, bzw. in seiner Rolle der Leser, eigentlich an? Den HERRN nicht, denn er macht Aussagen *über* ihn, will also über den HERRN und dessen Verhältnis zu ihm *anderen,* den Zeugen dieses Bekenntnisses, etwas sagen. Doch dann wechselt der Adressat dieser Rede. Das »Ich« wendet sich im »Du« *an den HERRN selbst.* Gewandelt hat sich auch die Situation des »Ich«: Es ist in höchster Gefahr (»Tal des Todesschattens«). Was das »Ich« und in ihm der Leser vorher über den HERRN anderen bekannt gemacht hat, muß sich in der existentiellen Gefahr bewähren. Und es bewährt sich im Vertrauen. Das »Ich« weiß, daß der HERR ihn sicher als Hirte durch die Gefahr führt, daß er »mit ihm« ist auf den Wegen. Und dieses Vertrauen trägt so sehr, daß das »Ich« und in ihm der Leser mitten in der Bewegung seines gefährlichen Weges erfährt, daß er sich zugleich an einem festen Ort befindet, wo er bei dem HERRN ist, der ihm Hunger und Durst, d. h. alles, was ihn mindert, mitten in der Gefahr (»angesichts meiner Feinde«) im Übermaß stillt. Und er wendet diese im Vertrauen gemachte neue Erfahrung mit dem »HERRN« im neuen Vertrauen gegenüber dem »Du« des »HERRN« in einem neuen Bild an. Der »HERR« ist der *Gastgeber,* bei dem er sich in der Gefahr geborgen weiß.

Damit ist der Psalm aber noch nicht am Ende. Die neue Erfahrung, die das »Ich« in der vertrauensvollen Anrede an den »HERRN« als Gastgeber schon für sich selber angewendet hat, verlangt nach Mitteilung auch an andere. Das »Ich« und in ihm der Leser wechselt wieder über in die Aussageform und bekennt wieder vor ande-

ren, was der HERR für ihn ist: nicht nur der Hirte, der mit ihm ist und ihn führt, sondern der Gastgeber, in dessen Haus er wohnen darf, der ihm einen festen Ort bei sich gibt. Das kann für die Angeredeten Anstoß zu eigenem (modifiziertem) Bekennen sein: »Der HERR ist mein Fels, meine Burg, mein Erretter« (Ps 18,3).
In Form einer Strukturskizze lassen sich die Beobachtungen zur Makrostruktur wie folgt festhalten:

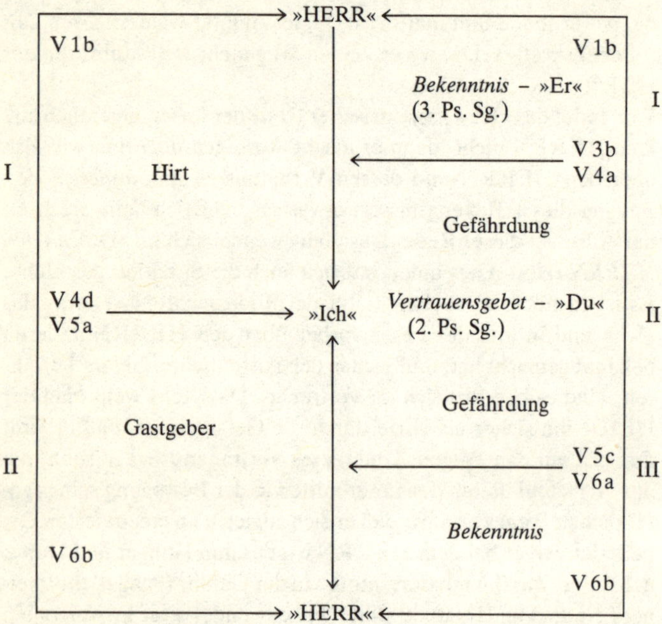

6.3.2 Mikrostruktur

Nachdem wir die Makrostruktur des Textes erhoben haben, gilt es nun, die Mikrostruktur der Textteile zu analysieren. Wenn dabei Beobachtungen gemacht werden, die wiederum für die Makrostruktur bedeutsam werden, ist das ein Zeichen dafür, daß in der konkreten Textanalyse die Beobachtungen zur Makrostruktur sich nicht absolut von denen zur Mikrostruktur und umgekehrt trennen lassen, weil nämlich Ganzes und Teile eines Textes so miteinander verwoben sind, daß die Teile das Ganze bestimmen und

dieses sich wiederum auf die Teile auswirkt. Dabei könnten die Beobachtungen zur Mikrostruktur zunächst den Anschein erwecken, unter den soeben als gleichberechtigt herausgestellten Makrostrukturen sei nun doch die Dreiergliederung der Zweiergliederung übergeordnet.
Sequenz I und Sequenz III zeigen sich nämlich im Unterschied zu Sequenz II auf den ersten Blick auch im Mikrobereich strukturiert. Doch fehlt eine Strukturierung bei Sequenz II, die sie rahmen, nicht völlig; sie ist nur etwas schwieriger zu erkennen.

Sequenz I (1b–3)

Sequenz I, vom HERRN ganz in der dritten Person sprechend, ist mikrostrukturell geschlossen aufgebaut. Zunächst fallen die Aussagen über »Weide« (V 2a) und »Wasser« (V 2b) als eng aufeinanderbezogen auf. In beiden Fällen geht dem Verb eine Umstandsbestimmung (»auf grüner Weide« / »an Wasser der Ruhe«) betont voran, so daß die beiden Sätze in strenger Parallelität »syntaktisch völlig gleich aufgebaut und inhaltlich eng aufeinander abgestimmt sind«.[2]
Beide Sätze werden durch zwei Sätze eingerahmt, die inhaltlich umfassender sind (»ich leide keinen Mangel« V 1c / »er erneuert meine Lebenskraft« V 3a). V 1b ist gewissermaßen der Obersatz, der im folgenden entfaltet wird. V 3a »hinwiederum zieht gleichsam das Fazit der Bildaussagen, indem er die Wirkung der göttlichen Fürsorge herausstellt: sie bringt Erneuerung der Lebenskraft«.[3] Außerdem tritt in beiden Fällen die Person des Beters in den Vordergrund, im ersten als Subjekt (V 1c), im zweiten mit dem Ausdruck »naphṣi« (meine Lebenskraft, Seele).[4] Schließlich beziehen sich, das Ganze umfassend, auch die Sätze »Der HERR ist mein Hirte« (V 1b) und »Er führt mich auf geraden Wegen um seines Namens willen« aufeinander. Im ersten Satz wird nämlich der *Name* des HERRN genannt, im letzten wird darauf verwiesen (»um seines Namens willen«). Schließlich beschreibt der letzte umfassend und auf das wesentliche semantische Merkmal des Hirten-

[2] *D. Mittmann,* Aufbau und Einheit des Dankliedes Ps 23, in: Zeitsch. f. Theol. u. Kirche 77 (1980) 4.
[3] Ebd. 5.
[4] Ebd. 4.

bildes konzentrierend, was Aufgabe des »Hirten« (V 1 b) ist: er »führt auf geraden Wegen«.
Damit ergibt sich folgende Struktur:

a	Der HERR ist mein Hirte.
b	Ich leide keinen Mangel.
c	Auf grüner Weide läßt er mich lagern,
c'	an Wasser der Ruhe geleitet er mich.
b'	Er erneuert meine Lebenskraft.
a'	Er führt mich auf geraden Wegen um seines Namens willen.

Sequenz III (6 a–b)

Auch der letzte Teil des Textes, ebenfalls von Jahwe in der 3. Ps. Sgl. redend, ist in sich geschlossen. Beide Sätze blicken in die Zukunft und bilden einen Parallelismus: »Stilistisch ist diese Parallelität der Verse hier gesichert durch die beiden Endstichen, die synonym mit einer futurischen Zeitangabe enden: ›alle Zeit meines Lebens‹ (V 6 a), ›eine lange Lebenszeit‹ (V 6 b). Aber auch inhaltlich sind die beiden Sätze aufeinander beziehbar; denn ›Gutes und Güte‹, die dem Beter folgen, sind Größen, die vom HERRN ihren Ausgang nehmen, die ›Güte‹ des HERRN ›Bereitschaft‹, für den anderen (d. h. hier für den Beter, A. d. V.) dazusein«,[5] »zielt mehr auf den Geber des Guten, auf sein Wesen und seine Haltung, ṭôb (›gut‹) auf den konkreten Ausfluß seines von ḥesed (›Güte‹) durchdrungenen Wesens und Verhaltens, auf die ›Gabe des Guten‹, so daß ›Gutes und Güte‹ ›hier fast hypostatische Größen‹«[6] sind, d. h. für den HERRN selbst eintreten und damit in Parallelismus der Erwähnung des HERRN im letzten Satz entsprechen.
In dessen Haus darf der Beter wohnen, um dort seinen Schutz zu erfahren:
»Nur Gutes und Güte werden mir folgen *alle Zeit meines Lebens*, und ich werde bleiben im Haus des HERRN *eine lange Lebenszeit.*«

[5] *H. J. Stoebe,* Art. haesaed, in: Theol. Wörterbuch z. AT I, 611.
[6] *D. Mittmann,* a. a. O., 13.

Sequenz II (4–5)

Die Grenze der beiden Bildfelder läuft, wie schon bemerkt, mitten durch die Sequenz, so daß man sie in zwei Segmente 4 a–d und 5 a–c gliedern muß, ohne doch die Einheit der Sequenz, die durch die sie durchziehende Du-Anrede konstituiert wird, aufzugeben.

Formal ist Sequenz II weit weniger »geprägt« als die übrigen, was mit der Du-Anrede zusammenzuhängen scheint. Soll die strengere Geprägtheit der Bekenntnisteile (Sequenz I und III) nämlich die Aussage des »Ich« über sein Verhältnis zum HERRN vor anderen wirksam werden lassen, so ist das sprechende »Ich« in der Anrede an den HERRN freier und weniger unter Formzwang. Völlig amorph ist die Rede indessen nicht.

Die Situation der Gefährdung wird jeweils zu Beginn der beiden Untersegmente genannt (»Müßt' ich auch wandern im Tal des Todesschattens« V 4 / »angesichts meiner Feinde« V 5 a).
Im Segment 1 drückt das »Ich« zunächst seine Furchtlosigkeit negativ aus (»ich fürchte kein Unheil« V 4 b), um diese dann zu begründen (»denn DU bist mit mir« V 4 c). Dann sagt es dasselbe positiv: »sie geben mir Zuversicht« (V 4 d), wobei die Begründung (»DEIN Hirtenstab und DEINE Keule« V 4 d) vorangeschickt wird.
Im Segment 2 ergibt sich dadurch eine Gliederung, daß die eng zusammengehörigen Taten Gottes am Beter, nämlich Speisung (»Tisch« V 5 a) und Tränkung (»Becher« V 5 c) als erste und letzte die Salbung mit Öl (V 5 b) als mittlere rahmen.
Dabei schließt sich Segment 1 unmittelbar an Sequenz I an, denn das »Er führt mich auf geraden Wegen...« wird in »Müßt' ich auch wandern im Tal des Todesschattens« aufgenommen und weitergeführt. Ähnlich bereitet Segment 2 Sequenz III vor; denn Speisung, Salbung und Tränkung entfalten, was am Ort des Beters »im Hause des HERRN« sich vollzieht. In der Verbindung von Segment 1 mit Sequenz I und von Segment 2 mit Sequenz III wirken sich wieder die beiden Bildfelder aus, und es könnte scheinen, als sei die Zweigliederung nun doch dominant, wenn nicht, jetzt wiederum auf der makrostrukturellen Ebene angesiedelt, Relationen zwischen den einzelnen Sequenzen bestünden, die Zweiergliederung und Dreiergliederung miteinander verschränkten.

6.3.3 Der »räumliche« Charakter des Textes

Daß man diese Beziehungen gewahren kann, hat seinen Grund darin, daß der Textsinn nicht nur durch das Nacheinander der sprachlichen Zeichen konstituiert wird, sondern auch durch die diese Sukzession übergreifenden Beziehungen zwischen den Textelementen im »Raum« des überschaubaren und poetischen Textes erzeugt wird. Besonders in poetischen Texten wird über die sukzessive Anordnung der Textsegmente hinaus ein Netz von Beziehungen zwischen räumlich oft weit auseinanderliegenden Textteilen wirksam, das diese im Dienste des Textsinns als ganzen in Opposition oder Äquivalenz aufeinander bezieht und durch wiederholte Lektüre zu entdecken ist.

Im vorliegenden Ps 23 wird der »räumliche« Charakter des Textes schon durch die inklusionsartige Nennung des Gottesnamens zu Anfang und Ende des Psalms betont. »Der HERR« ist die Klammer, die in V 1b und V 6b den Text als ganzen zusammenhält. Dem entspricht, daß das »Ich« des Dichters, das das Ich des Beters sein will, in jedem Vers des Textes begegnet. Die Überschrift »Ein Psalm Davids« (V 1a) und der Text (VV 1b–6b) sondern sich dadurch merklich, stehen aber in einem einander interpretierenden Bezug. Das »Ich« des Textes nämlich ist keine einsame Existenz im modernen Sinn, sondern tritt, wie anderswo in den Psalmen auch, durch die Überschrift in eine »königliche Situation«,[7] d. h. in eine für viele stehende repräsentative, und kann darum auch das Bild von Gott als dem Hirten, das »ursprünglich auf das Volk, das als Herde geführt und geschützt wird«, bezogen wurde (vgl. Ps 80,2),[8] auf die eigene Situation anwenden, ohne daß die von Haus aus politische Metapher idyllisch privatisiert würde. Innerhalb des vom HERRN eingefaßten, vom »Ich« des Beters durchzogenen Raumes des Textes kommt es nun zu wichtigen Relationen zwischen den einzelnen Sequenzen und Segmenten, die die »Botschaft« des Psalms semantisch färben und durch Redundanz absichern, dadurch daß sie die Teile des Textes über ihr Nacheinander hinausgehend miteinander verschränken.

[7] *H. J. Kraus,* Psalmen I (Bibl. Kommentar AT, 15/1), ^{2}1961, 189.
[8] Ebd.

Die augenfälligste Relation ist eine der Äquivalenz zwischen Sequenz I und Sequenz II, Segment 2. Denn die Erwähnung der »Weide« und der »Wasser der Ruhe« (VV 2a+b) zielt auf die aufeinanderbezogenen, grundlegendsten vitalen Bedürfnisse von Essen und Trinken. Von beiden aber ist auch in V 5a und V 5c die Rede. Dabei ist jedesmal die gleiche Reihenfolge der beiden Terme gewahrt; dem »Trinken« geht das »Essen« voran. Werden die Aussagen über die »Weide« und »die Wasser« von zwei umfassenderen Aussagen umrahmt, deren erste negativ ist: »Ich leide keinen Mangel« (V 1c), und deren zweite positiv ist: »Er erneuert meine Lebenskraft« (V 3a), und die beide darin übereinkommen, daß sie von der durch den HERRN dem Beter gewährten Fülle der Existenz sprechen, so rahmen die Aussage über den »Tisch« (V 5a) und die Aussage über den »Becher« (V 5c) ihrerseits eine Aussage, die davon spricht, daß der HERR dem Beter Ehrung zuteil werden läßt, seine Ansehnlichkeit, seinen ›kabod‹, mehrt, so daß ihm Existenz ohne Mangel in Fülle zuteil wird: »Du salbst mir das Haupt mit Öl« (V 5b). Die voneinander unterschiedenen Bildfelder von dem HERRN als dem »Hirten« und dem HERRN als dem »Gastgeber« werden mithin an einer Stelle beinahe deckungsgleich, wobei zugleich zu bemerken ist, daß damit der erste Bekenntnisteil eng auf den zweiten Vertrauensteil (V 5a–c), mit seiner Situation der Gefährdung den ersten Vertrauensteil (V 4a–d) übergreifend, bezogen ist.
In ähnlich verschränkender und übergreifender Weise sind im Raum des Textes auch Sequenz II, Segment 1 und Sequenz III aufeinander bezogen, und zwar diesmal oppositionell, was sich der »Widersprüchlichkeit« der beiden Bildfelder verdankt: Ist der HERR einerseits bei dem Beter auf seinen Wegen: »denn DU bist mit mir« (V 4c), so ist andererseits der Beter bei dem HERRN an dessen Ort: »ich werde bleiben im Hause des HERRN, eine lange Lebenszeit« (V 6b). Geht der HERR dem Beter, das ist im Bild des Hirten impliziert, ihn mit »Hirtenstab« und »Keule« schützend und leitend voran, so folgt er in Gestalt von »Gutes« und »Güte« dem Beter auch nach. Der HERR ist dem Beter, seinen Ort bestimmend, voraus und folgt ihm zugleich auf dem Fuß.
In bezug auf die Bildebene ergibt sich durch die makrostrukturel-

len Verschränkungen, daß die beiden Segmente von Sequenz II, in denen die beiden Bildfelder zusammenstoßen, jeweils auf das Segment bezogen werden, das von dem gegenteiligen Bildfeld beherrscht wird. Im Raum des Textes sind daher beide Bildfelder ebensowenig voneinander zu trennen wie miteinander zu vermischen. Beide Bildfelder werden nicht parataktisch oder additiv nebeneinander gestellt, sondern in Verschränkung so aufeinander bezogen, daß in ihrer Differenz, die man mit den Semen (Bedeutungsmerkmalen) »ortsgebunden« (Gastgeber) vs »wegbezogen« (Hirte) zu erfassen suchen kann, zugleich auch ihre Identität, die man in den Semen »Existenzgewährung« und »Schutz« sehen darf, zur Sprache kommt. Dem Text gelingt mithin der Ausgleich zwischen zwei gegensätzlichen Redeweisen über Gott, ohne daß der Gegensatz zugunsten einer der beiden aufgehoben würde, aber auch ohne daß sie in ihrer Gegensätzlichkeit nur unverbunden einander gegenüber stehen blieben. Dieser poetisch gebundene Gegensatz, in dem gegensätzliche Aussagen über Gott so möglich sind, daß sie einander weder ausschließen noch vereinnahmen, ist, insofern er selbst eine (unausgesprochene) Aussage über Gott bzw. über das Verhältnis des Beters zu Gott darstellt, der »neue semantische Inhalt«, der dadurch aufgedeckt wird, daß »in der literarischen Struktur in den Positionen der Identität und Antithese Aussagen vergleichend zusammen- und entgegengestellt werden«[9] in einer Weise, wie sie der Alltagsrede, aber auch dem theologischen Diskurs nicht möglich ist.

6.4 *Literarkritik (Überlieferungs- und Redaktionskritik)*

Die Form des Textes ist so dicht, so sehr aus einem Guß, daß man Spannungen kaum gewahrt, die es ermöglichen würden, zwischen Überlieferung und Redaktion zu unterscheiden. Lediglich die Überschrift »Ein Psalm Davids« dürfte auf einen Redaktor zurück-

[9] *J. M. Lotman,* Vorlesungen zu einer strukturalen Poetik. Einführung, Theorie des Verses, Theorie und Geschichte der Literatur und der schönen Künste (Texte und Abhandlungen, Bd. 14), München 1972, 71.

gehen, der den Psalm der Gruppe der Davidspsalmen zugeordnet hat. Der Text wird damit einem »königlichen« Sprecher zugeschrieben. Der Leser denkt auf diese Weise, wenn er den Psalm liest, an den Weg Davids durch die Gefährdung und Anfeindung unter Gottes Schutz. Daß es sich aber nicht um die ursprüngliche Situation des Psalms handelt, erkennt man schon daran, daß es, mindestens nach der Darstellung der Königsbücher, zur Zeit Davids einen Tempel, den der Psalm voraussetzt, noch gar nicht gab.

6.5 Gattungskritik

Gattung

Wir haben versucht, die Form des Textes zu beschreiben und haben in seinem individuellen Gesicht doch schon Züge entdeckt, die ihn mit einer Reihe anderer Texte verbinden, mit denen zusammen er einer Gattung angehört.

So war es schon eine gattungskritische Beobachtung, als wir bemerkten, daß der Text *über* Gott, aber auch *zu* Gott redet. Sofern er Gott anredet, gehört er zu der Gruppe von Texten, die sich der Gattung »Gebet« zuordnen läßt. Weil diese »Du«-Anrede sich in der Gefahr an Gott zuversichtlich und im Vertrauen wendet, können wir die Gattung noch genauer bestimmen: Es handelt sich um ein *Vertrauens-Gebet.* Weil es ein »Ich« ist und nicht ein »Wir«, das Gott vertrauensvoll anredet, können wir es als *individuelles* Vertrauensgebet bezeichnen.

Und doch ist es kein Privatgebet im stillen Kämmerlein; denn das »Ich« spricht nicht nur Gott vertrauensvoll an, sondern es macht auch Aussagen *über* ihn vor anderen, wie ich es tue, wenn ich im Gottesdienst das Glaubensbekenntnis spreche: »Ich glaube (= Aussage eines ›Ichs‹) an Gott, den allmächtigen Vater...« (= Aussage über Gott im Er-Stil vor anderen). Im Text von Ps 23 verbindet sich, bzw. wenn wir an seine Struktur denken, verschränkt sich die Gattung des *Bekenntnisses* mit der des individuellen *Vertrauensgebetes.*

»Sitz im Leben«

»Den Hintergrund des Vertrauenspsalms bildet eine konkrete Gefahr. Der Beter hat Feinde, sein Leben ist bedroht und verfolgt. Aber im Tempel... ist dem Verfolgten Gutes und Güte begegnet. Nun weiß er sich in der Schutzmacht des ›Namens‹ allezeit geborgen.«[10] Man hat daraus gefolgert, daß der Sitz im Leben dieses Psalms der Brauch sei, daß Verfolgte im Tempel Asylrecht genießen, das sie vor ihren Verfolgern schützt. Das mag zutreffen, obwohl wir hierüber nichts Genaues wissen und der Begriff »Sitz im Leben« als wiederkehrende Verwendungssituation im Leben einer Gemeinschaft eigentlich auf die Textfamilie, die Gattung, anzuwenden ist und nicht an der Form eines Einzeltextes gewonnen werden sollte. Eines jedenfalls läßt sich mit einiger Sicherheit behaupten: In diesem konkreten Text verschränken sich der Gattungsstil von Vertrauensgebet und Bekenntnis. Und diese Verschränkung weist uns zugleich auf den Weg, der zur Erkenntnis der Funktion führt, die Texte dieser Art im Leben einer Gemeinschaft haben. Wie man im Alten Israel z. B. bei Hochzeiten Hochzeitslieder singt, so bedient man sich der aus Bekenntnis und Vertrauensgebet gemischten Gattung bei gottesdienstlichen Feiern nach ausgestandener Gefahr, die im Vertrauen auf den »HERRN«, das aus dem Bekenntnis zu ihm gewonnen wurde, bestanden worden ist.

6.6 Traditionskritik, Traditionsgeschichte

Untersucht man den Psalm auf die Verwendung von »geprägtem Gut«, kann insbesondere dem, der sich in der Bibel auskennt, auffallen, daß die Wendung »Du bist mit mir!« in Ps 23,4 zu den *geprägten Formeln,* die Wendung »Ich werde bleiben im Hause des Herrn« von 23,6 aber zu den *geprägten Bildern* gehört. Hier darf man daran erinnern, daß wir oben unter »geprägten Formeln« Sätze und Wendungen verstanden haben, die eine festgeprägte Form und festen Wortbestand haben, jedoch nicht selbständig und isoliert, sondern nur als Elemente eines größeren Kontextes ver-

[10] *H. J. Kraus,* a. a. O., 191.

schiedentlich in der biblischen Literatur begegnen. Auch »Bilder« sind in der Bibel meist konventionell und gehören, auch wenn sie im Wortlaut weniger festgelegt sind als geprägte Formeln, zu diesem geprägten Gut. Geprägtes Gut zu bestimmen und zu beschreiben ist Aufgabe der Methode der *Traditionskritik.* Die Entwicklung dieses geprägten Gutes in der biblischen Literatur- und Theologiegeschichte methodisch zu rekonstruieren, bemüht sich die *Traditionsgeschichte.*

6.6.1 Die geprägte Formel: »Du bist mit mir!«

Die Formel im Kontext

Schon aus dem unmittelbaren Kontext der formelhaften Wendung »Denn du bist mit mir« geht einiges über ihre Bedeutung hervor. Denn in ihr wird der HERR als der »Hirt« des Beters angeredet, der ihm leitend vorangeht, ihn zu Nahrung und Trank führt und auf unsicheren Wegen leitet und vor Angreifern schützt (»Hirtenstab und Keule«). Daß der HERR »mit ihm ist«, will hier also in der Hauptsache heißen, daß er dem Beter auf seinen Wegen leitend vorangeht und ihn vor Gefährdungen schützt.

Die Struktur der Formel und ihr Vorkommen im AT

Formelhaft ist die Wendung deshalb, weil das Alte Testament in bis in den Wortlaut hinein gleichbleibender Sprache »an beinahe 100 Stellen von einem ›Mit-Sein‹ (des HERRN) oder Gottes mit dem oder den Menschen«[11] spricht.

Das aus der Konkordanz gewonnene Stellenmaterial ordnet sich durch die Beobachtung, daß die Formel in dreifacher Form vorkommt, und zwar *»erstens als Verheißung und Zusage durch Gott..., dann als Verheißung, Zusage, Bitte oder Wunsch* von *Menschen und schließlich als Feststellung* durch Menschen, d. h. nicht promissorisch, sondern assertorisch«.[12]

[11] *H. D. Preuß,* »...ich will mit dir sein!«, in: Zeitschr. f. atl. Wiss. 80 (1968) 139.

[12] Ebd. 141. Wir fügen eine Auswahl der Stellen bei (s. S. 186). Sie soll es ermöglichen, die folgenden äußerst kurzen Ausführungen an Texten zu überprüfen.

Trotz dieser dreifachen Ausgestaltung der Formel ergeben sich hinsichtlich ihres gedanklichen Kontextes nur zwei wirkliche Schwerpunkte. Denn vom Mitsein Gottes ist vor allem dort die Rede, wo es um sein auf den Wegen geleitendes Mitziehen und um seinen Beistand in Kämpfen[13] geht, also um zwei Situationen, die vor allem in der halbnomadischen Frühzeit Israels von religiöser und existentieller Relevanz gewesen waren.

Zur Traditionsgeschichte der Formel

Letzteres bestätigt sich, betrachtet man die Texte, in denen die Formel begegnet, im Hinblick auf ihr Alter. Denn traditionsgeschichtlich besehen zeigt sich, daß die Patriarchengeschichten besonders häufig die Formel kennen:

»... Innerhalb dieser Familiengeschichten mit nomadischem Charakter begegnet der Gott der hier jeweils durch die Formel Angeredeten als die mitziehende, geleitende, schützende und führende Gottheit. Hier hat diese Verheißung und diese Formel ihre ursprüngliche Konkretheit als Element nomadischen Denkens und Glaubens.«[14]

1. *»Verheißung und Zusage durch Gott«*
(»Ich werde / will mit dir sein!«)

Gen	26,3; 28,15; 31,3	1 Kön	11,38
Ex	3,12	Jes	41,10; 43,2.5
Dtn	21,23	Jer	1,8; 30,11; 42,11
Jos	1,9; 3,7; 7,12	Hag	1,13
Ri	6,12. 16	Sach	10,5

2. *»Verheißung, Zusage, Wunsch oder Frage von Menschen«*
(»Gott sei / wird sein ... mit dir / euch!«)

Gen	28,20; 48,21	Ri	6,13
Ex	10,10; 18,19	1 Sam	17,37; 20,13
Num	14,43	2 Sam	14,17
Dtn	20,1; 31,8	1 Kön	1,37; 8,57
Jos	1,17; 14,12	2 Chr	20,17; 25,7; 32,7 f.; 35,21; 36,23

3. *»Feststellung durch Menschen«*
(»Gott war mit ihm« / »Gott ist mit uns«)

Gen	21,20.22; 26,28; 31,5; 35,3; 39,2; 39,23	2 Kön	18,7
Num	23,21	1 Chr	22,18
Dtn	2,7; 32,12	2 Chr	13,12
Jos	6,27	Jer	20,11
Ri	1,19; 2,18	Sach	8,23
2 Sam	5,10; 7,9	Ps	46,8.12

[13] *H. D. Preuß*, a. a. O., 144–151.
[14] Ebd. 152 f.

In ähnlich alten Texten, die die Zeit des *Mose und der Landnahme* sowie die *Richterzeit* betreffen, begegnet die Formel »mit ähnlich konkretem Haftpunkt und konkreter Füllung«, so daß sich vermuten läßt,

»daß in der Formel eine nomadische Grundstruktur israelitischen Denkens und israelitischer Frömmigkeit faßbar wird. Der Gott, welcher sein geleitendes Mitsein verheißt, geht selber mit, mit seinem Segen, seinem Beistand und seiner (militärischen) Hilfe. Er geleitet die Seinen, und er streitet (dabei) für sie, streitet für die zu ihm gehörende Sippe oder Gruppe. So ist (sein) *Mitsein* in Kämpfen, das mehrmals durch die Formel ausgesagt wird, nicht eine andere Art, sondern nur ein besonderer Aspekt seines mitgehenden Geleitens.«[15]

Zu einer Umbildung der ursprünglich konkreten Wandersituation mitsamt der Situation der Gefährdung durch Feinde, gegen die das Mitsein des HERRN zugesagt oder verheißen wird, kommt es in Texten, die sich auf die Zeit des *davidischen Großreiches* beziehen. Die Formel vom Mitsein des HERRN wird trotz der veränderten Situation nicht aufgegeben, »sondern bewußt weiter verwendet, indem die Vokabeln der Wanderschaft und des Weges als Aussagekategorien für die *Geschichte* benutzt werden«.[16]
Selbst *nachexilisch* noch lebt die Formel in dieser Transformation wieder auf und weiter, wenn die Heimkehr aus dem Exil (d. h. die die babylonische Gefangenschaft überdauernde Volksgeschichte) unter die Verheißung des Mitseins des HERRN gestellt wird (2 Chr 36,23), wobei typisch für die nachexilische theologische Situation das Mitsein des HERRN an die Bedingungen des Gehorsams gebunden wird. Wer auf des HERRN Wegen wandelt, mit dem ist der HERR (2 Chr 17,3).
Aus der vorstaatlichen Zeit Israels stammend und dort bezogen auf die konkrete Situation des Weges und der Gefährdung des auf seinen Gott Vertrauenden, hält sich die Formel in den jeweils neuen Glaubenssituationen der Geschichte Israels in verwandelter Form durch das ganze Alte Testament.
Im *Neuen Testament* greift Mt die alte Vorstellung auf und transformiert sie christologisch, wenn er Jesus als den verkündet, der der

[15] Ebd. 153f.
[16] Ebd. 155f.

»Immanuel« ist, »das heißt übersetzt: Mit uns ist Gott« (Mt 1,23). Zugleich weitet er den Geltungsbereich der Formel über den Raum und Rahmen der Geschichte Israels ekklesiologisch und universalistisch aus, wenn er die Verheißung dieses Immanuel am Ende seines Evangeliums für »alle Völker« seiner Jüngergemeinde und für die ganze Geschichte gelten läßt: »Und siehe, *ich bin mit euch* alle Tage bis zur Vollendung der Weltzeit!« (Mt 28,20).

Zusammenfassung

Den Beobachtungen zu *Vorkommen, Herkunft und Geschichte* der formelhaften Wendung fügt sich die *Art ihrer Verwendung* in Ps 23 vorzüglich ein. Die »nomadischen« Elemente wie Leitung, Führung und Schutz in der Gefahr begegnen auch hier und werden durch die Anrede des HERRN als »Du« bezogen auf das betende »Ich«. So sagt dieses sein Vertrauen aus und wendet, was im Bekenntnis »objektiv« gilt, auf seine eigene »subjektive« Situation an, wobei zu bedenken ist, daß dieses »Subjekt« als königliches kein individualistisch vereinzeltes ist, sondern in dem König als seinem Repräsentanten das ganze »Israel« als des HERRN Herde umfaßt.

6.6.2 Das geprägte Bild: »Der Tempel als Haus« [17]

Das Bild im Kontext

Im Kontext des Psalms ist das Haus des HERRN, d. h. der Tempel, für den Beter ein Wohnort, wohin nur Gutes und des HERRN Güte ihm folgen. Es ist auch der Ort, wo seine Existenz gesichert ist durch Speise und Trank, die der HERR ihm ebenso gibt wie Schutz vor den Feinden und die ihn erhöhende Ehrung durch die Salbung mit Öl.

Vorkommen im AT

Daß gerade der Tempel als Ort des Wohnens von Menschen genannt wird, läßt für das Bild vom Tempel als Haus von vornherein

[17] Vgl. dazu: *R. von Ungern-Sternberg*, Das ›Wohnen im Hause Gottes‹, eine terminologische Psalmenstudie, in: Kerygma und Dogma 17 (1971) 209–223.

einen kultischen »Sitz im Leben« als Ursprung vermuten. Daß es nach Ausweis der Konkordanz sich fast nur in den Psalmen finden läßt, bestätigt diese Vermutung. Überblickt man die Stellen, an denen die Vorstellung begegnet, scheinen sich im wesentlichen zwei Gruppen zu ergeben.

Die bedeutendste Gruppe von Stellen verbindet das »Wohnen« im Hause Gottes mit der Vorstellung des *Schutzes Gottes vor Feinden* (Ps 27,4; 36,8; 57,1; 61,5; 91,1) wie auch mit der *Existenzsicherung* durch Speise und Trank (36,9) sowie der Begabung mit Macht und Ehre durch Salbung mit Öl angesichts der Feinde (92,11f.). Existenzsicherung und Ehrung sind dabei Gabe der Gottheit.

Die Vorstellung vom »Schutz vor Feinden« verbindet sich mit der Vorstellung vom »Wohnen« im Haus Gottes auch da noch, wo es der »Gerechte« ist, der im Gegensatz zu dem Gott nicht zu seiner Schutzwehr machenden Frevler »wie ein grünender Ölbaum im Hause Gottes« (Ps 52,10) gedeiht oder »gleich dem Palmbaum... gepflanzt (ist) im Hause des HERRN« Doch berühren diese Stellen einen geprägten Bildkreis anderer Herkunft (vgl. Ps 1,3) und entfernen sich von der wohl ursprünglicheren Vorstellung, daß das »Wohnen« im Haus Gottes als solches schon der Schutz Gottes vor Feinden für den bedeutet, der bei ihm Gast ist.

Allerdings scheint der Weg in der Vorstellung von dem im Gegensatz zum Frevler im Hause Gottes wohnenden, geschützten und dadurch gedeihenden »Gerechten« schon vorbereitet gewesen zu sein, wie sich an einer zweiten Gruppe von Stellen zeigt.

Eine zweite Gruppe von Stellen stellt für das »Wohnen«-Dürfen im Tempel *Bedingungen* auf, die in einer Art Tempeleinlaßliturgie im Zusammenhang einer Wallfahrt verkündet werden: Ps 15,1; 24,3 (negativ: 101,7). Wer die Bedingungen erfüllt, wird ebenso selig gepriesen wie die, die ständig (als Kultpersonal) in Gottes Haus wohnen, um ihn zu preisen (Ps 84,5). Bei dieser Gruppe von Stellen fehlt die Vorstellung, daß »Wohnen« im Hause Gottes Schutz vor Feinden und Gefahr ist wie bei der ersten Gruppe.

Traditionsgeschichtliches

Wenn dort gelegentlich die Feinde, vor denen das »Wohnen« im Haus Gottes den Beter schützen soll, als Kriegsheer geschildert werden, das gegen die im Tempel sich Bergenden anstürmt (Ps 27,2–3), wird es möglich, traditionsgeschichtlich den Vorstellungshintergrund der Formel wenigstens andeutungsweise zu orten. Dieser reicht von der Auffassung des Tempels als Asylstätte bis in die Ferne orientalischer Schöpfungsmythen, in denen der Schöpfergott dem Urchaos, den Meeresabgrundgewalten gebietend entgegentritt, wenn sie gegen seinen heiligen Götterberg anbranden. So weiß Israel auch von dem auf dem Zion thronenden HERRN, daß er Israel von seinem Palast aus gegen das anstürmende Völkerheer beschützt und erfolgreich auch den, der bei ihm im Tempel weilt, gegen Feinde und Gefahr in seinen Schutz nimmt. In diesem Palast aber ist er auch Richter, so daß dem Tempel nur nahen darf, wer dieses Gericht besteht. Hier ist die Verbindung zur zweiten Stellengruppe und zu der in unserer Skizze ausgeschlossenen Vorstellung vom Tempel als Haus oder Palast der Gottheit selbst zu sehen.

6.6.3 Zusammenfassung

Bei »Du bist mit mir!« sind die ältesten Stellen, an denen sich die *Formel* nachweisen läßt, in den Geschichten von den Wanderungen der Väter Israels zu finden. Sie führen uns in die älteste Zeit des israelitischen Gottesglaubens zurück. In einer Zeit, bevor Israel seßhaft wurde, glaubten die nomadisierenden, d. h. mit ihren Kleintierherden zwischen Sommerweide und Winterweide hin und her ziehenden Gruppen an einen Gott, der sich ihnen persönlich zuwandte und sie auf den oft gefährlichen Wegen begleitete und behütete. Die mit diesem Gott gemachten Erfahrungen verdichteten sich darum sprachlich in der uralten Formel: »Du bist mit mir!«

Die geprägte Vorstellung, das *Bild,* daß der Beter im Tempel Gottes wie in einem Haus wohne, findet sich dagegen vor allem in den Psalmen, also Texten, deren »Sitz im Leben« der Gottesdienst war. Die Vorstellung wurde erst möglich, als man nach der Seßhaftwerdung und der Eroberung Jerusalems im Tempel das Haus zu sehen begann, in dem Gott seine Gegenwart wohnen ließ, um für die an ihn Glaubenden erreichbar zu sein.

Psalm 23 greift beide Traditionen auf und verbindet sie miteinander: Das Bekenntnis und die vertrauende Erfahrung des Beters wissen, daß der HERR auf den gefährlichen Wegen des Menschen immer behütend mit ihm ist *und* daß er zugleich wohnt, wo der Mensch sein Gast sein kann. Für den Beter ist dies kein Widerspruch: Der HERR kann behütend alle Lebensbewegungen des Menschen mitmachen. Zugleich gibt es Orte, an denen der Mensch zur Ruhe kommen kann und die ihm in besonderer Weise das ständige Mit-Sein Gottes ›vergegenwärtigen‹.

7 *Ein alttestamentliches Liebeslied*

(Hohes Lied 4, 1–7)

7.1 *Vorbemerkung und Textabgrenzung*

Zum Gegenstandsbereich alttestamentlicher Poesie gehören nicht nur die Beziehungen Gottes zu Israel, sondern auch die Beziehungen der Menschen untereinander, auch die erotischen zwischen Mann und Frau. Wir bleiben also mit unserem Textbeispiel im Bereich der Poesie. Denn wie könnte man über Liebe anders denn poetisch reden? Hatte man früher die im sogenannten »Hohen Lied« versammelten Texte als Verweis auf das Verhältnis Gottes zu Israel gelesen oder in der darin angeredeten »Braut« die Jungfrau-Mutter Maria geheimnisvoll vorangedeutet gesehen, so hat uns die alttestamentliche Forschung sie als Liebeslyrik zu verstehen gelehrt, die in unbefangener Sinnlichkeit, aber auch in der uns schwer zugänglichen Symbolik und Bildersprache des Orients die irdische Liebe zwischen Mann und Frau zu preisen sich anschickt. Im Unterschied zur altorientalischen Umwelt, die den Bereich der Geschlechterliebe dem Wirken von Göttinnen und Göttern unterstellte, erklärt die Bibel allerdings nüchtern, daß die Liebe keine »Himmelsmacht« sei, sondern zu der von Gott geschaffenen Kreatürlichkeit des Menschen und der Schöpfung gehöre. Wenn diese Liebeslieder in der Bibel stehen, dann gilt auch von der Liebe, daß sie zu dem zu zählen ist, was durch den priesterschriftlichen Schöpfungsbericht von Gen 1 unter das Vorzeichen von Gottes die Refrains auf die gute Schöpfung beendenden Endreim »und siehe es war sehr gut« gestellt wird.

Ein Beispiel dieser Liebeslyrik soll darum auch in unserer Einübung des methodischen Umgangs mit biblischen Texten nicht fehlen.

Anfang und Ende des Textes sind durch die *Anrede* »meine Freundin« gekennzeichnet (4,1.7). Davor waren die »Töchter Jerusalems« bzw. die »Töchter Sions« angeredet (3,11). Ab 4,8 gilt die

Anrede der »Braut«. Dem entspricht, daß der Text mit einem preisenden *Ausruf* über die Schönheit der Braut *beginnt* und *endet* (4,1.7).

7.2 Text

Hld 4, 1–7

A	1a	»Schön bist du, meine Freundin, ja schön!
B	b	Deine Augen blicken wie Tauben hinter deinem Schleier hervor.
	c	Dein Haar gleicht einer Herde von Ziegen,
	d	die herabsteigt von Gileads Bergen.
	2a	Deine Zähne blinken gleich einer Herde geschorener Mutterschafe,
	b	die frisch aus der Schwemme steigen;
	c	von Zwillingen trächtig sind alle,
	d	und keines von ihnen ist unfruchtbar.
	3a	Wie ein Streifen von Scharlach sind deine Lippen,
	b	und lieblich ist dein Plaudermund.
	c	Wie ein Granatapfelstück erstrahlt deine Schläfe hinter deinem Schleier hervor.
C	4a	Wie der Davidsturm ist dein Hals,
	b	in Steinschichten aufgebaut;
	c	tausend Schilde hängen daran,
	d	lauter Heldenschilde.
	5a	Deine beiden Brüste sind wie zwei Kitzlein,
	b	wie Zwillinge einer Ricke,
	c	die unter den Lilien weiden.
D	6a	Bis daß der Tageswind weht
	b	und die Schatten entfliehen,
	c	will ich gehen zum Myrrhenberg
	d	und Weihrauchhügel.
A	7a	Alles an dir ist schön, meine Freundin,
	b	und kein Makel haftet dir an.«

7.3 Formkritik

Die Textabgrenzung ist auch hinsichtlich der Formkritik wichtig, denn *Anrede* mit *Ausruf* als Anfang und Schluß rahmen den Text und werden in ihm beschreibend und im Detail ausgeführt. Das ganze Lied will dem Ausruf der Bewunderung dienen, ihn durch die Beschreibung begründen und in dieser die ganze sinnliche Schönheit der Geliebten in ihren Bestandteilen nennen und preisen.

Eine innere Gliederung des durch die Anreden und Ausrufe eingerahmten Textabschnitts (VV 1b–6d) ergibt sich von daher, daß zunächst in einem *Beschreibungsteil* (VV 1b–5c) einzelne Körperteile der Freundin mit uns zum Teil schwer verständlichen Vergleichen bedacht werden, dann aber (V 6a–d) der Dichter eine *Absichtserklärung* abgibt.

Auch der Beschreibungsteil (VV 1b–5c) ist in sich noch einmal gegliedert. Zunächst nämlich werden Körperteile, die zum *Kopf* gehören, mit Vergleichen erfaßt (VV 1b–3) und dadurch gerahmt, daß sowohl bei den *Augen* (V 1 b), mit deren Nennung der Beschreibungsteil einsetzt, als auch bei den *Schläfen,* mit deren Nennung die Beschreibung des Kopfes abschließt, das jeweilige Versteckt- und Offenbarsein *»hinter deinem Schleier«* hervorgehoben wird.[1]

Mit V 4a beginnt der zweite Abschnitt des Beschreibungsteils, der die Bewegung wieder von oben nach unten verlaufen läßt. Nach dem »Hals« werden die »Brüste« genannt. Wenn die Beschreibung hier abbricht, geschieht dies nicht aus Prüderie. Andere Gedichte des »Hohen Liedes« zeigen, daß die Autoren, auf die die Gedichte zurückgehen, keineswegs in der Gefahr sind, aus Scheu bestimmte Teile des menschlichen Leibes nicht zu erwähnen. Hier hingegen ist das Schweigen beredt. Die Sprache wird nämlich gänzlich metaphorisch. Auch in diesem Gedicht begegnet uns daher keine ›Dame ohne Unterleib‹. In bildhafter Form nimmt die »Absichts-

[1] Eine Ordnung innerhalb dieses Rahmens zeigt die Beobachtung auf, daß der Nennung der »Augen« und der »Haare« die Beschreibung des »Mundes« folgt, die Bewegung also von »oben« nach »unten« verläuft. Beim »Mund« ist die Beschreibung zunächst detailliert und nennt von innen nach außen gehend die »Zähne« und dann die »Lippen«, um schließlich den »Mund« insgesamt in seiner Funktion (»plaudern«) zu erfassen. Die Bewegung geht dann wieder von »unten« nach »oben« und umschreibt mit der den Abschnitt abschließenden Nennung der Schläfen den Kopf als ganzen.

erklärung« die vom zweiten Teil der »Beschreibung« eingeschlagene Richtung von oben nach unten auf und spricht metaphorisch vom Geschlecht der Geliebten. Im synonymen Parallelismus entsprechen sich zwei *Zeitangaben* und zwei *Ortsangaben*. Letztere geben dabei das Ziel der Bewegung an und nennen, im Bild verhüllend und beschreibend zugleich, das Geschlecht der Geliebten, wobei durch den Parallelismus die Intensität der geäußerten Absicht verdeutlicht werden soll. Damit aber sind wir schon dazu übergegangen, die Bedeutung der Metaphern in unsere Strukturanalyse einzubeziehen.

»Myrrhenberg« und »Weihrauchhügel« haben nicht nur gemeinsam, daß beides erhöhte Stellen sind, sondern daß es sich in beiden Fällen um aromatische Duftstoffe handelt, die die erotische Anziehungskraft verdeutlichen sollen. Zu diesen beiden Orten will der Dichter gehen, und zwar »bis daß der Tageswind weht und die Schatten entfliehen«, d. h. die ganze Nacht bis zum Anbruch des Morgens. Soweit das Bild. In der Sache verleiht der Dichter seinem Wunsch nach geschlechtlicher Vereinigung mit der Geliebten sprachlichen Ausdruck, allerdings ohne mit der Tür ins Haus zu fallen.

Auch im Beschreibungsteil haben die verwendeten Bilder eine Bedeutung, die für uns schwer verständlich ist, weil sie zum Teil durch die Konvention ikonographisch festgelegt ist. Wenn die Augen z. B. mit »Tauben« verglichen werden, muß man, um zu verstehen, einfach wissen, daß in der religiös-bildhaften Umwelt ›Tauben‹ die Boten der Liebesgöttin sind und in durch den Jahweglauben säkularisierter Form auch noch in Israel als Liebesboten verstanden werden. Selbst in der synoptischen Darstellung des Hl. Geistes »wie eine Taube« bei der Taufe Jesu im Jordan soll die Liebe des Vaters zum Sohn mit traditioneller Bildersprache zum Ausdruck gebracht werden.

Auch wenn die »Schläfen« der Geliebten mit »Granatäpfeln« verglichen werden, soll nicht nur das Rouge der »Schläfen« angedeutet werden, sondern man hat zu bedenken, daß Granatäpfel als Symbole der Fruchtbarkeit ebenfalls zu den Ausstattungsstücken der Liebesgöttin gehören, also ebenso wie die »Tauben« auf den erotischen Bereich verweisen.

Handelt es sich in diesen Fällen um Bilder mit durch den Gebrauch festgelegter Bedeutung und bestimmten Funktionsbereichen, also um sogenannte *Embleme,* muß man zum Verstehen bei dem Vergleich der »Haare« mit »Ziegen« und dem der »Zähne« der Geliebten mit »einer Herde geschorener Mutterschafe, die frisch aus der Schwemme steigen, von Zwillingen trächtig«, ein bestimmtes kulturelles Wissen und ein wenig Phantasie haben, um als tertium comparationis zu gewahren, daß Ziegen im Orient mehrheitlich *schwarz* sind, Schafe dagegen ein Vlies *weißer* Farbe haben. Außerdem wird mit der »Herde von Ziegen, die herabsteigt von Gileads Bergen«, und mit der »Herde von Schafen, die frisch geschoren der Schwemme entsteigen«, in vordergründiger Opposition zweier Bewegungsrichtungen die dem Text immanente Bewegung von oben nach unten und von unten nach oben wiederum aufgenommen: So wie Ziegen fließend geschickt in sie ineinander zur Herde schlingenden Bewegungen einen Berg hinunterhüpfen, bewegen sich die schwarzen Locken der Angeredeten vom Haupt hin zur unteren Gesichtshälfte. Die »Schafe« der »Zähne« dagegen entsteigen der »Schwemme«, dem feuchten Mundesinneren, und nehmen damit die von innen nach außen aufsteigende Schilderung des Mundes im Gesicht auf. Sie sind geschoren, d. h. wohlgeformt. Sie sind wohlgeordnet und ohne störende Lücken, nebeneinanderstehend, so wie von den Schafen keines kinderlos ist.
Die Beschreibung des Gesichts der Angeredeten erfolgt mithin in einer von *oben* nach *unten* führenden (Mund), und dort von *innen* nach *außen* (Zähne – Lippen) bis zur gesamtheitlichen Erfassung (Mund) fortschreitenden Sprachbewegung, die nach *oben* (»Schläfen«) zurückkehrt und so das Gesicht ganzheitlich und dynamisch umfaßt.
Die Schilderung des »Halses« bildet nach der ganzheitlichen Schilderung des Gesichts zugleich eine Zäsur, aber auch den Übergang zu einer Bewegung von oben nach unten bis zu den Brüsten. Wie ein »Turm« ist der Hals, d. h. doch wohl: gerade, lang, fest, wohlgeformt und Ausschau gewährend. Der Schmuck der goldenen Plättchen, der ihn umgibt »wie Heldenschilde«, verleiht ihm Festigkeit, Schutz und Schmuck zugleich. Die Brüste sind jung und zart, wohlgeformt, einander gleichend »wie Zwillinge« einer

Ricke, die springend »unter den Lilien weiden«, d. h. obwohl verborgen, sich dennoch der Wahrnehmung nicht völlig entziehend, also unter dem farbigen (Lilien!) Gewand erkennbar bleiben und so die verhüllte und zugleich sich doch zur Wahrnehmung gebende Qualität des Gesichts (»hinter deinem Schleier«) teilen. Damit schließt der zweite Abschnitt des Beschreibungsteils ähnlich, wie der erste anhebt und endet.
Die folgende »Absichtserklärung« schließt den inneren Bereich des Gedichtes ab und drückt bildhaft, aber unverhohlen den Wunsch des Dichters nach der geschlechtlichen Vereinigung mit der Geliebten unter Einsatz olefaktorischer (den Duft betreffender) Metaphern aus.

Wir kommen damit zu folgender Gliederung des Textes:

A.	Ausruf und Anrede	(1a)
B.	Beschreibungsteil I	(1b–3c)
C.	Beschreibungsteil II	(4a–5c)
D.	Absichtserklärung	(6a–d)
A.'	Ausruf und Anrede	(7a–b)

Wenn man es graphisch darstellen will, ergibt sich etwa folgendes Bild:

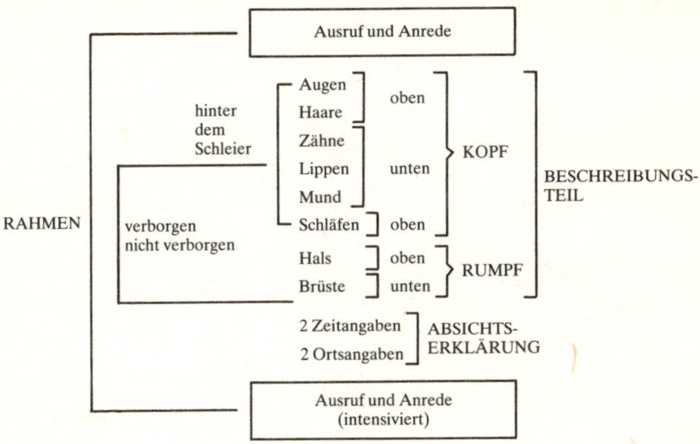

7.4 Literarkritik

Die Literarkritik läßt keinen Grund erkennen, zwischen Überlieferung und Redaktion zu unterscheiden. Spannungen sind nicht feststellbar, so daß von der Konsistenz des Textes ausgegangen werden kann.

7.5 Gattungskritik

Die kompliziert verschränkte Struktur des Textes läßt ihn als poetischen Text erkennen. Er gehört zu der in der Liebeslyrik bis in die Moderne begegnenden Gattung der Beschreibungslieder, in denen die Glieder und körperlichen Vorzüge der Geliebten in Vergleichen und häufig in bestimmter Anordnung beschrieben werden. Weil diese Beschreibung hier in anredender Form erfolgt, könnte man zur Bezeichnung der Gattung von einem »anredenden Beschreibungslied« sprechen.

8 *Zwei neutestamentliche Christushymnen*

(Phil 2,6–11; 1 Tim 3,16)[1]

Neben den in der Sammlung des Psalters zusammengefaßten religiösen Gedichten finden sich weitere psalmartige Dichtungen über das ganze Alte Testament verteilt.[2]

Das Neue Testament hat keine eigene Sammlung von Gebeten, weil die Christen der neutestamentlichen Zeit den Psalter als ihr Gebetbuch benutzten und unbefangen die atl. jüdischen Psalmen als von Christus sprechend verstanden. Doch gab es auch sehr früh schon einzelne christlich verfaßte Gebete, wie sie der Verfasser des Kolosserbriefes im Auge gehabt haben mag, wenn er seine Gemeinde auffordert: »Singet voll Dank in euren Herzen *Gott* Psalmen, Hymnen und geistliche Lieder« (Kol 3,16).[3]

Diese *Hymnen* sind wie im AT das Lied der Hanna oder das wunderschöne Klagelied Davids über den Tod Sauls und Jonathans (2 Sam 1,17–27) heute Bestandteil einer größeren Schrift, etwa des Lk-Evangeliums, wie das ›Magnificat‹ oder das ›Benedictus‹ (Lk 1,46–55.68–79), oder werden in den Briefen zitiert. Häufig reden sie über die Heilstaten Gottes in Christus, d. h. von Christus in der

[1] Zum Philipperhymnus vgl. *W. Stenger,* Hermeneutische Überlegungen zur Präexistenzchristologie des Neuen Testaments, in: Katechet. Blätter 110 (1985) 256–266. Zu 1 Tim 3,16 vgl.: *Ders.,* Der Christushymnus 1 Tim 3,16. Eine strukturanalytische Untersuchung (Regensburger Studien zur Theologie 6), Frankfurt a. M./Bern 1977.

[2] Sie sind eingestreut in andere Schriften, lassen sich aber häufig überlieferungskritisch aus ihrem sie jetzt umgebenden Kontext herausheben und zeigen sich dann als ursprünglich selbständige Dichtungen. Bekanntestes Beispiel dürfte das Lied der Hanna in 1 Sam 2,1–10 sein, das deutlich über den erzählten Anlaß (Freude über die Geburt und das Heranwachsen eines Sohnes) hinausweist.

[3] Ein späteres Stadium der Entwicklung dokumentiert der Epheserbrief, wenn er diese Aufforderung des Kolosserbriefes auf *Christus* als Adressaten des Lobpreises bezieht: »Sprecht zueinander in Psalmen und Hymnen und geistlichen Liedern und dem *Herrn* lobsinget und jubilieret in euren Herzen!« (Eph 5,19). Allerdings finden wir im NT noch nicht Gebete oder Lieder, die Christus anreden.

dritten Person, sind also nicht Anrede, sondern Proklamation oder Verkündigung. Das erleichterte es, daß sie in lehrhaften Teilen der Briefliteratur als Zitate einen zweiten Ort der Verwendung, einen ›Sitz in den Literatur‹, hatten finden können. Der Ausleger tut aber gut daran, Art und Weise der Zitation und die Aussage dieser Hymnen selbst auseinanderzuhalten und zu unterscheiden, wie man schon an den beiden Beispielen sehen kann, deren Form wir näher untersuchen.

Beim Hymnus des Philipperbriefes zeigt der Kontext in überlieferungs- und redaktionskritischer Hinsicht, daß Paulus einen nicht von ihm verfaßten Hymnus zitiert (Phil 2,6–11), um die ethischen Imperative, die er der Gemeinde zu Gehör bringen will, mit dem Indikativ des Heils zu begründen. Denn das Sollen der Christen ist immer in ihrem von Christus erlösten Sein verwurzelt.

Im 1. Timotheusbrief dagegen zitiert der Verfasser einen in seiner Zeit schon traditionellen Christushymnus, um in der nachapostolischen Zeit der aufkommenden Irrlehren seiner Gemeinde eine Richtschnur des wahren christologischen Glaubens an die Hand zu geben, wie sie seiner Meinung nach schon der Apostel den Wandel der Zeiten überdauernd in gültiger sprachlicher Gestalt formuliert hatte.

Man muß also auch hier unterscheiden zwischen der Aussage der Hymnen selbst inklusive dessen, was sie pragmatisch durch die Gattung, der sie angehören, an Wirkung entlassen, ihrem »Sitz im Leben«, und dem, was der oder die Redaktoren mit ihnen sagen wollen, wenn sie ihnen durch Zitation und redaktionelle Veränderung einen »Sitz in der Literatur« zuweisen.

8.1 Der Philipperhymnus

8.1.1 Textabgrenzung

Der Hymnus des Philipperbriefes ist relativ leicht aus dem umgebenden Kontext abzugrenzen.

Die Verse 6–11 fallen stilistisch schon dadurch aus dem Kontext heraus, daß in ihnen der anredende, imperativische Stil, der den vorangehenden und nachfolgenden Kontext beherrscht (Imperative in der 2. Ps. Plur. begegnen vorher in 2,2.5 und nachher in 2,12.14), durchbrochen wird und narrative Aussagen über einen Dritten, der am Schluß Jesus Christus genannt wird, gemacht werden. Damit ergibt sich der Textabschnitt Phil 2,6–11 als Gegenstand einer formkritischen Beschreibung.

8.1.2 Text

Phil 2, 6–11

A	I	a	Der in Gottesgestalt Existierende hielt am Gott-Gleichsein nicht fest wie an einem Raub,
		b	sondern entäußerte sich selbst,
			übernahm Knechtsgestalt
		c	und ward den Menschen gleich.
	II	a'	Und als er im Hinblick auf die Erscheinung erfunden wurde wie ein Mensch,
		b'	erniedrigte er sich selbst
		c'	und ward gehorsam bis zum Tod,
			zum Tod aber des Kreuzes.
B		x	Deshalb hat Gott ihn auch **über**höht
		x'	und ihm den Namen **über** allen Namen gegeben,
		y	damit im Namen Jesu **jedes** Knie sich beuge der Himmlischen und der Irdischen und der Unterirdischen,
		y'	und **jede** Zunge bekenne: ›Herr ist Jesus Christus!‹
			zur Ehre Gottes des Vaters.

8.1.3 Form- und Literarkritik (Überlieferungskritik) [4]

Wie die atl. Psalmen bedienen sich auch die ntl. Hymnen der Mittel semitischer Poesie. So spielt auch für den Aufbau des Phi-

[4] Wir kürzen hier das Verfahren ab, indem wir mit der Formkritik bei der Textform einsetzen, wie sie durch Literar- und Überlieferungskritik sich als ursprünglich darstellt, also ohne die kursiv gedruckten als paulinisch zu vermutenden Zusätze.

lipperhymnus der *Parallelismus* eine entscheidende Rolle, und zwar so sehr, daß der Parallelismus nicht nur in formkritischer Hinsicht beachtenswert ist, sondern uns auch überlieferungs- und redaktionskritisch in die Lage versetzt, den ursprünglichen Hymnus von interpretierenden Zusätzen des Paulus zu unterscheiden. Die kursiv gedruckten Teile des Textes fallen nämlich aus der Parallelität der übrigen Zeilen so heraus, daß sie in literarkritischer Hinsicht die strukturelle Konsistenz des Textes zerstören und redaktionskritisch besehen als nachträgliche Zusätze des Autors, der den Hymnus zitiert, d. h. des Paulus, anzusprechen sind. Liest man den Text ohne diese Zusätze, wird die Parallelität der einzelnen Textteile und ihr makrostrukturelles Gefüge gut erkennbar und kennzeichnet den Text als bewußt geformten poetischen Text.

Form der ursprünglichen Überlieferung

Zwei große Textteile ergeben sich durch den *Subjektwechsel* in V 9. Von V 6 bis V 8 ist nämlich Christus das Subjekt des Hymnus, auch wenn er nicht eigens beim Namen genannt wird, sondern, typisch für ntl. Christushymnen, mit dem unbestimmten Relativpronomen »der« gekennzeichnet wird. Dieser große Textteil A, der vom Geschick des Christus spricht, gliedert sich aber in zwei Segmente, die zwei zeitlich aufeinanderfolgende Etappen des Christusgeschicks beschreiben, wie die weitgehende Parallelität der zeitlich aufeinanderfolgenden Aussagen nahelegt. Der Beginn von Segment I macht eine Aussage über die *Existenzweise* Christi in seiner vorweltlichen Präexistenz in der »Gottesgestalt«. Dem entspricht in Parallelität der Beginn von Segment II mit seiner Aussage über die *Existenzweise* Christi in seiner menschlichen »Erscheinung« (a/a').

Auch die *Tätigkeiten* des präexistenten Gottesgestaltigen und andererseits in menschlicher Erscheinung befindlichen Christus entsprechen sich in Parallelität: Der *Selbstentäußerung* (kenosis) entspricht die *Selbsterniedrigung* (tapeinosis). In der ersten begibt er sich freiwillig der Gottesgestalt, in der zweiten läßt er bereitwillig die menschliche Erscheinung fahren (b/b'). Und dies führt ihn jedesmal eine Stufe tiefer: Vom Gottesgestaltigen zum Menschengleichen und schließlich von der menschlichen Erscheinung hin zur gehorsamen Übernahme der Todesexistenz führen ihn die beiden Etappen des freiwillig übernommenen Weges (c/c').

Die zweite Sequenz (B) des Textes – als solche schon am Handlungsträgerwechsel erkennbar – ist schlußfolgernd mit der ersten verbunden. *Weil* Christus von der Aufgabe der Gottesgestalt über die Annahme der menschlichen Erscheinung bis hin zur Übernahme der Todesexistenz gehorsam gehandelt hat, *deshalb* hat *Gott* an ihm rekompensatorisch, ›wiedergutmachend‹, gehandelt. Dies Handeln Gottes an Christus wird im folgenden in einem Parallelismus doppelt beschrieben:

»Gott hat Jesus **über**erhöht
und ihm einen Namen **über** alle Namen gegeben« (x/x').

Auch das Ziel dieses Handelns, das der folgende final angeschlossene (›damit‹) Nebensatz ins Auge faßt, ist ein doppeltes und wird wiederum im Parallelismus formuliert:

»damit **jedes** Knie sich beuge
und **jede** Zunge bekenne (y/y')«.

Die beiden je für sich parallelistisch angeordneten Aussagenpaare sind, obwohl das zweite dem ersten final (»damit«) untergeordnet ist, untereinander chiastisch verschränkt. Denn der Verleihung des Namens über alle Namen (x') entspricht die Aussage, daß »im Namen Jesu jedes Knie sich beuge« (y); während es zu der »Übererhöhung« Jesu durch Gott (x) paßt, daß »jede Zunge« dies im Bekenntnis auch ausdrückt: »Herr ist Jesus Christus!« (y').

8.1.4 Redaktionskritik

Die kursiv gedruckten Teile des Textes stören, wie schon bemerkt, die parallelistische Struktur dieses frühchristlichen Christusgedichts, verfolgen jedoch die Absicht einer theologischen Korrektur, die vermutlich auf *Paulus als Redaktor* zurückgeht. Fehlten sie, wäre die Gefahr stärker, den doppelten Abstieg des im Hymnus Gepriesenen von der Sphäre Gottes zu der der Menschen und von dieser in die des Todes als einen Scheinweg zu verstehen, der den Absteigenden innerlich nicht wirklich betrifft.

Das Gottwesen des gnostischen Mythos etwa, eine Vorstellung, die hinter der Formulierung des ursprünglichen Hymnus wirksam zu sein scheint, das aus seiner himmlischen Sphäre herabsteigt in die Sphäre der irdischen Materie, um die in der Urkatastrophe dahin abgesunkenen göttlichen Teile zu befreien und in die himmlische Welt heimzuführen, wird durch diesen Abstieg nicht wirklich berührt. In jeder Sphäre nimmt es nur die Gestalt der dortigen Bewohner an, gewissermaßen als eine Verkleidung, die es vor der Erkenntnis durch die ihm feindlich gesonnenen Mächte bewahren soll, und steigt solchermaßen verkleidet bis hin zur materiellen Sphäre ab, um sein Rettungswerk zu vollenden. Gegen solches (Miß-)Verständnis schirmen die paulinischen Zusätze den Hymnus ab.

Der aus der Sphäre Gottes herabsteigende Gottesgestaltige hat sich nicht einfachhin nur als Mensch verkleidet, sondern *»übernahm Knechtsgestalt«,* d.h. Gesicht und Geschick des zur Sühne für die vielen stellvertretend leidenden Gottesknechtes, wie er dem Heidenmissionar Paulus von der prophetischen Verkündigung des Deuterojesaja her vertraut sein mußte.
Auch die gehorsame Übernahme des Todes ist bei Paulus nicht einfachhin ein Sich-Fügen in das allen Menschen verordnete Geschick und auch kein Geschehen, das den davon Betroffenen nicht wirklich berührte. Der tote Christus ist für Paulus kein friedlich Entschlafener und auch keiner, der nur zum Schein gestorben wäre, wie es der gnostische Mythos von seinem Erlöser als sublimste Art der Verkleidung erzählt, sondern Jesus von Nazareth, dessen Gehorsam gegenüber dem Vater bis zum Tode reichte, *»zum Tod aber des Kreuzes,«* d.h. zum blutigen und grausamen, ehrlosen Schandtod des auch von Gott verfluchten Verbrechers am Kreuzesgalgen.
Schließlich erklärt sich auch der letzte paulinische Zusatz zu dem ihm vorgegebenen Hymnus von der dem Paulus eigenen Theologie her. Zwar könnte Paulus sich vollinhaltlich hinter die Aussage »Herr ist Jesus Christus!« stellen, doch ist die Herrenstellung Christi bei ihm nicht so gedacht, daß sie Gott selbst aus seiner Stellung verdrängen würde, wie das wiederum im gnostischen Mythos in der Vorstellung von der endlichen Entmachtung des bösen Schöpfergottes durch den guten Erlösergott der Liebe geschieht. Auch die Herrenstellung des erhöhten Herrn Jesus Christus hat für Paulus noch insofern dienende Funktion, als sie letztlich darauf ausgerich-

tet ist (apokalyptisch), dem Vater das Reich zu übergeben, damit Gott »alles in allem sei« (1 Kor 15,24.28). Deshalb wird die Akklamation der »himmlischen und der irdischen und der unterirdischen« Mächte zum Herrn Jesus Christus am Schluß durch Paulus noch einmal *theo*logisch gebrochen. Das Herr-Sein Jesu Christi ist letztlich da *»zur Ehre Gottes des Vaters«* und nicht zur Perfektionierung des eigenen Image.

8.2 Der Christushymnus des ersten Timotheusbriefes

8.2.1 Textabgrenzung

Auch bei dem zweiten Beispiel eines ntl. Hymnus fällt die Textabgrenzung ziemlich leicht. Denn der Hymnus wird mit einer Zitationsformel eingeleitet, die sich grammatikalisch durch ihr Subjekt im Neutrum von dem folgenden maskulinen Demonstrativpronomen »der« absondert, so daß sich der Anfang des traditionellen Hymnus noch gut erkennen läßt (vgl. hier unsere Beobachtungen zur Textkritik, S. 26f.). Auch der Schluß des Textabschnittes ist eindeutig, denn mit 1 Tim 4,1 setzt ein neues Thema ein.

8.2.2 Text

1 Tim 3, 16

Zitationsformel	3,16 a	»Und bekanntermaßen groß ist das Geheimnis unserer Religion:		
Hymnus	3,16 b	1.	der	ist offenbart worden im Fleisch,
		2.		ist gerechtfertigt worden im Geist,
		3.		ist erschienen den Engeln,
		4.		ist verkündet worden in den Völkern,
		5.		ist geglaubt worden in der Welt,
		6.		ist hinaufgenommen worden in die Herrlichkeit.«

8.2.3 Formkritik

Die Anordnung des Textes im Druck macht deutlich erkennbar, daß der Text aus sechs Sätzen besteht, deren einziges Subjekt das Demonstrativum »der« ist. Dabei sind diese Sätze in syntaktischer Hinsicht einander (fast) völlig parallel. Die Sätze werden jeweils mit einem Verb in der dritten Person Singular Passiv eröffnet. Die einzige Ausnahme bildet hier die dritte Zeile. (Doch steht auch hier im Griechischen ein Medium, eine Verbform, die wenigstens äußerlich einem Passiv gleichkommt.) Das Verb wird (fast) überall näher bestimmt durch eine adverbiale Bestimmung des Ortes mit der Präposition ›in‹. Auch hier bildet Zeile 3 eine gewisse Ausnahme, weil dort statt dessen ein Dativobjekt verwendet wird. (Doch ist auch dies, wie wir sehen werden, lokal zu verstehen, gibt den Ort der »Erscheinung« des im Hymnus gepriesenen Christus an.)

Die *lokalen Bestimmungen am Satzende* lassen sich zu Gruppen ordnen: In Zeile 1 und 2 sowie in 5 und 6 nämlich stehen sie im Singular, während sie in 3 und 4 im Plural begegnen. Damit gruppieren sich die sechs syntaktisch parallelen Zeilen in drei Zweizeiler, was sich semantisch bestätigt, wenn man beachtet, daß »Fleisch« und »Geist«, faßt man sie lokal auf, als Angaben über die irdische Sphäre des Menschen (»Fleisch«) bzw. über die himmlische Sphäre Gottes (»Geist«), ein Begriffspaar bilden, dessen beide Größen einander ähnlich gegensätzlich oder oppositionell gegenüberstehen wie die der beiden anderen Begriffspaare »Engel« vs »Völker« und »Welt« vs »(Himmels-)Herrlichkeit«.

Will man diese Gegensätzlichkeit näher bestimmen, wird man sagen müssen, daß es sich nicht um eine *antithetische* Gegensätzlichkeit handelt, die die Verschiedenheit der einander gegenüberstehenden Größen betonen würde, sondern um eine *polare,* d. h., die beiden Gegensätze werden als die beiden Pole einer einzigen Wirklichkeit genannt, um diese möglichst umfassend in ihrer Totalität zur Sprache zu bringen.

So geht es im Hymnus von 1 Tim 3,16 in den gegensätzlichen Begriffspaaren jeweils um die Totalität der irdischen und himmlischen Räume, die vom Christusereignis betroffen sind, d. h. um die

Sphären von »Fleisch« und »Geist« (Zeilen 1 u. 2) und um die von »Engeln« und »Völkern« bewohnten Räume (Zeilen 3 u. 4), d. h. um die »Erde« und die himmlische »Herrlichkeit« (Zeilen 4 u. 5), mithin jeweils um die gesamte Welt.
Achtet man dabei auf die Abfolge der lokalen Sphären im Textraum des Hymnus, d. h. der adverbialen Bestimmungen, erkennt man, wenn man die irdischen Sphären mit (A) und die himmlischen mit (B) kennzeichnet, daß die sechs Zeilen im Parallelismus und zusätzlich auch noch chiastisch angeordnet sind:

1.	Fleisch	A	
2.	Geist	B	X Chiasmus
3.	Engel	B	
4.	Völker	A	X Chiasmus
5.	Welt	A	
6.	Herrlichkeit	B	

Dadurch wird aber auch die Gliederung des Textes in drei Segmente zu zwei Zeilen, die sich uns oben schon anzudeuten schien, bestätigt.
Auch die *Verben* am *Beginn der Zeilen* unterstreichen diese Dreiergliederung, denn auch sie lassen sich auf zwei semantische Nenner bringen, d. h. jeweils drei der sechs Verben haben bei aller Bedeutungsverschiedenheit im einzelnen, abstrahiert man von dieser bis zu einer bestimmten Abstraktionsebene, ein Bedeutungselement gemeinsam: In den *Verben* von Zeile 1, 3 und 4 darf man dieses gemeinsame Bedeutungselement oder Sem darin sehen, daß »offenbaren«, »erscheinen« und »verkünden« einen Kundgabevorgang bezeichnen, also von einer *Proklamation* (= x) sprechen. Die *Verben* der Zeilen 2, 5 und 6, »rechtfertigen«, »glauben« und »hin-

1.	Proklamation	x	synthetischer
2.	Akzeptation	y	Parallelismus
3.	Proklamation	x	synonymer
4.	Proklamation	x	Parallelismus
5.	Akzeptation	y	synonymer
6.	Akzeptation	y	Parallelismus

aufnehmen«, bezeichnen dagegen einen Akt der Annahme dieser Kundgabe, d. h., in ihnen geht es um *Akzeptation* (= y). Achten wir auch bei ihnen auf ihre Anordnung im Raum des Textes, bestätigt sich uns seine Dreiergliederung auch von den Verbalbegriffen her, wie sie sich wieder aus einem Schemaüberblick (s. vorhergehende Seite) gut erkennen läßt.

Es fehlt die chiastische Reihung, wie wir sie bei den adverbialen Bestimmungen am Zeilenende beobachten konnten. Gliedernde Funktion übernimmt hier die parallelistische Anordnung der Verben. So bilden die Verben von 1 und 2 einen *synthetischen* Parallelismus: zusammen erst bezeichnen sie den gesamten Vorgang von irdischer Inkarnation und himmlischer Erhöhung. Dagegen bilden, im Hinblick auf die Verben, die Zeilen 3 und 4 ebenso wie die Zeilen 5 und 6 einen *synonymen* Parallelismus. Damit aber sind die Zeilen 1 und 2 semantisch komplexer als die Zeilen 3 mit 4 oder die Zeilen 5 mit 6.

Das hat interpretatorische Folgen, wie man sieht, wenn man nunmehr *Verben und adverbiale Bestimmungen zusammen* betrachtet. Mit Zeile 1 und 2 ist nämlich das ganze Christusereignis umfaßt. Dabei vollzieht sich Christi *Inkarnation* (»offenbart worden im Fleisch«) in der irdischen Sphäre und seine *Erhöhung,* durch die er von Gott »gerechtfertigt«, d. h. angenommen wird, in der himmlischen Sphäre des »Geistes«. Die folgenden zwei Zeilenpaare entfalten das Ergebnis dieses Erde und Himmel betreffenden Christusereignisses: Als Inkarnierter und Erhöhter ist er den Bewohnern der himmlischen (»Engel«) und irdischen (»Völker«) Welt als ihr Herr vorgestellt worden (Zeilen 3 und 4) und als solcher auf Erden und in der »Herrlichkeit« d. i. des Himmels angenommen worden (Zeilen 5 und 6). Himmel und Erde bilden somit eine Einheit, die begründet ist in dem beide lokale Sphären berührenden bzw. erfassenden Christusereignis.

Für den an Jesus als den Inkarnierten und zu Gott Erhöhten glaubenden Verfasser des Christushymnus begründet das Geschehen von Christi Offenbarung im Fleisch und seiner Rechtfertigung im Geist diese Einheit von Himmel und Erde, genauer also der in Jesus auf Erden und dann im Himmel handelnde Gott.

8.2.4 Literar- und Redaktionskritik

Die formkritische Beschreibung hat einen Text erkennen lassen, der formal so durchgestaltet ist, daß sich literarkritisch keine Spannung erkennen und zu der Unterscheidung von übernommener Überlieferung und redaktioneller Überarbeitung kein Anhaltspunkt gewinnen läßt. Eher kann die formale Dichte des Textes, vergleicht man sie mit seiner textlichen Umgebung, aufzeigen, daß er hier als übernommenes Traditionsstück zitiert wird.

Dafür sprechen auch gattungskritische Beobachtungen. Sein Stil, vor allem der Texteinsatz mit dem nicht näher bestimmten Demonstrativum »der«, sein parallelistischer Aufbau, aber auch die einzelnen Inhalte wie Inkarnation und Erhöhung weisen ihn als einer Gattung zugehörig aus, die man als »Hymnus« bezeichnen kann.

Die redaktionskritische Betrachtung findet daher keinen Anhaltspunkt am Hymnus selbst, sondern ist, um die redaktionelle Absicht des Verfassers, der den Hymnus zitiert, zu erkennen, auf seinen Kontext verwiesen.
Der Hymnus findet sich an einer wichtigen *brieflichen Schaltstelle,* die zum *brieflichen Rahmen* des fiktiven 1 Tim gehört. Mit 1 Tim 3,14–16 wird nämlich einerseits ein Briefteil abgeschlossen, den man als *Kirchenordnung* mit Verhaltensregeln für Männer, Frauen und Amtsträger der christlichen Gemeinde (1 Tim 2,1–3,13) bezeichnen könnte, und andererseits ein Abschnitt eröffnet, dessen Funktion die *Ketzerbestreitung* ist (1 Tim 4,1ff.). An der brieflichen Schaltstelle 1 Tim 3,14–16 tritt nun einerseits die Gestalt des fiktiven Briefschreibers Paulus besonders hervor: »Dies schreibe ich Dir in der Hoffnung, bald zu Dir zu kommen!« Dadurch soll der vorangehenden Kirchenordnung der Stempel apostolischer Urheberschaft aufgedrückt werden. Die Zitation eines traditionellen Hymnus soll in diesem Zusammenhang anzeigen, daß die nachapostolische Kirche im Besitz der apostolischen »Wahrheit« und der »gesunden Lehre« ist. Sie kann sie in tradierter, d. h. auf apostolischen Ursprung zurückgehender Formulierung bei Bedarf abrufen. Für den »Hymnus« bedeutet dies aber einen *Funktionswechsel.* Ist zu vermuten, daß er als »Hymnus« ursprünglich den gottes-

dienstlichen »Sitz im Leben« dieser Gattung teilte, wird er jetzt als Beispiel der »gesunden Lehre« und apostolischen »Wahrheit« zitiert, über die die Kirche der Pastoralbriefe zu verfügen glaubt. Er nähert sich also in seiner Funktion einer glaubensbekenntnisartigen Formulierung. Darauf soll das »bekanntermaßen« in der Zitationsformel, die den alten »Hymnus« in seinem jetzigen Kontext vorbereitet, vermutlich aufmerksam machen. Man sollte nämlich bei diesem seltenen Adverb das Verbum ›bekennen‹ mithören.
Als »Glaubensbekenntnis« zitiert, teilt der alte Hymnus aber auch die abgrenzende Funktion, die einem Glaubensbekenntnis eignet. Der traditionelle Hymnus, als »Geheimnis unserer Religion«, d. h. als der Kirche offenbarte und überantwortete, d. h. ihr vom Apostel als »Überlieferung« übergebene und von ihr zu stützende und zu schützende »Wahrheit«, ist zugleich ein die wahre »Religion« von der Häresie unterscheidendes Kriterium. Darum kann es im unmittelbar folgenden Kontext heißen: »Der Geist sagt ausdrücklich: In den späteren Zeiten werden manche vom Glauben abfallen und Irrgeistern sich zuwenden und Lehren von Dämonen...« (1 Tim 4,1). Diese »späteren Zeiten« sieht der Verfasser von 1 Tim in der Gegenwart seiner eigenen nachapostolischen Kirche angebrochen und beschwört darum die Gestalt »seines« Apostels Paulus im fiktiven Briefrahmen und zitiert zusätzlich den traditionellen Hymnus als zentrale Aussage apostolischer Lehre. Die Absicht des Redaktors ist hier also nicht an Veränderungen der vorgegebenen Überlieferung erkennbar, sondern an der Stellung, die er dem Traditionsstück zwischen vorangehendem und nachfolgendem Kontext gewiesen hat, also an seiner textlichen Einbettung bzw. an der Komposition.

8.3 Gattungskritik von Phil 2,6–11 und 1 Tim 3,16

Trotz aller Verschiedenheit im einzelnen haben beide besprochenen Texte so viele formale und inhaltliche Übereinstimmungen, daß man sie einer *Gattung* zurechnen darf. Sehr schön läßt sich dabei sehen, daß ›Gattung‹ ein »Begriff für eine ›ideale‹ oder ›typische‹ Form« ist, »wie sie in der Realität nicht existiert«, weil sie »durch den Vorgang der Auswahl (Abstraktion), die einige Merkmale einer Form für charakteristisch hält, von anderen aber absieht«,[5] gewonnen wird.[6]

Wenn Phil 2,6–11 und 1 Tim 3,16 formal gewisse Stilmerkmale gemeinsam haben und diese auch noch mit anderen Texten teilen, macht es durchaus Sinn, von einer eigenen Gattung zu reden, der beide Einzeltexte zugehören.

Beide Texte fangen schon mit einer Gemeinsamkeit an, die man zum Gattungsstil rechnen darf. Ohne daß der Name der im Text beredeten Person genannt würde, beginnen beide mit einer *relativischen Anknüpfung:* »der«... Ähnliches finden wir auch in Kol 1,15.18; Hebr 1,3; 1 Petr 2,22; 3,22.

Die Aussagen über diese nicht mit Namen genannte Person werden an all diesen Stellen im *Er-Stil* gemacht und betreffen *Taten* der beredeten Person.

Auffällig ist der in all diesen Texten mehrfach gebrauchte *Parallelismus.* Wir haben ihn schon mehrfach als Stileigentümlichkeit der hebräischen Poesie kennengelernt.

Daneben stoßen wir auch auf *Inhalte,* die vergleichbar sind. Die wichtigsten dabei sind »*Inkarnation*« und »*Erhöhung*«. Auch die »*Unterwerfung der Engelsmächte*«, ja der gesamten Schöpfung unter den in dem Text nicht genannten, aber durch die Tatprädikation durchaus identifizierbaren Christus ist beiden Texten gemeinsam. Aus den Gemeinsamkeiten ergibt sich der sogenannte Gattungsstil.[7]

[5] *W. Richter,* Exegese als Literaturwissenschaft, Göttingen 1971, 132.

[6] Daher ist ›Gattung‹ auch ein Begriff mit einer gewissen Unschärfe. Die Auswahl strukturaler Kriterien, die die Formen verschiedener Einzeltexte zu einer Gattung vereinen, kann nämlich mehr oder weniger weit vorangetrieben werden. Daher reicht die Skala des Gattungsbegriffs von so weitmaschigen Rastern wie z. B. Prosa, Poesie, narrative oder argumentative Texte usw. bis hin zu Texten, die einander in syntaktischer Hinsicht nahezu strukturidentisch sind. Trotz dieser Unschärfe des Begriffs ›Gattung‹ ist er praktisch durchaus verwendbar.

[7] Neben Gemeinsamkeiten begegnet hier allerdings auch Individuelles. In 1 Tim 3,16 ist das Moment der Unterwerfung der Engelsmächte und der Menschenwelt als Missionsgeschehen gedeutet, während es in Phil 2,6–11 als himmlische Inthronisation gestaltet ist. Die Präexistenz im Himmel, der Phil 2,6–11 eine ganze Strophe (die erste) widmet, wird in 1 Tim 3,16 nicht ausdrücklich erwähnt, kann aber aus der Inkarnationsaussage erschlossen werden. Trotz dieser Unterschiede gibt es in formaler und inhaltlicher Hinsicht so viel Vergleichbares, daß man die Zugehörigkeit beider Texte zu einer gemeinsamen Gattung als erwiesen ansehen darf.

Der Gattungsstil gibt Hinweise auf die Funktion der Texte. Aus dem *Er-Stil* der Texte und seiner Verbindung mit *Tat-Prädikationen* läßt sich schließen, daß über das Subjekt der Texte, sein Tun und sein Erleiden, Informationen an Drittadressaten weitergegeben werden sollen. Die Texte »berichten Tat und Werk des Erlösers und kleiden sich daher in den unpersönlichen Er-Bericht«.[8]
Daß der *Name nicht genannt* wird, läßt darauf schließen, daß die Texte sich ursprünglich auf einen Kontext bezogen, der den Adressaten sagte, wer das ungenannte Subjekt der Texte ist.
Daß alle Aussagen jeweils immer *über ein Subjekt* (Christus) gemacht werden, zeigt die Bedeutsamkeit, die die Verfasser dieser Texte diesem Subjekt und seinem Tun oder Erleiden für die Adressaten beimaßen.
Die durchweg bestehende *poetische Strukturierung* der Texte erhebt die Information über den Rang der Alltagsinformation und läßt darauf schließen, daß nicht nur ein einzelner Adressat, sondern ein größerer Adressatenkreis angezielt werden sollte.
Der *Relativstil* verweist in den Raum semitisch beeinflußter Gebetstexte. Demnach kann der Kontext, dem der Adressatenkreis die Information über den Namen des ungenannten Subjekts entnehmen konnte, ein liturgischer gewesen sein. »Das Schweigen wird liturgische Gründe haben, indem das Lied vermutlich an einer Stelle haftet, wo die Beziehung auf Christus eindeutig ist.«[9]
Man wird demnach sagen dürfen, daß die Funktion der Gattung eine liturgische ist bzw. sie ihren »Sitz im Leben« im Gottesdienst hat, in dem der verkündende *Lobpreis* auf die Person Christi und seine Heilstaten, im Mund der Gemeinde zugleich zum *Preis* des erhöhten Herrn wird. Durch den proklamatorischen Er-Stil steht die Gattung »an der Schwelle zwischen Gebet und Verkündigung«.[10] Daher ist diese Gattung geeignet, in der literarischen Wiederverwendung, durch Zitation in einem Brief etwa, einen zusätzlichen »Sitz in der Literatur« zu gewinnen.

[8] *G. Schille*, Frühchristliche Hymnen, Berlin 1965, 47.
[9] Ebd. 48.
[10] *R. Deichgräber*, Gotteshymnus und Christushymnus in der frühen Christenheit. Untersuchungen zu Form, Sprache und Stil der frühchristlichen Hymnen (StUNT 5), Göttingen 1967, 23.

Wird Phil 2,6–11 von Paulus zitiert, um den paränetischen Imperativ bzw. das Sollen der Gemeinde in dem christologischen Indikativ bzw. in ihrer Christusbeziehung zu begründen, so zitiert der Verfasser von 1 Tim das Traditionsstück als Beispiel für die apostolische Lehre, über die seine nachapostolische Kirche als Richtschnur der Wahrheit verfügt, wodurch der Christus preisende Text nahezu ein Glaubensbekenntnis wird. Gattungskritik dient mithin durch die Aufdeckung der Funktion der Gattung in semantischer und pragmatischer Hinsicht dem Verständnis und der rechten Verwendung der Texte.

Daneben ist die Frage der *Gattungsbezeichnung* eher nebensächlich, denn die Gattungsbezeichnung dient lediglich der »leichteren Verständigungsmöglichkeit in der Forschung«[11], ist aber gerade deshalb nicht ohne Nutzen. Man braucht sich nur einige Gattungsbezeichnungen, wie sie allein 1 Tim 3,16 in der Forschung schon erhalten hat, vor Augen führen, um dies einzusehen. So spricht man hier u. a. von »Glaubensbekenntnis«, »Hymnus«, »Lied«, »liturgischer Bekenntnisformel«, »Symbolum«, »altchristlichem Gesang«, »Bekenntnislied«, »bekenntnisartigem Erlöserlied«, »liturgischer Homologie« usw.
Nun haben weder AT noch NT eigene festgelegte Gattungsbezeichnungen ausgebildet, auch wenn viele Gattungen geprägt und benutzt werden. Aber das eine ist »eine Sache des lebendigen Gebrauchs«, das andere »das Ergebnis einer theoretischen Reflexion über die Gattung«.[12] Wenn wir oben mit Kol 3,16 »Psalmen, Hymnen und geistliche Oden« für Gott (und mit Eph 5,19 »Psalmen, Hymnen und Oden«, »die dem Herrn« gelten) erwähnten, sollten nicht fest umrissene Gattungsbezeichnungen angeführt werden. An beiden Stellen scheint nämlich eine *plerophorische* Sprache gesprochen zu werden, die die gemeinte Sache eher mit einer Fülle von Worten bedenkt als sie präzise bezeichnet. Es sollte eigentlich nur darauf verwiesen werden, daß schon das NT selbst verschiedene Gattungsbezeichnungen für liturgische Texte kennt. Für unsere Ohren ist jedoch die Bezeichnung »Psalm« allzusehr mit den Texten (verschiedener Gattung) verbunden, die im alttestamentlichen Psalter gesammelt sind. Und bei »Ode« denken wir an Horaz oder Hölderlin. So bietet sich »Hymnus« am ehesten noch zur Bezeichnung der Gattung von Phil 2,6–11 und 1 Tim 3,16 an. Vielleicht auch empfiehlt sich noch die nähere Kennzeichnung als »Christushymnus« zur Unterscheidung von Texten, die man eher als »Gotteshymnus« einschätzen würde. Dabei könnte man auf die Spezifizierung »proklamatorischer Christushymnus«, auf die der Er-Stil hinweist, für das

[11] *W. Richter*, a. a. O., 140.
[12] Ebd.

NT eigentlich verzichten, weil dessen Christushymnen alle proklamatorisch sind. Die »anbetenden«, imprekatorischen Christushymnen im Anredestil kommen erst nachneutestamentlich auf.

8.4 Zur Traditionskritik der Präexistenzvorstellung

Phil 2,6–11 spricht eine Vorstellung an, die auch in 1 Tim 3,16 impliziert zu sein scheint und die wir als geprägtes Thema, also als ›Tradition‹, zu sehen haben. Es ist die Vorstellung von der Präexistenz Jesu.

Unter *Präexistenzchristologie* versteht man dabei die Vorstellung, daß Jesus als »Sohn Gottes« oder als »Wort« bzw. in »göttlicher Existenzweise« schon vor seiner Geburt bzw. irdischen Erscheinung, ja schon vor der Schöpfung bei Gott weilte und dieser »in ihm« sogar die Welt erschuf (»Schöpfungsmittlerschaft«), um ihn dann endzeitlich in die Welt zu senden.

Von dieser Präexistenz spricht die erste Strophe des Philipperhymnus. Die erste Zeile von 1 Tim 3,16 »der ist offenbart worden im Fleisch« setzt sie voraus; denn offenbart werden kann nur jemand, der zuvor schon existiert hat.
Die Vorstellung ist bei Paulus schon ebenso selbstverständlich im Gebrauch wie im Johannesevangelium. Dagegen scheint die synoptische Tradition ohne sie auszukommen. Zeigt allein schon das hymnische Gut, das Paulus zitiert, daß er das Thema als geprägtes schon übernommen hat, so hilft die Beachtung eines Schemas, das zweimal bei Paulus, aber auch dreimal im johanneischen Schrifttum begegnet, dazu, die Traditionsgeschichte der Vorstellung aufzuhellen. Diesem Schema eignet dabei an allen Stellen eine vergleichbare Struktur. Es ist aber inhaltlich verschieden aufgefüllt. Beides wird aus einer *Synopse* (s. die folgenden Seiten) ersichtlich.
Aus der Synopse der vier ntl. Stellen geht die gleichbleibende Struktur des Schemas hervor: Handelndes Subjekt ist immer *Gott*. Er *sendet* oder *gibt*. Objekt der Sendung ist immer der *Sohn*. Schließlich wird *final* durch die Konjunktion *damit* ein Nebensatz angeschlossen, der den *Sendungszweck* angibt. Es handelt sich mithin um ein *christologisches Schema mit soteriologischer Zweckangabe*, das Paulus wie Johannes vorgefunden haben und ihrerseits im Dienst ihrer eigenen Aussageabsichten benutzten.

Gal 4, 4–5

4	a	Als aber kam die Fülle der Zeit,
	b	*sandte* aus *Gott* seinen *Sohn,*
	c	geboren aus dem Weibe,
	d	geboren unter dem Gesetz,
5	a	*damit* er die unter dem Gesetz loskaufe,
	b	*damit* wir die Sohnschaft empfingen.

Röm 8, 3–4

3	a	Denn was dem Gesetz unmöglich war,
	b	worin es sich schwach erwies wegen des Fleisches,
	c	das hat *Gott* (getan),
	d	indem er seinen *Sohn sandte* in der Gleichheit des Sündenfleisches und um der Sünder willen
	e	und dadurch die Sünde im Fleische verurteilte,
4	a	*damit* die Rechtsforderung des Gesetzes erfüllt werde in uns,
	b	die wir nicht nach dem Fleische wandeln, sondern nach dem Geist.

Joh 3, 16–17

16	a	So sehr hat *Gott* die Welt geliebt,
	b	daß er seinen einzigen *Sohn gab,*
	c	*damit* jeder an ihn Glaubende nicht verlorengehe
	d	sondern ewiges Leben habe.
17	a	Denn nicht hat *Gott gesandt* seinen *Sohn* in die Welt,
	b	*damit* er richte die Welt,
	c	sondern *damit* gerettet werde die Welt durch ihn.

1 Joh 4, 9

9	a	Darin ist erschienen die Liebe Gottes unter uns,
	b	daß seinen einzigen *Sohn gesandt* hat *Gott* in die Welt,
	c	*damit* wir leben durch ihn.

Weish 9, 9–10

9	d Denn bei dir, *Gott,* ist die *Weisheit,*
	b welche deine Werke kennt
	c und schon zugegen war,
	d als du die Welt erschufst,
	e und weiß, was wohlgefällig ist in deinen Augen und was recht ist nach deinen Geboten.
10	a *Sende* sie aus den heiligen Himmeln,
	b und vom Thron deiner Herrlichkeit *schicke* sie,
	c *damit* sie helfend mit mir arbeite,
	d und ich erkenne, was wohlgefällig ist bei dir!

In der Synopse findet sich zusätzlich eine Stelle aus dem Buch der Weisheit, in der das Schema ebenfalls zu erkennen ist. Allerdings findet sich dort an der Stelle des »Sohnes« die »Weisheit« als Objekt der Sendung. Diese wird außerdem nicht als in der Vergangenheit erfolgt vorgestellt, sondern um die zukünftige Sendung wird gebetet. Da diese Stelle älter ist als die zitierten ntl., dürfte das Schema nicht als christologisches entstanden sein. Vielmehr wurde es schon im Judentum in bezug auf die Weisheit gebraucht. Die »Weisheit« wird darin ebenfalls als präexistent vorgestellt. Sie weilt vor der Schöpfung bei Gott; in ihr erschafft er die Welt, und er sendet sie von den Himmeln zu den Menschen bzw. zu Israel. Die Weisheitsliteratur ist entstanden in hellenistisch beeinflußten jüdischen Kreisen in Ägypten.
In hellenistischer Umgebung mußte es natürlich ein Problem sein, daß man erkannte: nicht nur in Israel, sondern auch bei den ›Heiden‹ gab es Werte, Tugenden, Einsichten, die Israel zuvor als die Frucht des ihm gegebenen göttlichen Gesetzes anzusehen gewohnt war. Wie konnte Israel ohne Identitätsverlust, ohne seine eigene Glaubenstradition zu verleugnen und das Israel als Erwählungsvolk auszeichnende, göttliche Gesetz aufzugeben, dennoch zugleich offen und tolerant sein für die heidnische, aber doch offensichtlich wertvolle, in vielen Stücken mit dem Gesetz übereinstimmende Weisheit?

Der Versuch, dieses Problem zu lösen, ist in der Vorstellung zu sehen, daß die Weisheit schon vor der Schöpfung, alle lokalen und partikularen Ausprägungen von Weisheit transzendierend, bei Gott präexistent war und daß Gott in dieser Weisheit die Welt geschaffen hatte, so daß diese als eine intelligible, sich der Einsicht *aller* Menschen öffnende Schöpfung die Quelle für die Weisheit aller Völker sein konnte. Der Sonderrang Israels konnte dann seinen Ausdruck darin finden, daß Gott diese Weisheit in der Gabe des Gesetzes vom Sinai Israel in besonderer Weise zugeeignet hatte, so daß sie, obwohl überall in der Welt erkennbar, in besonderer Weise in den Zelten Jakobs wohnte. Das Problem des Verhältnisses von Partikularismus und Universalismus war so ›gelöst‹.

Zugleich konnte so ein anderes Problem aus der Welt geschafft werden. Weil man, wiederum unter dem Einfluß griechischen Denkens, begann, weniger geschichtlich zu denken, sondern eher räumliche Vorstellungen zu entwickeln, rückte Gott immer weiter weg vom Menschen in unerreichbare Räume, entschwand er immer mehr in der Transzendenz. »Wollte man dennoch von seinem Handeln auf Erden reden, und der gläubige Jude mußte das tun, wagte man nur noch von der Weisheit, vom Wort, vom Logos oder von der Kraft Gottes zu sprechen, die dann immer mehr von ihm losgelöst wie selbständige göttliche Wesen gedacht wurden«[13] und die Aufgabe hatten, bei durchgehaltenem Glauben an die Größe und Unerreichbarkeit Gottes die Überzeugung von seiner Nähe zum Menschen und seinem Handeln in der Geschichte auszudrükken.

So läßt sich einsehen, daß die Christen, die aus dieser hellenistisch-jüdischen Denktradition kamen, ihren Glauben, daß Jesus der absolute Heilsbringer sei, daß in ihm, in seinem Wirken und Wort, in seinem Kreuz, Gott endzeitlich zum Heil der Menschen gehandelt habe, nicht wie die Judenchristen aus Palästina dadurch ausdrückten, daß sie von ihm sagten, er sei der Messias, sondern dadurch,

[13] *E. Schweizer*, Jesus Christus im vielfältigen Zeugnis des Neuen Testaments, München/Hamburg 1968, 84.

daß sie von ihm als von der präexistenten Weisheit, dem Logos, dem Sohn sprachen, den Gott in die Welt gesandt hatte.
Auf diese Weise konnten sie zugleich die Unvergleichlichkeit und Endgültigkeit seines Gesandtseins von der Sendung der Propheten, die sich ja auch gesandt wußten, unterscheiden, aber auch die Hinordnung des heilbringenden Christusgeschehens auf die ganze Heidenwelt aussagen, impliziert die Präexistenz doch die Schöpfungsmittlerschaft, so daß sich sagen ließ, daß in dem präexistenten Jesus die Welt erschaffen worden sei, d. h. aber als eine von Anfang an auf die Erlösung in ihm hingeordnete und so auch die Heiden umfassende. Kein Wunder also, daß der Heidenapostel Paulus sich der Präexistenzchristologie bediente. Und wenn diese Christen ihrer Hoffnung auf künftige Sinnenthüllung Ausdruck verleihen wollten, die sich in ihrer Erfahrung Jesu entzündet hatte, konnten sie nicht akzeptieren, daß die Gegenwart lediglich aus chaotischer Sinnlosigkeit herkomme, und sprachen darum davon, daß Gott diese Welt in seinem Sohn, dem ewigen Logos, in Jesus geschaffen hatte und sich so als ein Gott, der die Gemeinschaft mit allen Menschen will, ihrer Hoffnung zum Gegenstand setzte.

9 *Der Stammbaum Jesu nach Matthäus*

(Mt 1,1–25)

9.1 *Vorbemerkung und Textabgrenzung*

Das Mt-Evangelium setzt mit dem Stammbaum Jesu, einer Liste, als Eröffnungstext ein. Bei antiken Schriften aber sind Anfang und Ende eines Buches besonders wichtige Stellen, nicht zuletzt für die Interpretation. Es legt sich also nahe, wenigstens diesen Text als Beispiel eines Buchanfangs und eines Listentextes zugleich in unseren Übungen zu analysieren. Nicht zuletzt kann man dabei auch methodisch etwas lernen. Denn bei einer ›monotonen‹ Liste wie hier sind wiederkehrende Gleichheiten und auch die Unterschiede vielleicht auffälliger als anderswo.
Die Textabgrenzung fällt nach beiden Seiten leicht. Mit Mt 1,1 beginnt der Stammbaum Jesu und gleichzeitig das Evangelium des Mt. Mit Mt 2,1 setzt etwas Neues ein. Signal dafür sind die *Orts-* und *Zeitangaben* sowie die Einführung der für Kapitel 2 wichtigen *Figuren*, die zum Teil mit *Namen* genannt werden. Die Zugehörigkeit von 1,18–25 zum Stammbaum ergibt sich aus der Wiederholung des Wortes »Abstammung« in 1,18 (vgl. 1,1) und aus der Wiederaufnahme des Namens »Jesus Christus«, der zuletzt in 1,16 begegnete.

9.2 *Text*

Siehe die folgenden Seiten

9.3 *Formkritik*

9.3.1 *Makrostruktur*

Die Makrostruktur des Textes ist leicht erkennbar.

Mt 1, 1–18

	1	a	Buch der *Abstammung Jesu Christi*
A		b	des Sohnes Davids
		c	des Sohnes Abrahams.
	2	a	Abraham zeugte den Isaak,
		b	Isaak aber zeugte den Jakob,
		c	Jakob aber zeugte den Juda und seine Brüder.
	3	a	Juda aber zeugte den Phares und den Zara aus der Tamar.
		b	Phares aber zeugte den Esrom,
		c	Esrom aber zeugte den Aram,
I	4	a	Aram aber zeugte den Aminadab,
		b	Aminadab aber zeugte den Naasson,
		c	Naasson aber zeugte den Salmon,
	5	a	Salmon aber zeugte den Booz aus der Rachab.
		b	Booz aber zeugte den Jobed aus der Ruth,
		c	Jobed aber zeugte den Jesse,
	6	a	Jesse aber zeugte den David, den König.
		b	David aber zeugte den Salomon aus der Frau des Urias.
	7	a	Salomon aber zeugte den Roboam,
		b	Roboam aber zeugte den Abia,
		c	Abia aber zeugte den Asaph,
	8	a	Asaph aber zeugte den Josaphat,
		b	Josaphat aber zeugte den Joram,
		c	Joram aber zeugte den Ozias,
II	9	a	Ozias aber zeugte den Joatham,
		b	Joatham aber zeugte den Achaz,
		c	Achaz aber zeugte den Ezechias,
	10	a	Ezechias aber zeugte den Manasse,
		b	Manasse aber zeugte den Amos,
		c	Amos aber zeugte den Josias,
	11	a	Josias aber zeugte den Jechonias und seine Brüder zur Zeit der Wegführung nach Babylon.
	12	a	Nach der Wegführung nach Babylon Jechonias zeugte den Salathiel,
		b	Salathiel aber zeugte den Zorobabel,
III	13	a	Zorobabel aber zeugte den Abiud,
		b	Abiud aber zeugte den Eliakim,
		c	Eliakim aber zeugte den Azor,
	14	a	Azor aber zeugte den Sadok,
		b	Sadok aber zeugte den Achim,
		c	Achim aber zeugte den Eliud,

	15	a Eliud aber zeugte den Eleazar, b Eleazar aber zeugte den Matthan, c Matthan aber zeugte den Jakob,
III	16	a Jakob aber zeugte den Joseph, b den Mann der Maria, c aus der gezeugt wurde der Jesus, d der Christus genannt wird.
B	17	a Insgesamt also sind an Geschlechtern: b von Abraham bis David vierzehn Geschlechter, c und von David bis zur Wegführung nach Babylon vierzehn Geschlechter, d und von der Wegführung nach Babylon bis zu Christus vierzehn Geschlechter.
	18	a Mit der *Abstammung Jesu Christi* verhielt es sich so:

Man kann mit A. Vögtle[1] unterscheiden:
1. die Überschrift (1);
2. die Genealogie (2–16);
3. den kommentierenden Hinweis auf die Genealogie als Ganzes (17);
4. den exkursartigen Anhang zu 1,16 (18–25),

der die aus dem Rahmen fallende Zeugung Jesu Christi erzählend deutet.

Während die Genealogie, der eigentliche Stammbaum, im Grund ebenfalls *erzählend* ist, beziehen sich die *Überschrift* und der sogenannte *kommentierende Hinweis* nicht erzählend, sondern *besprechend* auf das, was im Stammbaum erzählt wird. Man kann sie darum als »metanarrative Sätze« auffassen, d. h. als Anweisung an den Leser, wie die »Erzählung« des Stammbaums zu lesen sei. Denn in metanarrativen Sätzen findet »eine Thematisierung der Komponenten Erzähler, Hörer, Leser, Erzählsituation, Bereich der Gegenstände und Sachverhalte statt«. Sie kommen somit »zu dem Erzähltext selbst auf einer Meta-Ebene« zu stehen.[2] Beide

[1] *A. Vögtle*, Die Genealogie Mt 1,2–26 und die matthäische Kindheitsgeschichte (II), in: Bibl. Zeitschrift 8 (1964) 240.

[2] *E. Gülich*, Ansätze zu einer kommunikationsorientierten Erzähltextanalyse (am Beispiel mündlicher und schriftlicher Erzähltexte), in: Zeitschrift für Literaturwissenschaft und Linguistik, Beihefte 4, Erzählforschung 1, hrsg. v. W. Haubrichs, Göttingen 1976, 242.

metanarrativen Sätze, die *Überschrift* und der *Kommentar* (V 17), wollen die Aufmerksamkeit des Lesers auf den Stammbaum lenken und etwas, was dieser erzählt, besonders unterstreichen. Achtet man auf das Verhältnis von Überschrift und Kommentar,[3] muß einem ihre Gegenläufigkeit auffallen. Jesu »Abrahamssohnschaft« veranschaulicht die Überschrift durch die Rückläufigkeit von »Jesus Christus«→ »Sohn Davids«→ »Sohn Abrahams«, die der sukzessiven Linie des Stammbaums, die von Abraham auf Jesus zuführt, entgegenläuft. Der Kommentar dagegen schließt sich dieser Bewegungsrichtung des Stammbaums an. Bei Abraham beginnend, führt er über David und babylonisches Exil die genealogische Linie in drei gleichmäßigen Wellen von 14 Generationen auf ihr Ziel Jesus Christus zu. Doch kommt es auch hier zu einem Widerspruch zum Text des eigentlichen Stammbaums, den man allerdings nur bei aufmerksamer Lektüre gewahrt: Der Kommentar unterteilt die Reihe der Ahnen Jesu in drei Gruppen zu 14 Generationen. Zählt man in der Genealogie nach, lassen sich zwar die drei Zeitabschnitte entdecken, doch werden im ersten und letzten Zeitabschnitt nur je *13* als Erzeuger genannt. Dagegen nennt der mittlere Abschnitt, wie der Kommentar (V17) es sagt, *14* Namen von Erzeugern. Die Leseanweisung des Kommentars, der jedem Abschnitt 14 Generationen zuweist, läßt sich bei der Lektüre des Stammbaums mithin nur ausführen, wenn man beim ersten und letzten Zeitabschnitt nicht nur die Erzeuger zählt, sondern jeweils am Schluß den Erzeugten mit hinzunimmt, d. h. David und, modifiziert, Jesus. Daß durch diesen Widerspruch zwischen Kommentar und Genealogie diese beiden Handlungsträger besonders hervorgehoben und aufeinander bezogen werden, liegt auf der Hand. Es kommt hinzu, daß beide an dieser Stelle auch dadurch unter den anderen in der Liste aufgeführten Handlungsträgern besonderes Gewicht erhalten, daß nur ihnen ein besonderer Titel beigegeben wird: »Jesse aber zeugte den David, den König« (V6), und »aus der gezeugt wurde der Jesus, der Christus genannt wird« (V16).

[3] Vgl. zum Folgenden: *F. Schnider/W. Stenger*, Die Frauen im Stammbaum Jesu nach Matthäus. Strukturale Beobachtungen zu Mt 1,1–17, in: Bibl. Zeitschrift 23 (1979) 187–196.

Daß dadurch Jesus und David im Textgefüge besonders aufeinander bezogen werden, ist wieder leicht zu sehen. Doch führt uns diese Beobachtung schon in den Bereich der Mikrostruktur.

9.3.2 Mikrostruktur

Die »Titel« von David und Jesus fallen im Stammbaum deshalb auf, weil sie in beiden Fällen zu der vom Text des Stammbaums selbst durch Wiederholung etablierten »Normalform« des genealogischen Schemas »*x zeugte den y*« hinzutreten. Zur Erfassung der Mikrostruktur des Stammbaums wird man darum auf weitere Auffüllungen, Ergänzungen und Unterbrechungen dieser »Normalform« des genealogischen Schemas zu achten haben. Es könnte nämlich sein, daß diese sich als Textsignale herausstellen, die für die Gliederung des Textes von Bedeutung sind.
Eine erste Erweiterung des Schemas findet sich in 2c: Nicht nur *ein* Gezeugter wird genannt, sondern »Juda und seine Brüder«. Das könnte Zufall sein; doch kommt hinzu, daß im unmittelbaren Anschluß erneut eine Durchbrechung des Schemas zu finden ist. Auch Juda wird wie Jakob nicht nur als Erzeuger eines Sohnes, sondern von mehreren Söhnen vorgestellt (V 3a). Diesmal allerdings werden die zwei mit Namen und zusätzlich mit ihrer Mutter (ebenfalls mit Namen) genannt. Daß die Frau (mit Namen) angeführt wird, trifft auch für V 5a und V 5b zu. Mit David, der zusätzlich zum Schema mit dem Titel »König« als Apposition versehen ist, schließt der erste Textteil, worauf V 17b eigens hinweist, ab. Wertet man die Durchbrechungen der Normalform als Textgliederungssignale, gliedert sich der 13 Generationen umfassende Textteil in drei kleinere Textteile, deren erster 3, der zweite 7 und der dritte wiederum 3 Generationen umfaßt. Daß dies nun kein Zufall ist, legt sich nicht nur von der symbolischen Bedeutsamkeit beider Zahlen in der Bibel nahe, sondern wird offenbar, macht man sich die hinter dieser Gliederung steckende *Geschichtstheologie* klar: Die drei Erzeuger vor der mit Juda und Tamar einsetzenden Siebenerreihe sind die *Erzväter* Abraham, Isaak und Jakob, die Empfänger der göttlichen Verheißung für Israel. Von der Generation ihrer Söhne, als deren Repräsentant wegen des aus dem Hause Juda stammenden Davids

nur Juda mit Namen genannt wird, bis zu Salmon und Rachab sind im Stammbaum nicht nur 7 Generationen, sondern währt in der Bibel zugleich die Epoche der *Volksgeschichte* von Ägyptenaufenthalt und Exodus bis hin zur Landnahme (Rachab), d. h. *die* Jugendzeit des aus Ägypten gerufenen »Sohnes Gottes« Israel. Vor diesem Hintergrund sind die Zahlen in ihrer vollen Bedeutsamkeit zu nehmen. David, als Erzeuger am Ende der mit Jobed und Ruth eröffneten Dreierreihe stehend, ist König Israels aufgrund göttlicher Erwählung, denn »wo Gott am Werke ist, findet sich gern eine dreifache Anrufung oder Wiederholung«.[4]

Dasselbe gilt natürlich für die Epoche, für die die drei Erzväter als Verheißungsempfänger stehen. Auch die erste Zeit der Volksgeschichte von Exodus bis Landnahme ist nicht zufällig durch sieben Generationen repräsentiert. Mit der Zahl sieben ist nämlich »semitisch die Vorstellung der Fülle, der Gesamtheit, der vollen Periode verbunden«,[5] und sie trägt den Charakter der Totalität, und zwar den der von Gott gewollten und geordneten Totalität.[6]

Die beiden folgenden Textteile werden mit einer Durchbrechung des Schemas eingeleitet und abgeschlossen. V 6b nennt die Frau, mit der David den Salomon zeugte. Am Schluß des Abschnitts begegnet die Zeitangabe (V 11 a), durch die auch der dritte Abschnitt eröffnet wird (V 12a): die »Wegführung nach Babylon«. Außerdem werden neben Jechonias auch »seine Brüder« als Erzeugte genannt. Diese Eigentümlichkeit teilt V 11 a mit V 2c. Wie dort das Ende der *Väterzeit* und der Beginn der *Volksgeschichte* dadurch markiert ist, so ist hier das Ende der *politischen Geschichte* gekennzeichnet. Die *Zeit der Könige* bis zum Exil ist so nur an ihrem Anfang und ihrem Ende durch eine Durchbrechung des Schemas hervorgehoben, weist aber keine Binnengliederung auf. Ist das Zufall, oder impliziert das ein geschichtstheologisches Urteil über die Königszeit Judas?

Auch die Zeit *nach dem Exil* hat keine Binnengliederung. Durch die Zeugungen wird nur das Leben weitergegeben wegen des Ziels, auf das die Geschichte zuläuft. Dieses, am Ende der dritten Epo-

[4] *A. Vögtle*, Die Genealogie (Schlußteil), in: Bibl. Zeitschr. 9 (1965) 38.
[5] Ebd. 36.
[6] *K. H. Rengstorf*, Art.: hepta, in: Theol. Wörterbuch zum NT II, 625.

che, weist die größte Durchbrechung des Schemas auf: Joseph wird nicht mehr als Erzeuger genannt, sondern nur als »Mann der Maria«. Der Erzeuger hingegen verbirgt sich in der Anonymität des Passivs: »aus der gezeugt wurde der Jesus, der Christus genannt wird« (V 16 c. d). Das dunkle Passiv wird im folgenden durch den »exkursartigen Anhang« erzählend gelichtet: Der Geist Gottes selbst erzeugt Jesus aus der Jungfrau Maria, der Frau des Joseph. Darum gehören die VV 18–25 noch mit zu dem Abschnitt.[7]

9.3.3 Textpartitur

Abgekürzt lassen sich die Beobachtungen in Art einer Partitur wie folgt notieren:

Metanarrative Sätze	Überschrift (V 1)						1. Sohn Davids
		2. Sohn Abrahams					
	Kommentar (V 17)	14 Abraham → David				14 David → Exil	14 Exil → Messias
Genealogie	Zahl der Erzeuger	13				14	13
	Titel	David, der König					Jesus, der Christus
	Frauen		Tamar	Rachab	Ruth	die (Frau) des Urias	Maria
	Erzeugte	und seine Brü-der	… und seine Brüder				
			Juda: 2 Söhne				
							aus der erzeugt wurde Jesus
	Zeit-angaben	in der Zeit der Verbannung nach Babylon					nach der Verbannung nach Babylon

[7] Ein Wort bleibt zur Struktur noch zu sagen: Die Durchbrechungen des Schemas liefern nicht nur Signale für die Gliederung des Textes in einzelne Abschnitte im Rahmen der Sukzessivität des Textes, sondern können auch durch Gleichheiten (Äquivalenzen) bzw. Gegensätze (Oppositionen) über das Nacheinander der Teile im Text hinweg Textteile gewissermaßen räumlich aufeinander beziehen, wie wir dies vor allem bei poetischen Texten schon feststellen konnten. Ein Beispiel dafür ist uns im Stammbaum schon begegnet: Sowohl David als auch Jesus (V 6a; 16c.d)

Der Name »Immanuel« ist ein Programm für Matthäus. Wenn er Jesus zu Beginn seines Evangeliums »Immanu-el«, d. h. »*Gott mit uns*« (1,23) nennt und den Auferstandenen am Ende seines Evangeliums den Jüngern verheißen läßt: »Siehe, *ich bin mit euch* alle Tage bis zur Vollendung der Weltzeit!« (28,20), so zeigt das, daß Mt mit seinem Evangelium Jesus als den verkündet, in dem und durch den der mitseiende Gott seinem Volk präsent ist. Literarisch handelt es sich dabei um eine bei Mt beliebte »inclusio«, eine Einrahmung des ganzen Evangeliums, die kompositionell den auf den »Immanuel«-Titel Jesu zulaufenden Stammbaum eng mit dem Evangelium verbindet. Der Stammbaum zeigt sich seinerseits auf das Evangelium hin konstruiert. Jesu *Abrahamssohnschaft* betont Mt deshalb, weil es ihm bewußt war, daß in Abraham *alle* »Geschlechter der Erde gesegnet sein würden« (Gen 12,3) und er diese Verheißung durch den »Sohn Abrahams«, Jesus, in Erfüllung gehen lassen möchte: Der auferstandene Jesus des Mt-Evangeliums weist seine Jünger an, »*alle* Völker zu Jüngern zu machen« (Mt 20,19), und verheißt hierfür sein Mitsein. Schon im unmittelbaren Anschluß an den Stammbaum und die Geschichte von Jesu Zeugung durch den Heiligen Geist greift Mt dieses Thema auf,

durchbrechen das Schema, weil sie einen »*Titel*« tragen. Es kommt hinzu, daß die Titel miteinander verwandt sind; denn »Messias« ist der Titel des endzeitlichen »Königs« aus dem Hause Davids. Die durch die Titel angedeutete Äquivalenz (strukturelle Gleichwertigkeit) von »David dem König« und »Jesus dem Messias« aber ist nichts anderes als das, was die Überschrift (V 1) mit dem Ausdruck »Sohn Davids« ausgedrückt hat.
Es bleibt zu vermuten, daß man ähnlich auch die *Frauen im Stammbaum Jesu* aufeinander beziehen muß. Was sie nämlich verbindet, ist doch wohl am ehesten, daß sie dafür stehen, daß es sich bei den Zeugungen immer um eine Zeugung *im fremden Bereich* handelt: Tamar ist die Schwiegertochter des Juda, die Frau eines anderen; Rahab ist eine Hure, die Frau also vieler. Ruth ist Witwe, mithin wenigstens ehemals die Frau eines anderen, zudem auch noch Ausländerin. David zeugt den Salomon nach dem Ehebruch mit »der Frau des Urias«, eines Hethiters also. In den beiden Termen »Maria« und »aus heiligem Geist« sind die am weitesten voneinander entfernten Pole der Fremdheit vereinigt. Dies ist aber durch die Frauen in Jesu Stammbaum nicht ganz ohne »Vor-bild«. Schon in der auf den Messias zulaufenden Geschichte Israels kam es zu Zeugungen im »fremden« Bereich. Sie sind »Vor-bild« für die Zeugung des »Immanuel« Jesus durch den Geist Gottes.

indem er Magier aus dem Morgenland als Repräsentanten der im Sohn Abrahams gesegneten Heidenvölker nach Jerusalem kommen läßt.

Auch die *Davidssohnschaft* des vom Geist gezeugten Sohnes Gottes Jesus ist ein Thema, das den Stammbaum mit dem unmittelbaren Kontext, d. h. der Kindheitsgeschichte, und mit dem ganzen Evangelium nach Mt verbindet. Das gleiche gilt von der *Gottessohnschaft* Jesu, die der Stammbaum in der Unregelmäßigkeit des Zeugungsschemas andeutet und die die Empfängnisgeschichte als kommentierende Fußnote zu diesem enthüllt. Evangelium und Stammbaum sind so homogen, daß man annehmen muß, sie seien von vorneherein als eine Einheit konzipiert, am ehesten aber dann durch den Redaktor des Mt-Evangeliums selbst.

9.5 *Literar-, Überlieferungs- und Redaktionskritik*

Ist unser Urteil über die konzeptionelle Einheit von Stammbaum und Evangelium richtig, heißt das zugleich, die Möglichkeit zu negieren, überlieferungskritisch vor den heutigen Text zurück nach einer von Mt benutzten Überlieferung zu fragen, um davon redaktionskritisch eine redaktionelle Überarbeitung zu unterscheiden.

Auch eine literarkritische Überprüfung des Stammbaums selbst fördert keinerlei Spannungen zutage, die dafür Anhaltspunkte böten. Mt hat nach unserem Urteil den Stammbaum selbst geformt und im Hinblick auf seine Kindheitsgeschichte und sein Evangelium gestaltet.

9.6 *Traditionskritik*

9.6.1 *Geistzeugung und Jungfrauengeburt*

Das heißt jedoch nicht, daß Mt sich nicht gewisser geprägter Vorstellungen, Themen und Schemata bedient hätte, die ihm traditionell schon vorgegeben waren. Eine dieser von Mt mit Sicherheit schon übernommenen Traditionen ist die Vorstellung von Jesu Zeugung durch den Heiligen Geist aus der Jungfrau Maria, der Frau des Joseph.

Obwohl Lk und Mt in ihren Kindheitsgeschichten quellenkritisch gesehen unabhängig voneinander sind, kennen beide doch, und man muß hinzufügen, im Neuen Testament nur sie, die Vorstellung von Jesu Geistzeugung und Jungfrauengeburt. Wenn man hier nicht Familienerinnerung als »Sitz im Leben« annehmen will, muß man darin eine theologische Vorstellung und Aussageform sehen, die die letzte ›Her-kunft‹ Jesu in Gott hinein verlegt, zugleich aber sein Geborensein aus dem Weibe, d. h. sein Menschsein, ernst nehmen möchte. Als theologische Tradition, die bei Mt und Lk aufgegriffen und bei aller Ähnlichkeit verschieden aufgearbeitet wird, muß sie sich natürlich historisch ableiten lassen. Hier wird man aus dem Vergleich von Mt und Lk noch soviel entnehmen können, daß bei beiden im Hintergrund der Vorstellung die griechische LXX-Übersetzung der »Immanuel«-Weissagung Jes 7,14 wirksam gewesen ist, d. h. aber folglich auch, die von ihnen übernommene Tradition schon prägend bestimmt hatte. Die LXX übersetzt bekanntlich das hebr. Wort ›alma‹ = ›junge Frau‹ in Jes 7,14 mit dem griechischen Wort ›parthenos‹ = Jungfrau, so daß die Stelle nunmehr zu lesen ist: »Siehe, die *Jungfrau* wird empfangen und einen Sohn gebären und seinen Namen ›Immanuel‹ nennen!« Nun war die Septuaginta (LXX) die griechische Übersetzung, in der das aus Juden- und Heidenchristen mit griechischer Muttersprache bestehende Urchristentum seine Bibel, d. h. die heilige Schrift der Juden, las. Die Stelle verstanden manche ›Christen‹ aber als prophetischen Hinweis auf den von ihnen als Messias geglaubten Jesus. War für Jesaja selbst in alter Zeit die Geburt eines Kindes ›Zeichen‹ genug, weil ihm Gott dieses zum Zeichen bestimmt hatte, so meinte man in der Zeit Jesu, der Spätantike, nur aus dem Rahmen des Üblichen fallende Ereignisse, sogenannte »Zeichen und Wunder«, hätten Hinweischarakter auf Gottes Wirken. Für solches Denken war die Umwandlung der »jungen Frau« des hebr. Jesaja in die »Jungfrau« der griech. Septuaginta, dazu noch im Kontext einer als messianische Weissagung verstandenen Stelle, geradezu providentiell. Die Erzählung davon, daß eine »Jungfrau« ohne Mitwirkung eines Mannes einen Sohn empfing und gebiert, sprengte den Rahmen des Gewöhnlichen und ließ in diesem Sohn ein Wesen vermuten, das an die Sphäre der Gottheit reichte, ja selbst göttlichen Wesens teilhaftig war. Die Vorstellung fand um so eher Verbreitung, als besonders in Ägypten der Glaube an den neuen König als den durch einen Gott mit der irdischen Pharaonin gezeugten Sohn seit alter Zeit schon verbreitet war. Zwar wird weder bei Mt noch bei Lk die Vorstellung so weit materialisiert, daß man bei der Zeugung Jesu durch den Heiligen Geist an einen physisch-leiblichen Vorgang zu denken hätte; auch wenn ehemaligen Heiden diese Vorstellung keineswegs fremd gewesen sein dürfte, wäre ein solch massives Verständnis einem frommen Juden nicht zumutbar gewesen. Indessen bot sich für ihn durch die Vorstellung vom Schöpfergeist Gottes ein gewisser Zugang zu der Vorstellung. Daß sie nicht überall im frühen Christentum verbreitet war, geht daraus hervor, daß sie neutestamentlich nur bei Mt und Lk sich findet, obwohl sie sich später in der Großkirche durchgesetzt hat und ins Apostolicum Aufnahme fand.

9.6.2 Davids- und Gottessohnschaft

Eine weitere von Mt im Stammbaum Jesu übernommene Vorstellung ist die von der Davids- und Gottessohnschaft Jesu. Sie ist traditionell und alt. Schon Paulus kennt sie in Röm 1,3–4 im Rahmen eines von ihm übernommenen Glaubensbekenntnisses, wahrscheinlich der antiochenischen Gemeinde, das in rekonstruierter Form vermutlich lautete:

> »Ich glaube an Jesus den Christus
> hervorgegangen aus Davids Geschlecht dem Fleisch nach
> eingesetzt zum Sohn Gottes dem Geist der Heiligkeit nach seit der Auferstehung der Toten.«

Das parallelistisch gebaute Bekenntnis unterscheidet Davids- und Gottessohnschaft Jesu. *Davidssohn* war Jesus diesem Bekenntnis zufolge während seiner irdischen Existenz (»dem Fleisch nach«); zum *Gottessohn* ist er *geworden* in seiner darauf folgenden himmlischen Existenz, (»dem Geist der Heiligkeit nach«) die mit der Totenauferstehung begann, welche mit ihm als dem »Erstling der Entschlafenen« einsetzte. Uns mag überraschen, daß von einem *Werden* zum ›Gottessohn‹ die Rede ist, doch wird dies verständlich vom traditionsgeschichtlichen Hintergrund des Titels ›Gottessohn‹ her. Denn im Alten Orient und auch in Israel galt der König vom Augenblick seiner Inthronisation an als ›Gottessohn‹, d. h. als jemand, den die Gottheit durch Orakelspruch zu ihrem Sohn adoptiert hatte. Einen Eindruck von einer solchen Adoptionsformel vermittelt etwa noch Ps 2,7, wo der neu inthronisierte König verkündet:

»Der Herr (= Gott) sprach zu mir (= dem König):
›Mein Sohn bist du,
ich habe dich heute gezeugt!‹«

Die Bekenntnisformel, die in Röm 1,3–4 zitiert ist, versteht nun die Erhöhung Jesu zu Gott als seine Inthronisation zum endzeitlichen, eschatologischen König, d. h. aber zugleich als seine Adoption und Ernennung zum ›Sohn Gottes‹, während er ihr zugleich in seiner irdischen Existenz als aus dem »Samen Davids« stammender »Sohn« gilt. Traditionsgeschichtlich hängt die Vorstellung dieser doppelten Sohnschaft mit 2 Sam 7 zusammen.
Wenn wir das überlieferungskritisch schwer aufhellbare Kapitel 7 von 2 Sam lesen, stoßen wir auf eine Weissagung, die Natan dem David geben soll. Gott verspricht darin David, seinem unmittelbaren Nachfolger, dem *Sohn Davids* Salomon, den Thron zu sichern und ihn als seinen, d. h. *›Gottes-Sohn‹* bei Gelegenheit seiner Inthronisation anzunehmen: »Vater will ich ihm sein, und er soll mir Sohn sein!« (2 Sam 7,14). Was zunächst dazu dient, die Thronnachfolge Salomons auf David, die bekanntlich umstritten war, durch ein ›göttliches‹ Orakel abzusichern, wird dann über Salomon hinaus auf die gesamte davidische Dynastie ausgeweitet:
»Dein Haus und dein Königtum sollen *immer* vor mir bestehen; dein Thron soll *für ewige Zeiten* befestigt sein!« (2 Sam 7,16).
Das zunächst die Thronnachfolge Salomons und dann die Dynastie der Davididen absichernde Orakel setzt sich durch und findet Aufnahme in die geheiligten Traditionen des Teilstaats Juda. Auch als nach dem Exil kein Davidide, kein »Sohn Davids« mehr den Thron besteigt, wird die Natanweissagung, nunmehr geheiligte Tradition, weiter gelesen und geglaubt. Sie wird zum Ansatzpunkt messianischer Hoffnungen. Man liest sie jetzt als Verheißung, daß Gott einen Sproß des Hauses David, einen ›Sohn‹ Davids, erwek-

ken werde und ihn als endzeitlichen, endgültigen und letzten König salben, d. h. zum Messias bestellen und ihn bei seiner Inthronisation als seinen, d. h. Gottes Sohn adoptieren werde. Als ›Sohn Davids‹ und ›Gottes Sohn‹ zugleich, d. h. als endzeitlichen König im Auftrag Gottes, erhofften die hinter der Vorstellung stehenden Kreise des Judentums zur Zeit Jesu den endzeitlichen Heilbringer oder Messias. Jesus selbst hat diesen Titel nicht auf sich angewandt, auch wenn er zu seinen Lebenszeiten schon durch sein Auftreten und seine Taten, wie es scheint, nicht nur bei seinen Jüngern die Erwartung wecken mochte, er sei dieser Sohn Davids und werde demnächst zum Messiaskönig eingesetzt.
Nach seinem Tode erst konnte der Titel, ohne Mißverständnisse zu wecken, auf ihn angewandt werden, um auf seine Bedeutsamkeit als absoluter Heilbringer zu verweisen. Die Bedeutung des Titels war nämlich durch Jesu Kreuzestod verändert. Wenn man jetzt Jesus als den eschatologischen Heilbringer verkünden wollte, konnte man von ihm sagen, in seinem irdischen Leben sei er dieser Nachkomme Davids gewesen und nach seiner Auferstehung sei er zum Sohn Gottes eingesetzt worden, d. h. zum himmlischen Messiaskönig und Herrn. So sagt es die von Paulus in Röm 1,3–4 zitierte Bekenntnisformel. Doch wird im Lauf der Traditionsgeschichte der Zeitpunkt der Begabung Jesu mit der Messiaswürde nach vorne geschoben.
Für *Markus* ist schon der *irdische Jesus* der zum Messiaskönig Inthronisierte. Zum Beginn seines öffentlichen Wirkens, bei seiner Taufe, sagt Gott ihm die Würde eines zum Sohn Gottes angenommenen Königs zu:

»Du bist mein geliebter Sohn!
An dir fand ich Wohlgefallen!«
(Mk 1,11 = Ps 2,7 u. Jes 42,1).

Bei *Matthäus* und *Lukas* wird der Beginn der Gottessohnschaft noch weiter nach vorn verlegt. Schon durch seine *Zeugung durch den Heiligen Geist* ist Jesus Gottes Sohn. Das bedeutet zugleich eine weitere Änderung der Vorstellung von der Gottessohnschaft des Messiaskönigs, die eigentlich auf der Adoption durch Gott beruht hatte. Jesus ist gewissermaßen *mehr* Sohn Gottes noch als

durch pure Adoption. Dieses ›Mehr‹ rührt von daher, daß sich mit der Vorstellung der königlich-messianischen Gottessohnschaft die aus anderen Wurzeln gespeiste Vorstellung von der Geistzeugung und Jungfrauengeburt verbindet. Für Mt ist Jesus durch seine *Zeugung* schon Gottes Sohn. So steht Mt vor dem Problem, die Legitimität dieses »Sohnes Gottes« als »Sohn Davids« nachzuweisen. Dazu bedient er sich des Stammbaums Jesu und greift damit auf eine Gattung zurück, deren Funktion es ist, Legitimation durch lückenlose Abstammung zu sichern. Überspitzt gesagt: Mt will in erster Linie mit dem Stammbaum nicht die Gottessohnschaft Jesu begründen, sondern seine Abstammung wenigstens im juristischen Sinn von David und Abraham absichern.
Zu einem vorläufigen Ende kommt diese Entwicklung im Neuen Testament bei *Paulus* und bei *Johannes*, wo sich diese ursprünglich im messianologischen Denken beheimatete Vorstellung eines »Sohnes Gottes« durch göttliche Adoption mit der einem ganz anderen Denken entstammenden Vorstellung eines vor aller Schöpfung präexistenten »Sohn Gottes« verbindet, wie wir sie oben bei der Erörterung der Traditionsgeschichte ntl. Hymnenguts schon in aller Kürze berührten.

10 Die Eröffnungstexte der »Bergpredigt« und der »Feldrede«

(Mt 5,3–12; Lk 6,20–26)[1]

10.1 Vorbemerkung und Textabgrenzung

Die beiden Fassungen des folgenden Textes stammen aus der zweifachen Überlieferung (Lk u. Mt), in der wir im allgemeinen die Logienquelle Q vermuten.

Die Textabgrenzung fällt in beiden Fällen leicht. Mit Mt 5,1 ist unter Ortswechsel eine »ideale Szene« (d. h. nicht eine historische, sondern eine vom Autor komponierte) gegeben, die Jesu Rede durch eine feierliche Redeeinleitung einführt. Mit V 13 beginnen Bildworte und lösen die Seligpreisungen ab. Diese, d. h. die VV 3–12, sind *Eröffnungstext* eines größeren Textganzen und daher für die Semantik und Pragmatik der nach dem von Mt gewählten Ort so genannten »*Berg*-predigt« von ausschlaggebender interpretatorischer Funktion.

Ganz ähnlich verhält es sich bei Lk 6,17f. Der vom Redaktor gewählte Ort, ein ebener Platz – deshalb spricht man hier von »*Feld*-rede« –, ermöglicht einer zahlreichen Volksmenge das Zuhören. Doch adressiert die folgende Redeeinleitung (V 20) die Rede bewußt an die Jünger. Auch hier bilden die Seligpreisungen (und die Weherufe) den *Eröffnungstext* einer größeren Rede, die sich in V 27 durch die Anrede »Euch« und die adversative Konjunktion »aber« vom Eröffnungstext sowohl abhebt als auch mit ihm verbindet.

Die Textabgrenzungen lauten also: Mt 5,3–12 für die Seligpreisungen der sogenannten »Berg-predigt« und Lk 6,20–26 für die Seligpreisungen und Weherufe der sogenannten »Feld-rede«.

[1] Vgl. hierzu *W. Stenger*, Die Seligpreisung der Geschmähten (Mt 5,11–12; Lk 6,22–23), in: Kairos 28 (1986) 33–60.

	Mt 5, 3–12			*Lk 6, 20–23*	
I	3a b	Selig die Armen im Geist, denn ihrer ist die Himmelsherrschaft	I	20a b	Selig die Armen, denn euer ist die Gottesherrschaft
II	4a b	Selig die Trauernden, denn sie werden getröstet werden.	II	21a b	Selig die jetzt Hungernden, denn ihr werdet gesättigt werden
II	5a b	Selig die Sanftmütigen, denn sie werden das Land erben.			
IV	6a b	Selig die Hungernden und Dürstenden nach der *Gerechtigkeit,* denn sie werden gesättigt werden.	III	21b	Selig die jetzt Weinenden, denn ihr werdet lachen.
V	7a b	Selig die Barmherzigen, denn sie werden erbarmt werden.			
VI	8a b	Selig die Reinen im Herzen, denn sie werden Gott schauen			
VII	9a b	Selig die Friedenmacher, denn sie werden Söhne Gottes genannt werden.			
VIII	10a b	Selig die Verfolgten wegen der *Gerechtigkeit,* denn ihrer ist die Himmelsherrschaft			
IX	11a b c d 12a b	Selig seid ihr, wenn sie euch schmähen und verfolgen und alles Böse gegen euch sagen lügnerisch wegen mir! Freut euch und jubelt, denn euer Lohn ist groß in den Himmeln. Denn so haben sie die Propheten verfolgt, die vor euch (prophetisch aufgetreten sind).	IV	22a b c d e f 23	Selig seid ihr, wenn euch die Menschen hassen, und wenn sie euch ausschließen und schmähen und hinauswerfen euren Namen wie einen bösen, wegen des Menschensohns. Freuet euch an jenem Tage und jubelt hüpfend! Denn siehe! euer Lohn ist groß in dem Himmel. Denn auf die gleiche Weise haben es gemacht mit den Propheten ihre Väter.

10.2 Textsynopse

Siehe vorhergehende Seite

10.3 Formkritik

10.3.1 Struktur von Mt 5,3–12

- In Mt 5,3–12 begegnet uns *neunmal* die gleiche geprägte *Stilform*. Nach dem jeweils ersten Wort des griechischen Textes (makarios = selig) nennt man sie ›Makarismus‹ = Seligpreisung.[2]
- Die syntaktische Grundstruktur (Nominalsatz mit folgendem Kausalsatz) begegnet insgesamt achtmal hintereinander.
- Die neunte Seligpreisung beginnt zwar ähnlich wie die acht vorangehenden, ist im folgenden jedoch weiter aufgefüllt (s. u.), so daß man sie von diesen absondern muß.
- Die Zäsur zwischen der achten und der neunten Seligpreisung verstärkt sich, beachtet man, daß die ersten acht in der 3. Ps. Pl. stehen, die neunte jedoch in der 2. Ps. Pl., der Anredeform, die im übrigen vom unmittelbaren Kontext aufgenommen wird (Mt 5,13ff.).
- Die ersten acht Seligpreisungen bilden also gegenüber der neunten einen zusammengehörigen Block, hängen aber doch mit ihr zusammen, denn trotz aller Unterschiede ist auch die neunte noch eine Seligpreisung und nimmt, indem sie die »Verfolgten« preist, stichwortartig das Thema auf, das in der achten Seligpreisung den Block der ersten acht abschließt. Trotz der Zäsur gibt es also einen textlichen Zusammenhang.
- Der Blockcharakter der ersten acht Seligpreisungen wird durch die Beobachtung verstärkt, daß sowohl in der ersten als auch in der achten das Stichwort »Himmelsherrschaft« begegnet und so die zwischen erster und achter stehenden übrigen Seligpreisungen einschließt oder rahmt (inclusio). Sie kann uns bedeuten, daß es in dem Block der acht Seligpreisungen thematisch eben um ein und dasselbe geht, nämlich um die »Himmelsherrschaft« bzw. um die Einlaßbedingungen in diese.

[2] *G. Eichholz*, Auslegung der Bergpredigt, Neukirchen 1978, 26.

- Für Blockcharakter und Einrahmung spricht auch, daß von der zweiten bis zur siebten Seligpreisung jeweils in dem begründenden Kausalsatz in starken Verben und im Futur von dem zukünftigen Lohn gesprochen wird, während in der ersten und achten jeweils unter Verwendung des Hilfszeitworts »sein« im Präsens *grundsätzlicher* vom Lohn gesprochen wird, der den »Armen im Geist« und den »Verfolgten um der Gerechtigkeit willen« zukommt: der »Himmelsherrschaft«, dem »Königreich der Himmel«.
- Dem entspricht der Wechsel im Modus der Verben in den Seligpreisungen I–VII: dem Passiv in II folgt das Aktiv in III, gefolgt von dem Passiv in IV. V steht wieder im Passiv, gefolgt in VI von einem Aktiv. VII schließt mit dem Passiv ab. So ergibt sich die Struktur P – A – P / P – A – P, und der Block von II– VII gliedert sich in zwei Dreierabschnitte.
- An der gleichen Stelle, hinter IV, entsteht eine Zäsur dadurch, daß das Stichwort »Gerechtigkeit« in IV wie in VIII, jeweils im Vordersatz, und zwar zunächst als erstrebtes Ziel und dann als verwirklichte Gerechtigkeit, um derentwillen Verfolgungen erlitten werden, begegnet, so daß die gesamte Achterreihe in zwei Viererabschnitte sich gliedert und sich – in Vereinfachung – die Aussageabsicht der Achterreihe jetzt schon zusammenfassend formulieren läßt: ›den Gerechten gilt und ihnen wird zuteil werden das Königreich der Himmel‹. Wer jene sind und worin dieses besteht, wird in den einzelnen Seligpreisungen entfaltet.
- Dem Wechsel von der 3. Ps. Pl. der ersten acht in die 2. Ps. Pl., die die Adressaten in der neunten Seligpreisung persönlich anredet, entspricht schließlich auch, daß im Unterschied zu den er-

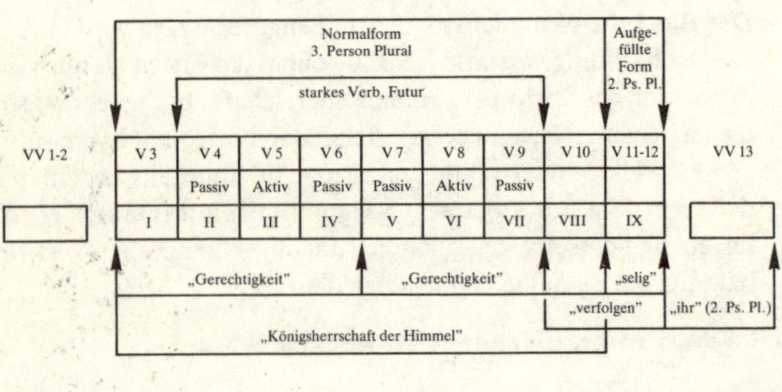

sten acht in der neunten auch die Person des Redners selbst in der Seligpreisung begegnet: »um meinetwillen«.
Die »Gerechtigkeit«, von der die Rede ist, ist also keine abstrakte oder objektive, sondern eine, die im Bezug zum Redner selbst, d. h. zu Jesus, erst entsteht.

Eine Modellskizze (S. 236) läßt das Gesagte überblicken.

10.3.2 Struktur von Lk 6,20–26

Die Hauptzäsur des Textes nach V 23 ist deutlich erkennbar: die vier *Seligpreisungen* werden von ebenfalls vier *Weherufen* abgelöst. Dabei sind Seligpreisungen und Weherufe einander in mehrfacher Hinsicht parallel:

- Die syntaktische Grundstruktur (Nominalsatz mit darauffolgendem Kausalsatz) erfaßt die drei ersten Seligpreisungen und die drei ersten Weherufe.
- Jeweils in der vierten Seligpreisung und im vierten Weheruf (VV 22.26) wird diese Normalform in ähnlicher Weise weiter aufgefüllt, was vierte Seligpreisung und vierten Weheruf von den vorhergehenden abgliedert.
- Seligpreisungen und Weherufe stehen durchgehend in der 2. Ps. Pl., der *Anredeform.*
- Die Begründung der ersten Seligpreisung und des ersten Weherufs steht in der Gegenwartsform. Dabei haben jeweils beide für das, was folgt, Überschriftcharakter.
- Die Begründung der zweiten und dritten Seligpreisung und des zweiten und dritten Weherufs stehen im Futur. Durch die in zweiter und dritter Seligpreisung und zweitem und drittem Weheruf im Vordersatz betonte Gegenwart wird der Gegensatz zwischen dem »Jetzt« und der eschatologischen Umwandlung akzentuiert.
- Besonders hervorheben muß man, daß inhaltlich Seligpreisungen und Weherufe einander in Umkehrung, antithetisch (arm vs reich usw.) unter Wahrung der gleichen Reihenfolge (I, II, III, IV) entsprechen. Dabei sind jeweils zwei Seligpreisungen und zwei Weherufe einander auch paarig parallel. In den beiden ersten Seligpreisungen werden *leibliche* Nöte genannt: »arm« / »hungernd«, denen auf der Seite der Weherufe Wohlbefindlichkeiten oppositionell entsprechen: »reich« / »satt«. In den zwei letzten Seligpreisungen werden aber eher das *Geistige* berührende Nöte angesprochen: »weinend« (weil verlacht) und »geschmäht«. Auf der Seite der Weherufe entspricht diesen das Gegenteil: »lachen« (über andere) und »gelobt«.

Auffällig ist allerdings, daß der parallelistische Formzwang nicht ganz durchgehalten wird:

- So begegnet in den Vordersätzen der ersten beiden Weherufe ein anredendes »euch«, das in den entsprechenden Seligpreisungen und auch im dritten Weheruf fehlt, in dem ersten Weheruf sogar zusammen mit einer nur hier begegnenden Dativverbindung: »den Reichen«.
- Nur der Begründungssatz des dritten Weherufs kennt *zwei* Ansagen für die Zukunft: »ihr werdet trauern und klagen«.
- Ist schon der Vordersatz des vierten Weherufs gegenüber dem der entsprechenden Seligpreisung verkürzt, so fehlt darin auch eine Entsprechung zu dem das Verhalten in der Zukunft betont herausstellenden doppelten Imperativ: »Freut euch an jenem Tage und jubelt hüpfend!« und eine Parallele zu dem Verweis auf den »Lohn im Himmel«, wie ihn der entsprechende Makarismus den Seliggepriesenen in Aussicht stellt.

Graphisch ergibt sich folgender Überblick:

<table>
<tr><td colspan="2">leibliche Not</td><td colspan="2">geistige Not</td><td colspan="2">leibliches Wohlbefinden</td><td colspan="2">geistiges Wohlbefinden</td></tr>
<tr><td colspan="4">Seligpreisungen</td><td colspan="4">Weherufe</td></tr>
<tr><td colspan="8">2. Person Plural</td></tr>
<tr><td colspan="3">Normalform</td><td>aufgefüllte Form</td><td colspan="3">Normalform</td><td>aufgefüllte Form</td></tr>
<tr><td>V 20</td><td>V 21 a</td><td>V 21 b</td><td>V 22</td><td>V 24</td><td>V 25 a</td><td>V 25 b</td><td>V 26</td></tr>
<tr><td>I</td><td>II</td><td>III</td><td>IV</td><td>I</td><td>II</td><td>III</td><td>IV</td></tr>
<tr><td>Gegenwart</td><td colspan="2">Gegenwart und Zukunft</td><td></td><td>Gegenwart</td><td colspan="2">Gegenwart und Zukunft</td><td></td></tr>
</table>

10.4 Literar-, Überlieferungs- (Quellen-) und Redaktionskritik

Unter der Voraussetzung (die nicht von allen geteilt wird), daß auch hier Mt und Lk von ihrer gemeinsamen Quelle Q abhängig sind, ist zur Methode anzumerken, daß die Literarkritik hier weitgehend mit der Quellenkritik bzw. Überlieferungskritik zusammenfällt, da die vor Mt und Lk liegende Fassung weniger aufgrund textinterner Spannungen als durch den *synoptischen Vergleich* erschlossen werden kann. D. h. aber auch, daß in diesem Arbeitsgang zugleich auch redaktionskritische Gesichtspunkte erwogen werden müssen, so daß das Ineinandergreifen der einzelnen Methoden hier besonders sinnenfällig wird.

10.4.1 Synoptischer Vergleich

Gemeinsamkeiten

Als gemeinsamer Bestand von Mt und Lk, von Formulierungsunterschieden im einzelnen hier noch einmal abgesehen, ergeben sich somit die Seligpreisungen der *Armen, Hungernden, Trauernden (Mt) / Weinenden (Lk)* und die von Mt 5,11–12 und Lk 6,22–23, die wir hier wegen des gemeinsamen »wenn sie euch ... schmähen« die Seligpreisung der *Geschmähten* nennen wollen.

Allerdings haben diese gemeinsamen Seligpreisungen bei Lk eine etwas andere Abfolge als bei Mt. Folgen hier auf die Seligpreisung der Armen die der Trauernden, Hungernden und Geschmähten, so bietet Lk die Reihenfolge: Arme, Hungernde, Weinende, Geschmähte. Die Seligpreisung der Weinenden und die der Hungernden sind also in ihrer Reihenfolge umgedreht.

Größere Unterschiede

Keine Parallele bei Lk haben die Seligpreisungen der *Sanftmütigen* (Mt 5,5), der *Barmherzigen* (Mt 5,7), der *Herzensreinen* (Mt 5,8), der *Friedensstifter* (Mt 5,9) und der *um der Gerechtigkeit willen Verfolgten* (Mt 5,10). Bei Mt dagegen fehlen die *Weherufe* des Lk (6,24–26).

10.4.2 Quellen- und redaktionskritische Folgerungen

Weil kein Grund auszumachen ist, warum Mt sie weggelassen haben sollte, hätten sie sich in seiner Quelle befunden, darf man annehmen, daß die Weherufe eine redaktionelle *Bildung des Lk* sind.

Es handelt sich um sogenannte *Gegensatzbildung*, d. h., der Redaktor Lk hat sie jeweils im Gegensatz zu den in seiner Quelle vorgefundenen Seligpreisungen gebildet.
Umgekehrt ist kein Grund auszumachen, warum Lk die Seligpreisungen der Sanftmütigen, Barmherzigen, Herzensreinen, Friedensstifter und der um der Gerechtigkeit willen Verfolgten getilgt haben sollte, hätte er sie in seiner Quelle gelesen. So spricht einiges mehr für die Annahme ihrer *Bildung durch Mt*, zumal sie untereinander gemeinsam haben, daß in ihnen solche seliggepriesen werden, die bestimmte innere *ethische Haltungen* verwirklichen. Gerade darin treffen sie sich mit der Mt-Fassung derjenigen Seligpreisungen, die Mt mit Lk gemeinsam hat. So werden bei Mt nicht einfachhin die Armen seliggepriesen oder die Hungernden, sondern die *»im Geist«* Armen und die *»nach Gerechtigkeit«* Hungernden; aus einer äußeren Befindlichkeit ist eine innere Haltung geworden.
Man wird also auch darin redaktionelle Zusätze bzw. Abänderungen durch Mt erkennen und schließen, daß Lk hier der Fassung der Quelle nähersteht. Hinzu kommt die Beobachtung matthäischer Vorzugsworte wie »Himmelsherrschaft« (in V 3 und V 10) oder »Gerechtigkeit« (V 6 und V 10) sowie der inhaltlichen Doppelung der achten und neunten Seligpreisung bei Mt. Auch dies sind Merkmale matthäischer Redaktion.
Wenden wir uns wieder der lukanischen Redaktion zu! Bei der Frage, ob in Q die Trauernden (Mt) oder die Weinenden (Lk) seliggepriesen wurden, darf man darauf hinweisen, daß Lk das Wort »trauern« im entsprechenden Weheruf kennt. Ähnlich verhält es sich mit dem »sie werden getröstet werden« des Begründungssatzes von Mt 5,4. Auch hier greift Lk im Zusammenhang der Weherufe auf das ihm aus seiner Quelle bekannte Wort zurück, wenn er beim Weheruf über die »Reichen« ebenfalls im Begründungssatz (Lk 6,24) das Wort »Trost« verwendet.
Hält man die Weherufe für lukanische Bildung, darf man annehmen, daß Lk beide Wörter in der ursprünglichen, von Mt besser bewahrten Seligpreisung las und bei der Parallelbildung seiner Weherufe berücksichtigte, in der entsprechenden Seligpreisung jedoch »trauern« durch »weinen« in der Absicht ersetzte, den Zu-

stand der Seliggepriesenen, wie bei den Seligpreisungen der Armen und Hungernden, als empirisch faßbare Befindlichkeit zu charakterisieren. Gleichfalls lukanische Redaktion dürfte das »jetzt« in den Seligpreisungen der Hungernden und Weinenden sein. Es verstärkt gegenüber Mt den *Gegensatz zwischen Gegenwart und Zukunft* und läßt das Lk auch sonst nicht unbekannte Schema von der Umkehrung der Verhältnisse im Jenseits anklingen.[3]

Was die ursprüngliche Folge der gemeinsamen Seligpreisungen angeht, wird man Mt dann den Vorzug geben, wenn man erkennt, daß mit der Seligpreisung der Armen und Trauernden *Bezug auf Jes 61,1ff.* genommen wird, wo den Armen die Trauernden folgen, die Hungernden hingegen fehlen.

Für eine redaktionelle Umstellung durch Lk spricht weiter, daß dadurch auch eine sachliche Disposition seine vier Seligpreisungen gliedert: Zunächst werden so nämlich zwei leibliche Nöte, »arm« und »hungernd«, genannt und dann zwei das ›Geistige‹ des Menschen berührende, »weinend« und »geschmäht von den Menschen«. Die Umstellung ist daher als lukanisch redaktionelle Rücksichtnahme auf die schon traditionell am Schluß stehende Seligpreisung der Geschmähten zu werten.

10.4.3 Überlieferungskritische Rekonstruktion

Anrede- oder Aussageform?

Diese Seligpreisung der Geschmähten findet sich bei Mt in der Anredeform der 2. Pers. Plur., obwohl seine ersten drei Makarismen, die er aus der Quelle hat, in der dritten Person Plural – in der Aussageform – formuliert sind, ebenso wie die fünf übrigen redaktionellen. Bei Lk sind alle vier in der Anredeform der 2. Pers. Plural gestaltet. Hat Mt oder hat Lk hier redaktionell eingegriffen?

[3] Man vergleiche nur das zum Sondergut des Lk (LkS) gehörige Gleichnis vom reichen Prasser und armen Lazarus (Lk 19,19–31). S. dazu *F. Schnider/W. Stenger*, Die offene Tür und die unüberschreitbare Kluft. Strukturanalytische Überlegungen zum Gleichnis vom reichen Mann und armen Lazarus (Lk 16, 19–31), in: New Testament Studies 25 (1979) 273–283.

Vom Gattungsstil her ist die 3. Person »für die Makarismen traditionell«,[4] so daß die direkte Anrede »neuartig« wirkt: »In den alttestamentlichen Makarismen gibt es die Wendung zur Anrede nur rhetorisch, d. h. es wird nie der unmittelbare Zuhörer angesprochen, auch dann nicht, wenn einmal die zweite Person auftaucht.«[5]

Dagegen entspricht Lk hier in der durchgängigen Verwendung der zweiten Person Plural voll dem »Trend der Überlieferung, die christliche Gemeinde direkt anzusprechen«. Dies gilt, wie der Kontext zeigt, auch für Mt: »Matthäus nimmt die Anrede in der zweiten Person... auf seine Weise auf; den folgenden Sprüchen stellt er jeweils die Anrede ›Ihr seid das Salz der Erde‹, ›Ihr seid das Licht der Welt‹ voran. Auch er verrät also ein deutliches Interesse an der direkten Anrede seiner Hörer. Wenn er dennoch in den ersten Seligpreisungen die dritte Person gebraucht, dürfte er hierin von seiner Vorlage abhängig gewesen sein. In der ältesten Gestalt der ersten drei Seligpreisungen war also die dritte Person verwandt worden.«[6] Man darf also begründet annehmen, daß in der Überlieferung vor Mt und Lk die Seligpreisungen der »Armen«, »Hungernden« und »Weinenden«, wie heute noch bei Mt, in der 3. Person Plural standen, die der »Geschmähten«, wie bei Mt und Lk überliefert, in der 2. Person Plural, der Anredeform. Dadurch aber ergibt sich schon für die Quelle eine Spannung zwischen den ersten drei Makarismen. Sie verstärkt die Spannung, die sich dadurch ergibt, daß die vierte Seligpreisung bei Mt *und* Lk die Normalform der drei vorausgehenden ausweitet. Die Spannung gibt Anlaß, überlieferungskritisch von der Textfassung in Q weiter zu fragen nach der Überlieferungsgestalt der Seligpreisungen *vor* Q. Doch soll zuvor die Seligpreisung der Geschmähten, Mt und Lk vergleichend, noch genauer ins Auge gefaßt werden.

[4] *G. Eichholz*, a. a. O., 32.

[5] *K. Koch*, Was ist Formgeschichte? Neue Wege der Bibelexegese, Neukirchen–Vluyn ²1967, 23.

[6] *P. Hoffmann*, »Selig sind die Armen...« Auslegung der Bergpredigt II, (Mt 5,3–16), in: Bibel und Leben 10 (1969) 113.

Die Seligpreisung der ›Geschmähten‹

Bei den in den Konditionalsätzen dieses Makarismus geschilderten Situationen, um derentwillen die Angeredeten seliggepriesen werden, stimmen Mt und Lk darin voll überein, daß sie »Geschmähte« seligpreisen. Daß dies »wegen« eines bestimmten Grundes geschieht, mag man ebenfalls noch als Gemeinsamkeit werten. Nur noch der Anklang einer Gemeinsamkeit ist das von beiden verwendete Wort »bös«. Auch im Begründungsteil des Makarismus beschränken sich die Gemeinsamkeiten der beiden bis auf die (fast) wörtliche Übereinstimmung in »denn (siehe) euer Lohn ist groß in dem(n) Himmel(n)« auf wörtliche Anklänge, wie ein Blick auf die synoptische Gegenüberstellung leicht verdeutlichen kann, wenn man die Gemeinsamkeiten durch farbige Unterstreichungen markiert.

Von den *Unterschieden* läßt sich manch einer relativ leicht als redaktionell bedingt erkennen.

- Wenn Lk der Aufforderung zur Freude die Zeitbestimmung »an jenem Tage« hinzufügt, dann bringt er im Gegensatz zu Mt den eschatologischen Jüngsten Tag ins Spiel und verstärkt dadurch den Gegensatz zwischen dem Jetzt der Schmähung und der zukünftigen Freude über den himmlischen Lohn. Damit läßt er, ähnlich wie bei den Seligpreisungen der Hungernden und Weinenden, durch die Hinzufügung des »jetzt«, das ihm auch sonst bekannte Schema von der Umkehrung der Geschicke im Jenseits, den Text prägen.
- Auch wenn er »die Menschen« zum Subjekt der schlechten Behandlung der Seliggepriesenen macht, formuliert er redaktionell um, denn es handelt sich dabei nicht nur um eine Verdeutlichung des unbestimmten »sie« des Mt, sondern Lk kann dadurch die Generation derjenigen, die die Seliggepriesenen schlecht behandeln, von der Generation ihrer »Väter« (nur Lk!), die den Propheten, d. h. den alttestamentlichen, ein gleiches taten, deutlicher unterscheiden und sein heilsgeschichtliches Denken, das die Zeit von »Gesetz und Propheten« von der »Jesuszeit« und der »Zeit der Kirche« unterscheidet, stärker zur Geltung bringen.
- Bei Mt ist dasselbe unbestimmte »sie« Subjekt sowohl der schlechten Behandlung der Seliggepriesenen als auch der Propheten, die, nimmt man die Formulierung ernst, die sich, von Lk weggelassen, bei Mt noch findet, nicht unbedingt nur mit den atl. Propheten zu identifizieren sind; denn der Ausdruck »die Propheten... die vor euch (aufgetreten sind)« impliziert »die sachliche Kontinuität der Angeredeten mit den Prophe-

ten, wahrscheinlich auch in der Prophetenbezeichnung«.[7] Dadurch aber ergibt sich auch ein sachlicher Unterschied zu Lk: wird bei Mt stärker die Kontinuität zwischen Seliggepriesenen und Propheten, was beider Prophetsein angeht, akzentuiert, so wird bei Lk mit der Wendung »ihre Väter« (Lk 6,23a), die die Träger des Prophetengeschicks von den ›Menschen‹ V 22 absetzt... die Kontinuität der Abweisung betont«.[8]

- Folgt Mt hier treuer der Quelle als Lk, so ist die Art der Behandlung, die die Seliggepriesenen, ebenso wie die Propheten vor ihnen, bei ihm erfahren, dennoch redaktionell geprägt. Denn das Stichwort »verfolgen« charakterisiert nicht nur das Geschick der Seliggepriesenen und der Propheten, sondern Mt hat es schon, das Thema intonierend, in seiner achten, redaktionell gebildeten, Seligpreisung verwendet. Achte und neunte Seligpreisung stehen darum bei Mt in einem engen interpretatorischen Zusammenhang, wie auch daran deutlich wird, daß in der achten und neunten jeweils ein Grund für die Verfolgung mit »wegen« angeschlossen wird.
- Das mag für Mt auch Anlaß dafür gewesen sein, den »Menschensohn« der Quelle, wie er sich bei Lk, der diesen christologischen Titel wie die Konkordanz zeigt, sonst nie redaktionell einführt, durch ein »wegen mir« redaktionell zu ersetzen, denn für Mt ist die »Gerechtigkeit« mit dem Sprecher Jesus, der sie in der Lehre eschatologisch zu vollenden und im Leben eschatologisch zu erfüllen gekommen ist (vgl. Mt 1,15 u. 5,17), nahezu identisch.
- Bei den »Verfolgungen« dürfte der wahrscheinlich unter Domitian schreibende Mt (~ 85 n. Chr.) an erste einsetzende Christenverfolgungen denken, wie sie auch seine Großstadtgemeinde in Antiochien getroffen haben mögen. Lk lebt in einer ähnlichen Zeit, und das Problem sozialer Mißachtung durch die heidnische Umgebung steht bei ihm an der Spitze der Behandlungsweisen, die den Seliggepriesenen widerfahren. In der Formulierung »Wenn euch die Menschen hassen« klingt nahezu wörtlich die Bemerkung des Tacitus an, die Christen seien »allen Menschen verhaßt« gewesen.[9]
- Die Präzisierung des Subjekts (»die Menschen« statt des ursprünglicheren unbestimmten »sie«) geht mit Sicherheit auf Lk als Redaktor zurück. Und man darf annehmen, daß auch das Prädikat »hassen« redaktionell ist. Hätte es in der Quelle gestanden, wäre kaum zu begründen, warum Mt es nicht übernommen haben sollte. Es würde doch vorzüglich zu der von Mt eingetragenen Situation der Verfolgung passen. Bei Lk ist es als erste der Behandlungsweisen, die die Seliggepriesenen treffen, das Vor-

[7] *O. H. Steck*, Israel und das gewaltsame Geschick der Propheten. Untersuchungen zur Überlieferung des deuteronomistischen Geschichtsbildes im Alten Testament, Spätjudentum und Urchristentum (WMANT 23), Neukirchen-Vluyn 1967, 25.
[8] Ebd.
[9] *Tacitus*, Annales XV 44.

zeichen, nach dem die anderen zu interpretieren sind. »Wenn sie euch ausschließen« muß man in diesem Kontext als soziale Ächtung der Christen durch ihre heidnische Umwelt verstehen. Und ähnlich ist auch das im Deutschen umständliche »und hinauswerfen euren Namen wie einen bösen« aufzufassen.

Der mitgelieferte Grund, »wegen des Menschensohns«, läßt allerdings erkennen, daß Lk hier kaum selbst formuliert. Der Titel »Menschensohn« nämlich ist traditionelle Sprache und wird von Lk anderswo niemals redaktionell eingefügt. Geht man darum von der Annahme aus, hier spreche die Quelle des Lk und nicht er selbst, liest sich, was bei Lk allgemein als soziale Ächtung durch die heidnische Umwelt als Auswirkung des von Lk eingetragenen Hasses der Menschen zu verstehen ist, konkreter und läßt sich auf eine relativ sicher ermittelbare historische Situation beziehen. Das »Hinauswerfen euren Namen wie einen bösen wegen des Menschensohns« meint nämlich vermutlich den Ausschluß von Judenchristen aus der jüdischen Gemeinde wegen ihres Bekenntnisses zu Jesus als dem »Menschensohn« und Messias. Dieser Prozeß beginnt mit dem Untergang Jerusalems und des Tempels im Jahre 70. Damals formierte sich das Judentum nach der Niederlage unter pharisäischer Führung neu und ging, bei dem Versuch, die eigene Identität neu zu bestimmen, auf Distanz zu nunmehr heterodox gewordenen jüdischen Gruppierungen wie z. B. den Judenchristen Palästinas. Dasselbe meint in der Quelle die Formulierung »wenn sie euch ausschließen«. Man könnte sie, weil sie auf den Synagogenbann zielt, geradezu mit »wenn sie euch exkommunizieren« wiedergeben und sie begegnet ähnlich in Joh 9,22, wo die Eltern des Blindgeborenen aus Furcht eingeschüchtert sind, »denn die Juden hatten bereits beschlossen, daß jeder, der ihn als Messias anerkenne, aus der Synagoge ausgeschlossen werde«.

Lk dagegen hat den Formulierungen durch die Vorausstellung von »wenn euch die Menschen hassen« eine andere, auf das Verhältnis seiner Christen zu ihrer heidnischen Umwelt zielende Aussagerichtung abgewonnen.

- Auch für Mt und seine Gemeinde spielte die Situation der Exkommunikation von Judenchristen durch die jüdische Gemeinde keine Rolle mehr. Judentum und Christentum sind bei ihm zwar einander noch zur Kenntnis nehmende, aber doch auch schon längst voneinander geschiedene Größen. Mt läßt darum die auf die Trennung von Judenchristen und Juden zielenden Formulierungen seiner Quelle weg.

Wir sind jetzt in der Lage, die Überlieferung zur rekonstruieren, wie sie in der Quelle des Mt und Lk vorlag. Bezieht man alles bisher Angeführte in die Rekonstruktion ein, ergibt sich als Wortlaut der vierten Seligpreisung in der Quelle folgender Text:

	Selig seid ihr, wenn sie euch ausschließen und schmähen und hinauswerfen euren Namen wie einen bösen wegen des Menschensohns
	Freut euch und jubelt; denn euer Lohn ist groß in den Himmeln, denn so haben sie es gemacht mit den Propheten, die vor euch (prophetisch aufgetreten sind).

Quellen- und Überlieferungskritik der Seligpreisung der Geschmähten

Doch birgt auch dieser Text noch Spannungen, die es erlauben, die quellenkritische Hypothese über dieses Textstadium hinaus noch weiter auszubauen.

Die wichtigste der Spannungen darf man in folgendem Sachverhalt sehen: Der Ausschluß von Judenchristen aus der jüdischen Gemeinde erfolgt aufgrund ihres Bekenntnisses zu Jesus als der eschatologischen Gestalt: »wegen des Menschensohns«. Die Begründung der Seligpreisungen hingegen parallelisiert diese Judenchristen mit »den Propheten«. Haben also auch diese schon Jesus als den »Menschensohn« bekannt oder vorhergesagt?

Zweifelsohne kennen manche Überlieferungsschichten des NT die atl. Propheten als Männer, durch die der Geist Gottes auf seinen Messias Jesus im vorhinein hingewiesen hat. Doch liegt diese Vorstellung außerhalb des Horizonts des zu besprechenden Textes. Denn die Näherqualifizierung der Propheten als solche, »die vor euch prophetisch aufgetreten sind« vergleicht die Seliggepriesenen mit den »Propheten« im Hinblick auf beider prophetische Tätigkeit. Die Seliggepriesenen erfahren demnach ihre negative Behandlung durch andere also wegen einer prophetischen Tätigkeit, die sie gleich den angesprochenen »Propheten« ausüben. Wie läßt sich diese Spannung beheben?

Mt hat anscheinend die Formulierung »und hinauswerfen euren Namen wie einen bösen wegen des Menschensohns« ebenfalls in seiner Quelle gelesen. Dafür spricht, daß auch er das Lexem

»böse« noch kennt. Doch so ähnlich, wie er die Formulierung »wenn sie euch ausschließen« tilgt, weil die Situation des Synagogenausschlusses auf seine Leser nicht zutrifft, hat er auch die Aussage über die Exkommunikation von Judenchristen aus der jüdischen Gemeinde beseitigt, indem er sie umformulierte: »und alles *Böse* gegen euch sagen lügnerisch«. Er kommt damit hinsichtlich der Bedeutung einem Stadium der Überlieferung unbeabsichtigt wieder nahe, das vor dem von uns quellenkritisch rekonstruierten Text der Vorlage des Mt und Lk anzusetzen ist und in dem die Situation des Synagogenausschlusses noch nicht in die Seligpreisung aufgenommen war. Die Wendung »und hinauswerfen euren Namen wie einen bösen« ist im Griechischen ebenso ungewöhnlich wie im Deutschen. Nur mit Mühe nämlich biegt sie durch leichte Veränderungen eine hebräische Wendung auf die Situation des Synagogenausschlusses zurecht, die man eigentlich im Sinn von »verleumden« verstehen muß. Mt hat durch die Veränderung hindurch, also gegen den Text seiner Quelle, diese noch richtig verstanden und semantisch korrekt wiedergegeben. Aus dieser Annahme aber würde folgen, daß die Quelle des Mt und Lk in den Jahren nach 70 umgearbeitet worden ist, um die Situation des Synagogenausschlusses mit zu bedenken. Mit anderen Worten: In diesem Stadium ist der Quelle die Formulierung »wenn sie euch ausschließen« zugewachsen und ist das »Hinauswerfen des Namens als eines bösen« (= Exkommunikation) durch Umformulierung einer Wendung entstanden, die wörtlich wiedergegeben im Deutschen noch ungewöhnlicher klingt (»und euch werfen einen schlechten Namen«), davon aber einmal abgesehen in der Bedeutung »verleumden« semantisch sehr gut zu dem von Mt und Lk noch überlieferten »wenn sie euch schmähen« passen würde. Selig würden dann *ursprünglich* die gepriesen, die von ihrer jüdischen Umwelt »Schmähung« erfuhren und »Verleumdung« »wegen des Menschensohns«, d. h. wegen der von ihnen verkündeten nahe bevorstehenden Wiederkunft des »Menschensohns« Jesus.

Ähnlich hatten schließlich auch die ›Propheten‹, die vor den prophetischen Predigern der Logienquelle Q auftraten, das *nahe* bevorstehende »Gericht« oder die Nähe der »Herrschaft Gottes« angesagt, d. h. Propheten, wie es ›Johannes der Täufer‹ und ›Jesus von

Nazareth‹ waren, nicht die atl. Propheten allgemein. Als Nachfolger der Propheten Johannes und Jesus von Nazareth, die das nahe bevorstehende Kommen des Menschensohnrichters bzw. der Gottesherrschaft angesagt hatten, verstehen sich mithin die Wanderpropheten, die hinter der Jesusüberlieferung der Logienquelle anzunehmen sind, und die ihrerseits die nahe bevorstehende Wiederkunft Jesu als des Menschensohnrichters prophetisch verkünden. Erst Lk macht daraus *alttestamentliche* Propheten und unterscheidet sie heilsgeschichtlich von der Zeit der Kirche.
An dieser Stelle ist die Beobachtung aufzugreifen, daß die ersten drei der ursprünglichen Seligpreisungen vor Mt und Lk in der Aussageform der 3. Person Plural formuliert sind, die vierte hingegen als Anrede in der 2. Person Plural konstruiert ist.
Diese Spannung löst sich auf durch die überlieferungskritische Annahme, daß die Seligpreisung der »Geschmähten« den älteren Seligpreisungen der »Armen«, »Trauernden« und der »Hungernden« spätestens bei der Sammlung von Q zugewachsen sei. Es ist anzunehmen, daß die ›geschmähten‹ Wanderlehrer der Q-Quelle sie sich selbst als Trost in ihrer Situation zugesagt (2. Person!) und sie mit den drei ursprünglichen, von Jesus nicht nur als Trost (3. Person!) gemeinten, verbunden haben. Noch *vor* Mt und Lk, aber *nach* dem Jahre 70, erfuhr die Seligpreisung der Geschmähten unter dem Eindruck des Ausschlusses von Judenchristen aus der jüdischen Gemeinde eine Umarbeitung.

Die Seligpreisungen im Munde Jesu

Für die ersten drei hingegen gibt es keinen Grund, sie Jesus selbst abzusprechen, sondern sie fügen sich gut in den Kontext dessen, was wir über die Basileiabotschaft Jesu sonst ausmachen können. Möglicherweise hören wir hier sogar die »Eröffnungspredigt« Jesu bei seinem öffentlichen Auftreten[10] und seine Vorankündigung der Gottesherrschaft in ihrer Urform. In ihr würde er sich dann auf Jes 61,1f. zurückbeziehen, weil ihm bei der Lektüre der Worte des

[10] *H. Schürmann*, Das Lukasevangelium I (HThKNT III), Freiburg/Basel/Wien 1969, 332.

Propheten aufgegangen ist, daß er selbst gesandt ist, »den Armen Frohes zu melden« und »zu trösten alle Trauernden«. Hierzu paßt die Aussageform der 3. Ps. Plural besser als die der 2. Ps. Plural. Die Anredeform würde nur eine bestimmte Gruppe, nämlich die »Armen«, »Trauernden« und »Hungernden« anreden. Pragmatisch besehen wäre die Funktion solcher Rede Zuspruch und Trost, die leicht zu Vertröstung geraten können.

Die Aussageform hingegen hat als Adressaten nicht nur eine bestimmte Gruppe, sondern alle, also auch die Reichen, Frohen und Satten. Wiederum pragmatisch besehen geht es nicht um Trost, sondern um Ansage oder Proklamation der in und unter der Bedingung der hereinbrechenden Herrschaft Gottes allein gültigen Grundsätze und Maßstäbe: »Die Seligpreisungen sind mißverstanden, wenn sie nur als Trostsprüche an Arme, Hungernde und Trauernde angesehen werden. Sie sind vielmehr *Proklamation der neuen Ordnung Gottes vor der Öffentlichkeit der Welt.* Angesprochen sind gerade die, die nicht arm, hungrig oder in Trauer sind.

Jesus (Eröffnungs-predigt)	I	Selig die Armen,
		denn ihrer ist die Gottesherrschaft.
	II	Selig die Trauernden,
		denn sie werden getröstet werden.
	III	Selig die Hungernden,
		denn sie werden gesättigt werden.
Q I (vor 70 n. Chr.) Hier wird IV zu den ursprünglichen I, II, III hinzugefügt.	IV	Selig seid ihr,
		wenn sie euch schmähen
		und euch werfen einen schlechten Namen (= verleumden) wegen des Menschensohns.
		Freut euch
		und jubelt,
		denn euer Lohn ist groß in den Himmeln,
		denn so haben sie es gemacht mit den Propheten,
		die vor euch prophetisch aufgetreten sind.

Für sie wird nun Gott als der Gott der Armen und sein Reich als das Reich der Armen proklamiert. Gottes Reich ist, das wird mit aller Deutlichkeit gesagt – nur dann sein Reich, wenn in ihm die Armen zu ihrem Recht kommen. Jesus zerstört also hier das falsche Bild vom ›Gott für uns‹ und ›Gott mit uns‹, das sich die Menschen nach ihren Wünschen und Träumen machen. Er zerstört jene Erwartungen, in denen Gottes Reich den Interessen des einzelnen und seiner Gruppe angepaßt wird. Schon in der Gegenwart stellt er aber dadurch jene Ordnung in Frage, die die Menschen nach den Maßstäben der Macht und des Gewinns errichtet haben.«[11]
Wir kommen damit zu dem auf S. 249 wiedergegebenen Wortlaut.

10.4.4 Die Probe aufs Exempel – Von Jesus zu den Endredaktionen

Die Probe darauf, ob man unserer Analyse folgen darf, liefert die synthetische Betrachtung des Weges der Überlieferung nunmehr in umgekehrter Richtung, d. h. von Jesus bis zu den Endredaktionen.
1. Ältestes Stadium der Überlieferung ist die soeben dargestellte Eröffnung der Reich-Gottes-Botschaft Jesu durch die Seligpreisung der Armen, Trauernden und Hungerleider.
2. In dem Augenblick, wo im Lauf der Überlieferung die Seligpreisung der »Geschmähten« hinzuwächst, d. h. *auf der Ebene von* *Q 1*, also noch vor dem Jahre 70 n. Chr., findet eine Umadressierung statt. Denn wenn auf dieser Ebene die Wanderpropheten der Jesusbewegung sich in der Situation der Schmähung und Verleumdung ihrer prophetischen Existenz und naheschatologischen Verkündigung des kommenden Menschensohns Jesus in der 2. Ps. Plural selbst anreden und trösten, so gewinnt dieser Trost seine die Getrösteten ins Gewisse versetzende Kraft durch den Hinweis auf das gleiche Geschick, das schon Jesus betroffen hatte. Wirkungsvoll wird der Trost zudem durch den Anschluß der Seligpreisung an das bevollmächtigte Wort Jesu selbst in dem durch seine geprägte

[11] *P. Hoffmann*, a. a. O., 117.

Form weiterklingenden dreifachen Makarismus. Der Anschluß des vierten in der 2. Ps. Plural läßt auch die drei ursprünglichen Makarismen zur Anrede werden, auch wenn Q (und Mt) die 3. Ps. Plural beibehalten. Als Anrede gilt nun der dreifache jesuanische Makarismus den Geschmähten (d. h. den Wanderpropheten der Q-Gemeinde) selbst und wechselt damit seine sprachliche Funktion. Aus Proklamation wird tröstender und vergewissernder Zuspruch. Weil dieser aber durch ihre armselige Existenz gedeckt ist, ist er für sie auch legitimer Trost. Denn in ihrer Wanderexistenz, d. h. in unmittelbarem Nachvollzug der Existenzweise Jesu, sind sie real arm, haben zu hungern und oft Anlaß zur Trauer in der feindlichen Welt, wissen sich aber gerade darin als diejenigen, die Jesu vollmächtiges Wort in den Geltungsbereich der von ihm angesagten Basileia und ihrer Maßstäbe versetzt hat, weil er ihnen naheschatologisch den Horizont des kommenden Menschensohns aufgerissen hat. Als »Eröffnungstext« der »Grundsatzrede Jesu an seine Anhänger« in Q versetzt dieser »Trost« die Angeredeten erst in die Lage, im Vollzug ihrer prophetischen Verkündigung Jesu als des kommenden Menschensohns, wie es die in Q folgenden Logien fordern, aus den Kräften der ihnen zugesprochenen Basileia und im Blick auf den kommenden Menschensohn in Gottes grenzüberschreitender Liebe ihre Feinde zu lieben, d. h. aber auf persönliche Rechtsansprüche zu verzichten, den Zwang der weltüblichen gegenseitigen Schuldverkettungen zu durchbrechen und den Maßstab Gottes im Verzeihen statt des gewöhnlichen Sich-Entrüstens zur Geltung zu bringen.[12] Erst unter dem Zuspruch der Makarismen werden die Angeredeten zum edlen Baum, der edle Früchte tragen kann, zu dem guten Menschen, der aus dem guten Vorrat das Gute hervorbringt, fühlen sich aber auch zum Handeln nach Jesu Worten aufgefordert, um so ihr Haus auf ein Fundament aus Felsengrund zu bauen, damit es am Tag des Sturms und der Sturmflut Bestand hat.

3. Diese Charakteristik gilt grundsätzlich auch noch für die *Überlie-*

[12] Vgl. *W. Schenk,* Synopse zur Redenquelle der Evangelien. Q-Synopse und Rekonstruktion in deutscher Übersetzung mit kurzen Erläuterungen, Düsseldorf 1981, 24–35.

ferungsstufe Q 2, auf der *nach 70* die Seligpreisung der »Geschmähten« überarbeitet wird, um die Situation des Synagogenausschlusses aufzunehmen. Die Heimatlosigkeit der Wanderexistenz der geschmähten und verleumdeten Menschensohnpropheten wandelt sich in die Heimatlosigkeit kleiner, nunmehr von ihrem Volk ausgeschlossener judenchristlicher Gemeinden, die sich zu Jesus als dem Menschensohn-Messias bekennen und von rechtgläubigen Juden als Anhänger eines Gotteslästerers gehalten zu werden. Auch ihnen gilt der Zuspruch der von Q in Trost verwandelten Seligpreisungen noch zu Recht; denn in ihren sozialen Verhältnissen entsprechen sie als Arme, Trauernde und Hungrige dem Anspruch, den die Seligpreisungen aufrichten, wenn man sie sich selbst als Trost zuwendet.

4. Für die Gemeinden des *Lk und Mt* gilt dies nicht mehr in gleicher Weise. Ohne daß die Christen schon, von Einzelfällen abgesehen, in die oberen Klassen der antiken Gesellschaft vorgedrungen wären, treten doch in den Stadtgemeinden die Probleme auf, die sich aus einer »christlichen Bürgerlichkeit« ergeben. Das Nebeneinander von Arm und Reich, auch in den christlichen Gemeinden, läßt es nicht mehr zu, daß man unreflektiert aus dem Trost der Seligpreisungen lebt, sollen diese nicht leere Worte werden. Auch wenn die Christen hinsichtlich ihrer sozialen Achtung im Abseits stehen, bzw. der Horizont staatlicher Zwangsmaßnahmen und Schikanen für sie heraufdämmert (Mt), so daß sie des Trostes auch weiterhin bedürfen, muß das Wort Jesu, um wirksam zu bleiben, erneut umgesagt werden. Deshalb bildet Lk die Weherufe redaktionell und parallelisiert sie den Seligpreisungen. Denn so gelingt es ihm, in seiner Gemeinde Reich und Arm zugleich in Ausrichtung des Wortes Jesu anzureden. Was für die einen Trost bleibt, wird für die anderen zur Anrede an das Gewissen und Zuspruch zum Handeln, mit dem Lk auf die Praxis eines effektiven Ausgleichs zwischen Arm und Reich drängt.

Anders, doch in ähnlicher Intention, bringt Mt durch seine redaktionell gebildeten Seligpreisungen den Zuspruch der ihm traditionell überkommenen als Anspruch Gottes auf die Herzen derer zu Gehör, die auf dem Weg der eschatologisch erfüllten Gerechtigkeit stehen und »meditiert und variiert als ntl. Weisheitslehrer in nicht weniger kunstvoller Anordnung als die Weisheitspsalmen sie bieten, psalmartig das ›Evangelium vom Reich‹«,[13] damit aus dem Sein ein Handeln wird bzw. die »Gerechtigkeit« Jesu und des Reiches zur »Gerechtigkeit« auch der Gemeinde.

[13] *H. Frankemölle*, Die Makarismen (Mt 5,1–12; Lk 6,20–23). Motive und Umfang der redaktionellen Kompositionen, in: Bibl. Zeitschrift 15 (1971) 73.

11 Der Brief des Paulus an Philemon

11.1 Vorbemerkung

Auch heute noch haben Briefe eine bestimmte Form. Stärker noch war der Formzwang im antiken Brief. Der Meister der neutestamentlichen Briefschreibung war Paulus. In seinen Briefen vereint er Gattungselemente der hellenistischen und jüdischen Briefe zu etwas völlig Neuem. Dabei entwickelt er ein eigenes Briefformular, das mehr oder weniger in allen seinen Briefen begegnet und für die übrige ntl. Briefliteratur ebenfalls formprägend war.
Der kurze Philemonbrief eignet sich gut dazu, es darzustellen.[1] Dabei treiben wir Formkritik, insofern wir die individuelle Form des Phlm beschreiben. Wenn wir diese Form mit der Form anderer Paulusbriefe vergleichen, bewegen wir uns jedoch auf dem Gebiet der Gattungskritik.

11.2 Text

Siehe nachfolgende Seite

11.3 Form- und Gattungskritik

11.3.1 Makrostruktur

Die Makrostruktur von Phlm entspricht der dreiteiligen Struktur des paulinischen Normalbriefes, d. h. der von Paulus übernommenen, aber auch selbst gestalteten Gattung des Briefes.

A:	Briefanfang	(Prooemium)
B:	Hauptteil	(Briefcorpus)
C:	Briefschluß	(Postoemium)

[1] Das Briefformular wird ausführlicher analysiert und dargestellt in: *F. Schnider/W. Stenger*, Studien zum neutestamentlichen Briefformular (New Testament Tools and Studies 11), Leiden 1987.

Prä-skript	1a	Paulus, Gefangener Christi Jesu	ABSENDER
	b	und Timotheus, der Bruder	
	c	an Philemon, den Geliebten und unseren Mitarbeiter,	EMPFÄNGER
	2a	und an Apphia, die Schwester,	
	b	und an Archippus, unseren Mitstreiter,	
	c	und an Deine Hauskirche.	
	3a	Gnade Euch und Friede	BEGRÜSSUNG
	b	von Gott, unserem Vater,	
	c	und dem Herrn Jesus Christus!	
Dank-sagung	4a	Ich danke meinem Gott allezeit,	
	b	wenn ich in meinen Gebeten an Dich denke	
	5a	und höre von Deiner Liebe und dem Glauben,	
	b	die Du hast gegenüber dem Herrn Jesus	
	c	und bewährst gegen alle Heiligen,	
	6a	damit die Gemeinschaft Deines Glaubens wirksam werde in der Erkenntnis alles Guten,	
	b	das in uns ist auf Christus hin.	
	7a	Denn ich hatte viel Freude und Trost durch Deine Liebe,	
	b	weil die Herzen der Heiligen durch Dich erquickt werden,	
	c	Bruder!	
Brief-liche Selbst-empfeh-lung	8a	Daher möchte ich,	
	b	obwohl ich in Christus genug Freimut hätte,	
	c	Dir das Notwendige zu befehlen,	
	9a	Dich um der Liebe willen eher ermahnen,	
	b	als das, was ich bin,	
	c	Paulus, ein alter Mann,	
	d	momentan außerdem ein Gefangener Christi Jesu.	

Es folgt das Briefcorpus (VV 10–20)

Schluß-paränese	21a	Im Vertrauen auf Deinen Gehorsam habe ich Dir geschrieben;
	b	denn ich weiß,
	c	daß Du mehr tun wirst,
	d	als ich sage.
	22a	Zugleich halte mir eine Unterkunft bereit!
	b	Ich hoffe nämlich, durch Eure Gebete Euch wieder-geschenkt zu werden.
Gruß-aus-richtung	23a	Es grüßen Dich Epaphras,
	b	mein Mitgefangener in Christus Jesus,
	c	Markus, Aristarchus, Demas, Lukas,
	d	meine Mitarbeiter.
Schluß-gruß	24	Die Gnade des Herrn Jesus Christus sei mit Eurem Geist!

Am wenigsten fest in der Form ist der Hauptteil des Briefes, sein *Corpus*. Hier machen sich der Briefanlaß, die Situation und die individuellen Inhalte des jeweiligen Briefes am meisten geltend. *Briefanfang* und *-schluß* folgen dagegen stärker einem geprägten Schema, auch wenn dieses Schema in Anlehnung an die antike Briefschreibung von Paulus weitgehend selbst gestaltet ist. Darum lassen sich bei Briefanfang und -schluß wiederkehrende Elemente voneinander unterscheiden und machen zugleich die Mikrostruktur von Briefanfang und -schluß aus.

11.3.2 Mikrostruktur

A Die Struktur des Briefanfangs

Gewöhnlich weist der Anfang des paulinischen Briefes drei Elemente auf: (1) das Präskript, (2) die briefliche Danksagung und (3) die briefliche Selbstempfehlung.
Auch der Phlm kennt diese Elemente.

(1) Das Präskript

Das Präskript ist sozusagen die *innere Adresse* des Briefs, entsprechend unserem Briefkopf. Die *äußere*, wir würden heute sagen, die postalische Adresse, ist uns von keinem Paulusbrief erhalten. Das Präskript von Phlm reicht von V 1–3. Es hat, wie man deutlich sehen kann, zwei Teile:
Die eigentliche Adresse mit der *Absenderangabe* (superscriptio) »Paulus« und »Timotheus« im Nominativ und der Angabe des oder der *Briefempfänger* im Dativ (adscriptio), an »Philemon«, an »Apphia«, an »Archippus« und »an die Gemeinde in deinem Haus«. Absender (a) wie Adressaten (b) können dabei mit Titeln oder ehrenden Bezeichnungen versehen sein (intitulationes):
(a) »ein Gefangener um Christi Jesu willen«, »der Bruder«,
(b) »unserem Geliebten und Mitarbeiter«, »der Schwester«, »unserem Mitstreiter«.
Im zweiten Teil des Präskripts, der *Begrüßung* (salutatio), nimmt Paulus die entsprechenden Elemente des griechischen Briefes (dort lautet der Briefgruß »chaire« = freue dich; es klingt in

»charis« = Gnade bei Paulus an) und des jüdischen Briefes (der jüdische Gruß lautet »schalom« = Friede) auf und christianisiert sie nachdrücklich, indem er den Ursprungsort von »Gnade und Friede«, die er den Adressaten wünscht, nennt: »von Gott, unserem Vater, und dem Herrn Jesus Christus« (V 3).[2]

Mit der Form des zweiteiligen Briefpräskripts, bei dem Adresse und Begrüßung *zwei selbständige Sätze* bilden, folgt Paulus dem im hellenistischen *Orient* üblichen Briefstil. Im lateinischen *Westen* dagegen sind Adresse und Begrüßung in *einem Satz* zusammengefaßt, wie wir es etwa in Apg 23,26 finden: »Claudius Lysias wünscht dem hochangesehenen Statthalter Felix Heil« (vgl. auch Apg 15,23).

Bei aller Geprägtheit durch das Schema ist die jeweilige Eigenart des Briefes schon im Briefpräskript faßbar. Im Phlm sieht man dies etwa schon an der für einen Paulusbrief ungewöhnlichen Adresse. Die Briefe des Paulus richten sich alle an ein Kollektiv, die Gemeinden von Korinth Thessaloniki etwa und Galatien. Nur der Phlm scheint hier eine Ausnahme zu bilden, denn auf den ersten Blick handelt es sich bei ihm um einen Privatbrief. Schaut man allerdings näher hin, sieht man, daß der Philemon, an den sich der Brief richtet, Mitadressaten hat, und zwar neben Einzelpersonen (Apphia, Archippus) eine ganze Hausgemeinde. Was zunächst als Privatbrief erscheint, entpuppt sich also als Gemeindebrief. Daß, anders als in anderen paulinischen Briefpräskripten, Einzelpersonen als Briefadressaten genannt werden, hat seinen Grund in der Briefsituation. Es ist die Einzelperson des Philemon, die in der im Brief berührten Angelegenheit des Sklaven Onesimus das Sagen hat. Philemon ist des Onesimus Herr. Onesimus ist diesem als Sklave entflohen und müßte eigentlich als ›fugitivus‹, d. h. als entsprungener Sklave, mit dem Buchstaben ›F‹ auf der Stirn gebrandmarkt werden. Paulus macht schon in der Adresse klar, daß es dennoch nicht um eine rein private Frage zwischen ihm und Philemon

[2] Heute neigt man allerdings dazu, den sprachschöpferischen Anteil des Paulus höher anzusetzen und rückt von der Annahme einer Kombination griechischer und jüdischer Briefstilelemente durch Paulus ab. Sicher ist, daß »Gnade« und »Friede« bei Paulus eine spezifische Bedeutung erhalten, die eng mit der paulinischen Christologie und Rechtfertigungslehre, aber auch mit der jeweiligen Briefsituation zusammenhängt.

geht. In der Frage der Behandlung seines Sklaven und christlichen Bruders Onesimus handelt Philemon als Glied einer christlichen Gemeinde. Darum stellt ihn Paulus durch die Mitadressaten von Anfang des Briefes an vor das Forum der gemeindlichen Öffentlichkeit. Weil er dadurch Philemon, der die Sache nicht mehr als Privatangelegenheit behandeln kann, weil sie anderen bekannt ist, verpflichtet, ist das Vorgehen des Paulus zugleich ein Beispiel geschickter Briefstrategie.

Wir sehen: die unterschiedliche Auffüllung des gleichbleibenden Briefschemas des Briefpräskripts in den Briefen läßt schon einiges über deren jeweilige briefliche Situation erkennen. Obwohl das Präskript Teil des Briefformulars ist, darf man es also dennoch nicht als bloß formelhaft verstehen. Es ist Träger von wichtigen inhaltlichen Aussagen und in seiner Eigenart eng auf den jeweiligen Brief bezogen.

(2) Die briefliche Danksagung (Eucharistie, Eulogie)

In den meisten Paulinen folgt dem Präskript ein Briefteil, in dem Paulus erwähnt, er *danke allezeit* Gott für diese oder jene, und er *erinnere* sich in seinen Gebeten des oder der Adressaten: »Ich danke meinem Gott allezeit, wenn ich in meinen Gebeten an dich denke« (V 4). Auch hier folgt Paulus antiker Briefsitte. In antiken Briefen begegnet häufig das sogenannte Mneia-Motiv (Erinnerungsmotiv), ein Briefteil, in dem der Briefschreiber versichert, wie lebendig der Briefempfänger in seiner Erinnerung vor ihm stehe. Das Motiv dient zunächst dazu, daß der Briefschreiber sich den Briefempfänger geistig vor Augen führt, ihn sich sozusagen vergegenwärtigt, um ihn so als Partner des Gesprächs, für das der Brief ein Ersatz sein soll, wenigstens geistig bei sich zu haben. Liest der Empfänger aber, woran der Briefschreiber bei seiner Erinnerung an ihn im einzelnen denkt, kann er sich geehrt oder geschmeichelt fühlen. Handelte es sich um eine Rede, so müßten wir von einer »captatio benevolentiae«, einer höflichen Verbeugung des Redners vor seinem Publikum, sprechen. Je stärker ein Brief über bloßes freundschaftliches Plaudern, über bloßen Gesprächsersatz hinaus ein bestimmtes Ziel zu erreichen sucht, wie hier die gute Behandlung des Sklaven Onesimus, je mehr er also ein Redeersatz wird, desto zielbewußter wird auch diese briefliche Erinnerung eingesetzt. Sie streicht Züge am Adressaten heraus, die dem rednerischen Ziel dienen sollen, das der Brief in Vertretung der mündlichen Rede verfolgt.

Bei Paulus ist solche Erinnerung in den Dank an Gott eingebunden. Daß er hierzu von jüdischer Briefsitte geführt wird, dürfte daraus erhellen, daß die briefliche Danksagung anderswo durch eine *Eulogie*, eine Lobpreisung Gottes, ersetzt werden kann, wie man sie ähnlich aus jüdischem Sprachgebrauch kennt. »Erinnert« der heidnische Briefschreiber sich in briefrhetorischer Absicht an Eigenschaften, die dem Empfänger des Briefes anhaften – daß sie dem Briefzweck entsprechend stilisiert sein können, versteht sich –, so preist der Jude Gott dafür oder dankt ihm, wenn er die guten Eigenschaften eines Menschen vor Augen hat. Paulus nimmt das hier auf, ›christianisiert‹ es aber wiederum. Er macht nämlich eine dieser gottgegebenen Eigenschaften zur Grundlegung für alle anderen, den »Glauben an den Herrn Jesus«. Er weiß, daß die erinnerte Eigenart des Adressaten, die dem Ziel, das sein Brief verfolgt, günstig sein wird, letztlich auf Gott zurückgeht. Dieser hat dem Briefschreiber die grundlegende Gabe des Glaubens gegeben. Und dieser Glauben bildet den Rahmen für die im einzelnen erinnerten Qualitäten. In ihrer Eigenart werden sie allererst möglich, »weil ich... von deinem Glauben höre, den du an den Herrn Jesus... hast« (V 5). Im Fall des Phlm ist diese besonders erinnerte Eigenschaft Philemons »Liebe... gegen alle Heiligen« (V 5). Sie soll, das ist das Ziel, das zu erreichen das Briefcorpus anstrebt, in der schonenden Behandlung des Philemon entlaufenen, von Paulus jedoch zurückgesandten Sklaven weiter wirksam werden.

Dieses Ziel des Briefes scheint der Grund für eine Besonderheit in der brieflichen Danksagung des Phlm zu sein. Dort fehlt nämlich ein Element, das sonst häufig den Abschluß der Danksagung bildet und das man »eschatologische Klimax«[3] nennen kann. Darin drückt Paulus für gewöhnlich seine Zuversicht oder auch seinen Wunsch aus, daß die Adressaten, an deren von Gott gegebenen

[3] So des öfteren bei *P. Schubert*, Form and Function of the Pauline Thanksgivings (BZNW 20), Berlin 1939.

Glauben die Danksagung erinnert, denselben bewähren, um schließlich zum Ziel dieses Glaubens, dem eschatologischen Heil zu gelangen. Auch hierin knüpft Paulus an vorgegebenen Briefstil an. Der antike Brief kennt die sogenannte »formula valetudinis«, einen Wunsch des Briefschreibers für Gesundheit und Wohlergehen des Adressaten, wobei dieser Wunsch auch »religiös« formuliert sein kann. »Mos antiquis fuit usque ad meam servatus aetatem, primis epistulae verbis adicere: ›si vales bene est, ego valeo!‹« bemerkt etwa Seneca dazu in einem seiner Briefe an Lucilius: »Es war eine Sitte bei den Alten, die sich bis zu meiner Zeit erhalten hat, den ersten Worten des Briefes hinzuzufügen: ›Wenn es dir wohlergeht, so ist es recht; mir selbst ergeht es wohl!‹«[4] Für Paulus besteht das letzte »Wohlsein«, das er seinen Adressaten wünschen kann, selbstverständlich in der Vollendung ihrer eschatologischen Heilsteilhaftigkeit, die im von Gott verliehenen Glauben grundgelegt wurde, sich aber bis zur Vollendung noch bewähren muß. Daß dies im Philemon fehlt, erklärt sich aus dem Briefcorpus. Es genügt Paulus, aus der Erinnerung an den grundlegenden Glaubensstand und an die schon in der Vergangenheit wirksam gewordene Liebe des Philemon »gegen alle Heiligen«, d. h. gegenüber den Glaubensgenossen, deren weiteres Wirksamwerden »in der Erkenntnis alles Guten« zu wünschen, d. h. dem Briefziel entsprechend zu suchen, die nachsichtige Behandlung des zum Bruder gewordenen Sklaven Onesimus zu erreichen. Bei der Wichtigkeit und Wünschbarkeit dieser vorletzten Dinge genügt es, die letzten mit der kurzen teleologischen, dieses Ziel anvisierenden Formel »auf Christus hin« nur zu berühren (V 6).

(3) Die briefliche Selbstempfehlung

Schon die briefliche Danksagung ließ sich rhetorisch, d. h. als Teil einer Rede verstehen, nämlich als »captatio benevolentiae«, mit der der Redner die Sympathie seines Publikums zu gewinnen suchte. Im Mittelpunkt der Aufmerksamkeit steht in diesem Redeteil das Publikum bzw., bei der brieflichen Danksagung, der Adressat. In einer Rede folgt normalerweise nach einem Perspek-

[4] *Seneca*, Epistulae ad Lucilium II, 151.

tivenwechsel ein Abschnitt, in dem die Person des Redners selbst das Interesse des Zuhörers beansprucht. Sinn dieses Redeabschnitts ist es, daß der Redner, bevor der Hauptteil der Rede beginnt, seinem Publikum zeigt, daß er in der Sache, die Gegenstand seiner Rede ist, kompetent ist, daß er also zu Recht rednerische Autorität beanspruchen darf. Entsprechend kann man auch im Brief, bevor das eigentliche Briefcorpus einsetzt, einen Abschnitt ausmachen, in dem die Perspektive wechselt. Nicht mehr steht im Mittelpunkt der Darstellung – wie eben noch in der brieflichen Danksagung – die Empfängergemeinde, sondern die Person des Briefschreibers selbst und seine briefschreiberische Autorität und Kompetenz. Die briefliche Selbstempfehlung von Phlm läßt noch gut die nahe Verwandtschaft dieses Briefteils zur Rede erkennen, denn sie macht Gebrauch von zwei weiteren rhetorischen Kniffen.
Rhetorisch ist es, wenn Paulus seine Autorität, auf die er eigentlich verzichtet, dennoch erwähnt: »Daher möchte ich, obwohl ich in Christus genug Freimut hätte, dir das Notwendige zu befehlen, dich um der Liebe willen eher ermahnen...«
Rhetorisch ist es auch, wenn er an die Emotionen seines Adressaten appelliert, »als das, was ich bin, Paulus, ein alter Mann, momentan außerdem ein Gefangener Christi Jesu«.
Zugleich entspricht es dem Charakter dieses Briefteils, die Person des Briefschreibers selbst voll in den Lichtkegel der Darstellung geraten zu lassen. Auch die Erwähnung des Namens »Paulus« ist nicht zufällig, soll doch der Empfänger dadurch an die bestehenden persönlichen Bindungen zum Briefschreiber erinnert werden. Dieser Briefteil begegnet in allen Paulinen unmittelbar vor dem Einsetzen des Briefcorpus in wechselndem Umfang, doch in gleichbleibender Funktion. Am ausgedehntesten ist er in 1Kor. Dort spannt er sich über die ersten vier Kapitel des Briefes (1Kor 1,10–4,21) und weitet sich aus in eine Grundsatzerörterung über das Wesen des paulinischen Apostolats.

B Das Briefcorpus

Eine Erörterung des Briefcorpus von Phlm können wir uns in diesem Zusammenhang ersparen, nicht etwa weil der Brief sich nicht gliedern ließe, sondern weil das Briefcorpus am wenigsten die Gattungsmerkmale aufweist, die es mit dem anderer Briefe vergleichbar machen. Im Briefcorpus kommt nämlich jeweils die spezielle Briefsituation zum Tragen. Die den Briefstil ausmachenden Elemente treten dabei zurück. Dagegen ist der Briefschluß wieder ein Briefteil, in dem der epistolare Rahmen stärker hervortritt, d. h. sich die Gattung wieder stärker zur Geltung bringt.

C Der Briefschluß

Ähnlich wie beim Briefanfang läßt sich auch im Briefschluß eine relativ feste Makrostruktur erkennen. Auf eine (1) Briefschlußparänese folgt ein (2) Postskript, das sich seinerseits in einen (2a) Grußteil und einen (2b) Schlußgruß, das sogenannte Eschatokoll, gliedern läßt.
Diese Elemente lassen sich auch im Phlm finden.

(1) Schlußparänese

Die Schlußermahnung oder Schlußparänese ist meist relativ ausgedehnt. Im Phlm aber umfaßt sie, der Kürze des Briefes entsprechend, nur zwei Verse (VV 21–22). Trotz dieser Kürze bleibt sie als Schlußparänese identifizierbar, weil in ihr für diese typische Elemente begegnen: Durch die Reflexion des Briefschreibers auf seine briefschreibende Tätigkeit leitet V 21 den Schlußteil des Briefes ein: »Im Vertrauen auf deinen Gehorsam habe ich dir geschrieben.« Wenn man allgemein von der Schlußparänese sagen kann, daß ihre Funktion darin besteht, aus der im Brief vorgetragenen »Lehre« die praktische Konsequenz zu ziehen bzw. den Indikativen des Briefcorpus die Imperative folgen zu lassen, so trifft das für Phlm insofern zu, als es darum geht, abschließend nochmals zu der im Briefcorpus erbetenen Behandlung des entsprungenen Sklaven Onesimus im Sinn christlicher Bruderschaft aufzufordern: »... denn ich weiß, daß du mehr tun wirst, als ich sage...« Die Briefschlußparänese des Phlm schließt ab mit einem weiteren Element des Briefstils, das insbesondere seinen festen Platz in der Schlußparänese der ntl. Briefe hat, mit der Ankündigung des persönlichen Kommens des Briefschreibers, der sogenannten brieflichen »Parusie«[5]: »Zugleich halte mir eine Unterkunft bereit. Ich

[5] Das Wort »Parusie« (= Gegenwart, Anwesenheit) begegnet in theologischen Zusammenhängen zur Bezeichnung der Wiederkunft des Herrn. Hier wird es jedoch gebraucht als Terminus des Briefstils.

hoffe nämlich, durch eure Gebete euch wiedergeschenkt zu werden.« Diese Bemerkung ist typisch für den Briefstil, gehört doch zu den Voraussetzungen eines Briefs die räumliche Entfernung zwischen Absender und Empfänger, die eine bestehende Freundschaft, zu deren Grundlagen nach den antiken Brieftheoretikern das Zusammenleben der Freunde gehört, in die Krise geraten läßt. Zur Abwehr dieser Gefahr bietet sich eine, das persönliche Gespräch unter Freunden ersetzende, briefliche Verbindung an, durch die man sich bei leiblichem Getrenntsein wenigstens geistig beim Briefpartner anwesend weiß. Paulus übernimmt diese Eigentümlichkeit des Briefstils seiner hellenistischen Umgebung, weil er seiner persönlichen Gegenwart einen hohen Stellenwert für das Verhältnis zwischen ihm und den Gemeinden zumißt. Wie er in der brieflichen Danksagung zu Beginn des Briefes gern an seine erste gemeindebegründende Präsenz erinnert, liebt er es, da wo es möglich ist, sein Kommen für die nächste Zeit in der Schlußparänese des Briefes anzukündigen. Für diese Ankündigung ist die Schlußparänese sicher der beste Ort. Philemon wird, wenn ihm der Apostel seine baldige Ankunft ankündigt, umso mehr motiviert sein, der brieflichen Bitte des Apostels, die die Schlußparänese in Zusammenfassung wiederholt und einschärft, zu willfahren.

(2) Das Postskript

(2a) Grußauftrag und Grußausrichtung

In Phlm fehlt ein Element, das die Schlußteile anderer Paulinen kennen, der Auftrag des Apostels an die Briefempfänger, einander oder andere zu grüßen. Bestandteil dieses *Grußauftrages* kann die Aufforderung sein, einander mit »heiligem Kuß« zu grüßen (vgl. z.B. 1 Thess 5,26).

Hat man früher gemeint, die Aufforderung zum »heiligen Kuß« sei ein Indiz für einen liturgischen »Sitz im Leben« der paulinischen Briefe, weil man hier die Stelle zu sehen habe, wo von der Verlesung des Briefes in der Gemeinde zur Liturgie übergeleitet werde,[6]

[6] *G. Bornhamm*, Zum Verständnis des Gottesdienstes, in: Ders., Das Ende des Gesetzes. Paulusstudien. Ges. Aufsätze I, München ^{2}1966, 113–132.

so haben neuere Forschungen aufgezeigt,[7] daß die Aufforderung epistolare, von der Briefsituation geprägte Bedeutung hat. Begrüßung durch Umarmung und Kuß war nämlich die übliche Form des Grußes unter Freunden. Die Christen übernahmen diese Form der Begrüßung, so daß der »heilige Kuß« nichts anderes ist als eine intensivierte Form des Grußes. Fordert Paulus aber brieflich dazu auf, einander zu grüßen, womöglich mit »heiligem Kuß«, hat dies den Sinn, möglichst viele davon in Kenntnis zu setzen, daß ein Brief von ihm eingetroffen ist. Schließlich mußte der Brief »postalisch« an eine bestimmte individuelle Adresse gesandt werden. Dieser Adressat hatte dafür zu sorgen, daß möglichst die ganze Gemeinde, die in der inneren Adresse, dem Briefpräskript, als eigentlicher Empfänger des Briefes genannt wurde, vom Eintreffen eines Briefes des Paulus erfuhr. Dies geschah, so darf man vermuten, durch das Weitersagen. Wenn man einen Mitchristen unterwegs traf, begrüßte man ihn mit »heiligem Kuß« und unterrichtete ihn über das Eintreffen eines Briefes. So wird auch verständlich, daß der Phlm im Briefschluß des Grußauftrages entraten kann. Schon die Adresse des Briefs richtete sich im Präskript nicht nur an Philemon, sondern bezog die gemeindliche Öffentlichkeit mit ein, um, wie wir vermuteten, den Brief einem Verständnis als eines reinen Privatbriefes zu entziehen.

Einem ähnlichen Grund verdanken wir das in Phlm relativ stark ausgebaute Element der *Grußausrichtung*. Paulus richtet Grüße von Epaphras, seinem Mitgefangenen, und von vier namentlich genannten Mitarbeitern aus, um dem Briefempfänger anzudeuten, daß die im Brief angesprochene Angelegenheit auch der bei Paulus versammelten christlichen Öffentlichkeit bekannt ist, so daß Philemon so leicht nicht den Brief des Paulus unbeachtet in den Papierkorb fallen lassen kann. Man tut, wie wir sehen, gut daran, zu versuchen, auch den Grußauftrag und die Grußausrichtung im paulinischen Briefschluß von der jeweiligen Briefsituation her zu interpretieren.

[7] *K. Thraede*, Ursprünge und Formen des ›Heiligen Kusses‹ im Frühen Christentum, in: Jahrb. f. Antike u. Christentum 11/12 (1968/1969) 124–180.

(2b) Schlußgruß

Am Ende des antiken Briefes, und auch hier lehnt Paulus sich an die Muster seiner Umgebung an, findet sich der *Schlußgruß* des Briefschreibers selbst, das sogenannte Eschatokoll. Daß auch hier gilt, daß es, wenn zwei das Gleiche tun, noch lange nicht das Selbe ist, wird deutlich, wenn man den nicht uncharmanten Schlußgruß eines antiken Briefes: »Leb wohl, wenn auch als schlechter Kerl, die Götter mögen dich behüten!« mit dem inhaltlich gefüllten Schlußgruß von Phlm vergleicht, wie er ähnlich auch in den anderen Paulinen begegnet: »Die Gnade des Herrn Jesus Christus sei mit eurem Geist!« Die Funktion des Schlußgrußes im antiken Brief und auch bei Paulus wird ersichtlich, wenn man erfährt, daß bei diesem Schlußgruß für gewöhnlich der eigentliche Verfasser des Briefes dem schreibkundigen Sekretär die Feder aus der Hand nahm und den Gruß eigenhändig unter den Brief setzte, als Signal für die Authentizität des Briefes, d. h. zum Zeichen, daß der vorangehende Brief von ihm stammte. Der eigenhändige Gruß erfüllte also etwa die Funktion, die bei uns eine handschriftliche Unterschrift unter einem maschinengeschriebenen Brief hat. Sie weist auf, daß der Brief vom Unterzeichner stammt, d. h., daß er authentisch ist.

Die namentliche *Unterschrift* selbst hingegen hatte in der Antike eine etwas andere Funktion. Sie begegnet vor allem, wie in Phlm 19, in juristischen Zusammenhängen, dient also dazu, etwas juristisch in Geltung zu setzen. In Phlm 19 ist dies eine Schadenersatzerklärung: Paulus versichert den Philemon darüber, daß er selbst Schadenersatz leisten werde, sollte der Sklave Onesimus dem Philemon weitere Kosten verursacht haben oder noch etwas schuldig geblieben sein. Wo die eigenhändige Unterschrift, wie in 1 Kor 16,21 oder Kol 4,18 und 2 Thess 3,17 am Briefschluß begegnet, geht es demnach nicht um die bloße Authentizität des Briefes, sondern um etwas, was in den Bereich des Juristischen hineinreicht. In 1 Kor 16,21 fingiert ein nachapostolischer Schreiber die Unterschrift des Paulus, nicht um darzutun, daß der Brief von Paulus stammt, was er ja wirklich tut, vielmehr um dadurch den vielen praktischen Weisungen des Paulus an die Korinther, zusammen mit den von ihm selbst interpolierten, d. h. nachträglich eingefügten Anweisungen wie z. B. dem Lehrverbot für Frauen, den Rang von für die gesamte Großkirche geltendem, apostolischen Kirchenrecht zu geben. In ähnlicher Weise versuchen die Verfasser von Kol und 2 Thess, ihren pseudonymen Paulusbriefen weniger den Anschein der Authentizität zu verleihen als den Inhalten dieser Briefe quasi juristische Geltung zu sichern.

Nachbemerkungen und Literaturhinweise

»Nachdem viele es unternommen haben, eine Erzählung der Ereignisse abzufassen, die sich unter uns zugetragen haben, wie sie sie uns diejenigen überliefert haben, die von Anfang an Augenzeugen waren und Diener des Wortes geworden sind, hielt auch ich es für gut, nachdem ich allem von vorne an genau nachgegangen bin, es der Reihe nach für dich aufzuschreiben, verehrtester Theophilus, damit du die Zuverlässigkeit der Worte erkennst, über die du unterrichtet worden bist« (Lk 1,1–4).

Ich zitiere diesen Prolog des Lukasevangeliums nicht etwa, weil man aus dieser einzigen dem klassischen Griechisch vergleichbaren ›Periode‹ (= kunstvolles Satzgefüge) des Neuen Testaments die theologische Absicht, die Lukas mit seinem Doppelwerk (Evangelium und Apostelgeschichte) verfolgte, herauslesen kann, sondern weil sich darin zeigt, daß schon Lukas die Notwendigkeit empfand, zu begründen, warum er sein Buch geschrieben hat, wo doch »viele« vor ihm Ähnliches schon unternommen hatten. Dabei hatte Lukas es eigentlich noch leicht gehabt. Denn genau besehen, d. h. mit der Brille des historisch-kritischen Exegeten betrachtet, schrumpfen die »vielen« Vorgänger, von denen er mit schrifstellerischer Übertreibung spricht, auf allenfalls *zwei* zusammen, zumindest der Zwei-Quellen-Theorie zufolge, nämlich auf die Logienquelle Q und das Markusevangelium. Wer dagegen heute ein Buch zur »Biblischen Methodenlehre« verfaßt, tut sich vergleichsweise schwerer, die Notwendigkeit der eigenen Schrift zu begründen. Die nachfolgende Liste von methodeneinführenden Veröffentlichungen, die keinen Anspruch auf Vollständigkeit erhebt, sich zudem nur auf Bücher in deutscher Sprache beschränkt, zeigt ihn nämlich wahrhaftig als einen unter »vielen« auf.

Jede dieser Einführungen in die exegetischen Methoden ist auf ihre Weise »nützlich zur Lehre« (1 Tim 3,16). Manche gehören zu den exegetischen Standardwerken, wie die von Klaus Koch oder die von Heinrich Zimmermann. Das vorliegende Buch wollte keine von ihnen ersetzen. Doch sollte darin auch die zunehmende Schar der Theologiestudierenden ohne Griechisch- und Hebräischkenntnisse angesprochen werden, um sie, soweit es eben geht, in den Prozeß exegetischen Arbeitens am Text einzubeziehen. Auch aus diesem Grund wurden literaturwissenschaftliche und linguistische Verfahren und Erkenntnisse herangezogen. Weil sie auch diejenigen Sprachebenen analytisch in den Blick nehmen, die über die jeweilige Einzelsprache hinaus allen Sprachen gemeinsam sind, erlauben sie auch denen, die die biblischen Sprachen nicht beherrschen, ein sinnvolles und exegetisch verantwortetes Arbeiten am Text. Insofern diese Verfahren über die Satzgrenze hinaus stärker als die traditionelle Exegese auf das achten, was einen Text zum Text macht, ist es angebracht, sie den Verfahrensweisen der historisch-kritischen Exegese nicht nur additiv hinzuzufügen, sondern in sie zu integrieren. Schließlich wollte der Verfasser mit der durch die Einbeziehung dieser Gesichtspunkte möglich gewordenen Systematisierung der einzelnen methodischen Schritte und durch ihre Benennung einen Beitrag zu einer innerexegetischen Sprachregelung leisten, die gerade angesichts der Vielfalt der methodeneinführenden Literatur dringend geboten erscheint.

Literaturhinweise zu Einführungen in die exegetischen Methoden

G. Adam/O. Kaiser/W. G. Kümmel, Einführung in die exegetischen Methoden (studium theologie 1), München 1975

H. Barth/O. H. Steck, Exegese des Alten Testamentes, Leitfaden der Methodik. Ein Arbeitsbuch für Proseminare, Seminare und Vorlesungen, Neukirchen 1971 u. ö.

K. Berger, Exegese des Neuen Testaments. Neue Wege vom Text zur Auslegung (UTB 658), Heidelberg 1977 u. ö.

C. Bussmann/D. van der Sluis, Die Bibel studieren. Einführung in die Methoden der Exegese, München 1982

H. Conzelmann / A. Lindemann, Methodenlehre, in: Dies., Arbeitsbuch zum Neuen Testament (UTB 52), Tübingen ^{8}1985, 1–122

W. Egger, Methodenlehre zum Neuen Testament. Einführung in linguistische und historisch-kritische Methoden, Freiburg 1987

G. Fohrer / H. W. Hoffmann / F. Huber / L. Markert / G. Wanke, Exegese des Alten Testaments. Einführung in die Methodik, (UTB 267), Heidelberg ^{4}1983

K. Haacker, Neutestamentliche Wissenschaft. Eine Einführung in Fragestellungen und Methoden, Wuppertal 1981

K. Koch, Was ist Formgeschichte? Methoden der Bibelexegese, Neukirchen ^{4}1981

G. Lohfink, Jetzt verstehe ich die Bibel. Ein Sachbuch zur Formkritik, Stuttgart 1973 u. ö.

J. Schreiner (Hrsg.), Einführung in die Methoden der biblischen Exegese, Würzburg 1971

H. Schweizer, Biblische Texte verstehen. Arbeitsbuch zur Hermeneutik und Methodik der Bibelinterpretation, Stuttgart 1986

G. Strecker / U. Schnelle, Einführung in die neutestamentliche Exegese (UTB 1253), Göttingen 1983

H. Zimmermann, Neutestamentliche Methodenlehre. Darstellung der historisch-kritischen Methode, Stuttgart ^{7}1982

Literaturhinweise zu Grundlagenliteratur zur Methodendiskussion

Zusätzlich zu den methodeneinführenden Werken im engeren Sinn sei auf für die Methodendiskussion grundlegende Literatur in Auswahl hingewiesen.

Zur *Grundlagenliteratur* gehören die beiden schon klassischen Werke:

R. Bultmann, Die Geschichte der synoptischen Tradition, Göttingen ^{9}1979

M. Dibelius, Die Formgeschichte des Evangeliums, Tübingen ^{6}1971

An beiden Werken kommt man auch heute noch nicht vorbei, obwohl die sogenannte klassische Formgeschichte mittlerweile mehrfach in Frage gestellt wurde z. B. in dem Buch von:

E. Güttgemanns, Offene Fragen zur Formgeschichte des Evangeliums (Beiträge zur evangelischen Theologie 54), München 1970.

Auf der anderen Seite wird auch versucht, die »Formgeschichte« erneut aufzugreifen und vorwärtszutreiben. Darum bemüht sich etwa:

K. Berger, Formgeschichte des Neuen Testaments, Heidelberg 1984

K. Berger, Einführung in die Formgeschichte des NT (UTB 1444), Tübingen 1987

Um den Anschluß der Exegese an die Methodendiskussion in den Literatur- und Sprachwissenschaften bemüht sich am aussichtsreichsten:

W. Richter, Exegese als Literaturwissenschaft. Entwurf einer alttestamentlichen Literaturtheorie und Methodologie, Göttingen 1971

Seine theoretischen Überlegungen werden zum Teil in einer der oben schon genannten Methodeneinführungen für die praktische Verwendung aufbereitet, nämlich in:

G. Fohrer/H. W. Hoffmann/F. Huber/L. Markert/G. Wanke, Exegese des Alten Testaments. Einführung in die Methodik, (UTB 267), Heidelberg ^{4}1983.

Den Büchern von Wolfgang Richter und Georg Fohrer u. a. weiß sich vorliegende Methodeneinführung, insbesondere was die Sprachregelung in der Methodenbenennung angeht, am meisten verpflichtet und nahe. Sie unterscheidet sich von beiden durch den Vorrang, den sie der Synchronie vor der Diachronie einräumt, worin sich der Einfluß der strukturalen Sprach- und Literaturwissenschaften geltend macht. Hier hat die Exegese methodisch noch viel zu lernen, etwa durch folgende Bücher:

H. Brackert (Hrsg.), Funk-Kolleg Literatur I, II, Frankfurt a. M. 1977

J. Link, Literaturwissenschaftliche Grundbegriffe. Eine programmierte Einführung auf strukturalistischer Basis, München 1974

A. Stock, Umgang mit theologischen Texten. Methoden, Analysen, Vorschläge, Zürich/Einsiedeln/Köln 1974

Schließlich seien unter der Grundlagenliteratur noch zwei praktische und leicht erreichbare Nachschlagewerke erwähnt. Das erste unterrichtet in Kürze über allgemein literaturwissenschaftliche Begriffe, das zweite bezieht bei der Behandlung exegetischer Fachbegriffe literaturwissenschaftliche und linguistische Fragestellungen mit ein:

O. F. Best, Handbuch literarischer Fachbegriffe. Definitionen und Beispiele (Fi-TB 6478), Frankfurt a. M. ^{4}1986

P. G. Müller, Lexikon exegetischer Fachbegriffe (Biblische Basisbücher), Stuttgart/Kevelaer 1985

Literaturhinweise zum Einübungsteil

Im Beispielteil dieses Buches wurde absichtlich verhältnismäßig wenig auf Sekundärliteratur zu den einzelnen Textabschnitten verwiesen. Dies geschah einmal mit dem Blick darauf, daß in der späteren Praxis als Pfarrer oder Lehrer nur in den seltensten Fällen auf eine ausgebaute exegetische Bibliothek zurückgegriffen werden kann, auch wenn mindestens ein Grundbestand von Büchern zur Bibelkunde, zur Geschichte Israels und des Urchristentums, zu alt- und neutestamentlichen Einleitungsfragen und zur Theologie des Alten und Neuen Testaments sowie eine Kommentarreihe zur Bibel in die Privatbibliothek eines jeden Theologen gehören sollte. Zum anderen wurde auf ausführliche Sekundärliteratur in der Hoffnung verzichtet, die Beherrschung der Methoden setze in Stand, einigermaßen selbständig mit der Bibel wissenschaftlich verantwortet umzugehen. Außerdem hat die Erfahrung in exegetischen Proseminaren gezeigt, daß sich der Anfänger durch die Sekundärliteratur in der eigenen Arbeit am Text häufig eher lähmen läßt; allzu beeindruckend ist der exegetische Sachverstand der Fachleute auf den Anfänger, der in der Anwendung der im Proseminar eingeübten Methoden bei der Abfassung einer Seminararbeit seine ersten eigenen Schritte versucht. So hat es sich als didaktisch besser erwiesen, die erste Fassung einer schriftlichen Exegesearbeit gänzlich ohne Sekundärliteratur und nur unter Anwendung der verschiedenen Methoden erarbeiten zu lassen. Erst in der zweiten Phase der Textverarbeitung, wenn die eigene methodische Arbeit schon vor Probleme des Textes und zu Fragen an ihn geführt hat, sollte auch die Literatur berücksichtigt werden. Hierbei wird in der Regel für eine Anfängerarbeit die kommentierende Literatur genügen. Soweit es sich dabei um wissenschaftliche Kommentare im engeren Sinn handelt, werden darin weiterführende Literaturhinweise gegeben, denen bei exegetischen Arbeiten von Fortgeschrittenen nachzugehen ist. Auf dieser Ebene ist dann auch die Auskunft der exegetischen Bibliographien einzuholen und zu verfolgen.

Statt eines Literaturverzeichnisses zu den einzelnen Textbeispielen dieses Buches werden darum im folgenden zunächst Bücher genannt, die geeignet sind, den *Grundbestand einer exegetischen Privatbibliothek* zu bilden. Dabei kann es sich allerdings nur um eine subjektiv zusammengestellte Liste handeln. Sie soll es dennoch möglich machen, zwischen kürzeren, zusammenfassenden Darstellungen (A) und ausführlicheren Werken (B) zu den einzelnen Gebieten zu wählen. Schließlich werden die wichtigsten *Kommentarreihen* in deutscher Sprache und die exegetischen *Bibliographien* aufgelistet.

Grundbestand einer exegetischen Privatbibliothek

Atlanten und Lexika zur Bibel:

Kleiner historischer Bibelatlas, hrsg. von *G. E. Wright/F. V. Filson*, Stuttgart ^{6}1978

dtv-Lexikon: Die Bibel und ihre Welt, I–VI. Eine Enzyklopädie, hrsg. von *G. Cornfeld/G. J. Botterweck*, München 1972

Bibelkunde:

A *C. Westermann,* Abriß der Bibelkunde. Altes Testament, Neues Testament. Studienausgabe, Stuttgart ^{12}1984

B *H.-D. Preuß/K. Berger,* Bibelkunde des Alten und Neuen Testaments, I u. II (UTB 887 u. 972), Heidelberg 1980 u. ö.

Geschichte Israels:

A *H. J. Boecker/J. M. Schmidt,* Geschichtliche Themen, in: H. J. Boecker/H. J. Hermisson/J. M. Schmidt/L. Schmidt, Altes Testament (Neukirchener Arbeitsbücher), Neukirchen-Vluyn 1983, 1–79

B *A. H. J. Gunneweg,* Geschichte Israels bis Bar Kochba (Theologische Wissenschaft 2), Stuttgart ^{5}1984

Einleitung in das Alte Testament

A *H. J. Boecker/H. J. Hermisson/J. M. Schmidt/L. Schmidt,* Exegetisch-literarische Themen, in: Dies., Altes Testament (Neukirchener Arbeitsbücher), Neukirchen-Vluyn 1983, 80–205

B *W. H. Schmidt,* Einführung in das Alte Testament, Berlin/New York ^{2}1981

Theologie des Alten Testaments

A *H. J. Boecker/H. J. Hermisson/J. M. Schmidt/L. Schmidt,* Theologisch-systematische Themen, in: Dies., Altes Testament, (Neukirchener Arbeitsbücher), Neukirchen-Vluyn 1983, 206–307

B *W. H. Schmidt,* Alttestamentlicher Glaube in seiner Geschichte, Neukirchen ⁴1982

Neutestamentliche Zeitgeschichte

A *H. Conzelmann/A. Lindemann,* Neutestamentliche Zeitgeschichte – die Umwelt des Urchristentums, in: Dies., Arbeitsbuch zum Neuen Testament (UTB 52), Tübingen ⁸1985, 123–185.

B *Bo Reicke* Neutestamentliche Zeitgeschichte. Die biblische Welt von 500 v. bis 100 n. Chr. Berlin ³1982

Geschichte des Urchristentums

A *H. Conzelmann/A. Lindemann,* Jesus von Nazareth; Geschichte des Urchristentums, in: Dies., Arbeitsbuch zum Neuen Testament, (UTB 52), Tübingen ⁸1985, 335–445.

B *J. Becker u. a.,* Die Anfänge des Christentums. Alte Welt und neue Hoffnung, Stuttgart 1987

Einleitung in das Neue Testament

A *F. J. Schierse,* Einleitung in das Neue Testament (Leitfaden Theologie 1), Düsseldorf ⁴1987

B *Ph. Vielhauer,* Geschichte der urchristlichen Literatur. Einleitung in das Neue Testament, die Apokryphen und Apostolischen Väter, Berlin/New York 1975 u. ö.

Theologie des Neuen Testaments

E. Lohse, Grundriß der neutestamentlichen Theologie (Theologische Wissenschaft 5), Stuttgart ³1984

Kommentarwerke zum Alten und Neuen Testament

ATD
Das Alte Testament Deutsch. Neues Göttinger Bibelwerk, Göttingen 1949ff.

BK.AT
Biblischer Kommentar. Altes Testament, Neukirchen 1955ff.

EB.AT/NT
Die Neue Echter-Bibel. Kommentar zum Alten Testament, zum Neuen Testament, mit der Einheitsübersetzung, Würzburg 1980ff.

EKK
Evangelisch-Katholischer Kommentar zum Neuen Testament, Einsiedeln/Neukirchen 1969ff.

HAT
Handbuch zum Alten Testament, Tübingen 1943ff.

HNT
Handbuch zum Neuen Testament, Tübingen 1970ff., NA 1925ff.

HThKNT
Herders theologischer Kommentar zum Neuen Testament, Freiburg i. Br. 1953ff.

KAT
Kommentar zum Alten Testament, Leipzig u. a. 1913f.

KEK
Kritisch-exegetischer Kommentar über das Neue Testament. Begr. von H. A. W. Meyer, Göttingen 1832ff.

NTD
Das Neue Testament Deutsch. Neues Göttinger Bibelwerk, Göttingen 1932ff.

ÖTK
Ökumenischer Taschenbuchkommentar zum Neuen Testament, Gütersloh/Würzburg 1977ff.

RNT
Regensburger Neues Testament, Regensburg 1956ff.

SKK.AT/NT
Stuttgarter Kleiner Kommentar. Altes Testament/Neues Testament, Stuttgart 1971ff.

ThHK
Theologischer Handkommentar zum Neues Testament, Leipzig u. a. 1928ff.

ZBK
Zürcher Bibelkommentare. Altes Testament/Neues Testament, Zürich 1960ff.

Bibliographien zum Alten und Neuen Testament

EBB
Elenchus bibliographicus biblicus, Rom 1923ff.

IZGB
Internationale Zeitschriftenschau für Bibelwissenschaft und Grenzgebiete, Düsseldorf u. a. 1951/52ff.

NT Ab
New Testament Abstracts, Weston/Massachusetts 1956ff.

Zum Schluß

Der Verfasser der Geheimen Offenbarung setzt unter sein in Briefform geschriebenes Buch eine Fluch-Formel, die sich ähnlich auch anderswo in der antiken Literatur als Buch-Schluß findet:
»Wenn jemand zu den Worten der Prophetie dieses Buches etwas hinzufügt, so wird Gott auf ihn Plagen legen, von denen in diesem Buche geschrieben steht; und wenn jemand von den Worten dieses Buches der Prophetie etwas wegnimmt, so wird Gott ihm seinen Anteil am Baume des Lebens und an der heiligen Stadt wegnehmen, von denen in diesem Buche geschrieben steht« (Offb 22,18f.).
Es versteht sich von selbst, daß dies nicht der Schluß eines Buches sein kann, das wie das vorliegende seine Leser in die biblischen Methoden einführen und einüben wollte. Im Gegenteil: JederLeser sei aufgefordert, durch eigene Arbeit an den biblischen Texten den Beispielen dieses Buches weitere hinzuzufügen und da wegzunehmen, wo er als emanzipierter Bibelleser mit guten Gründen zu einer anderen Meinung kommt als der Verfasser.